Grauzone

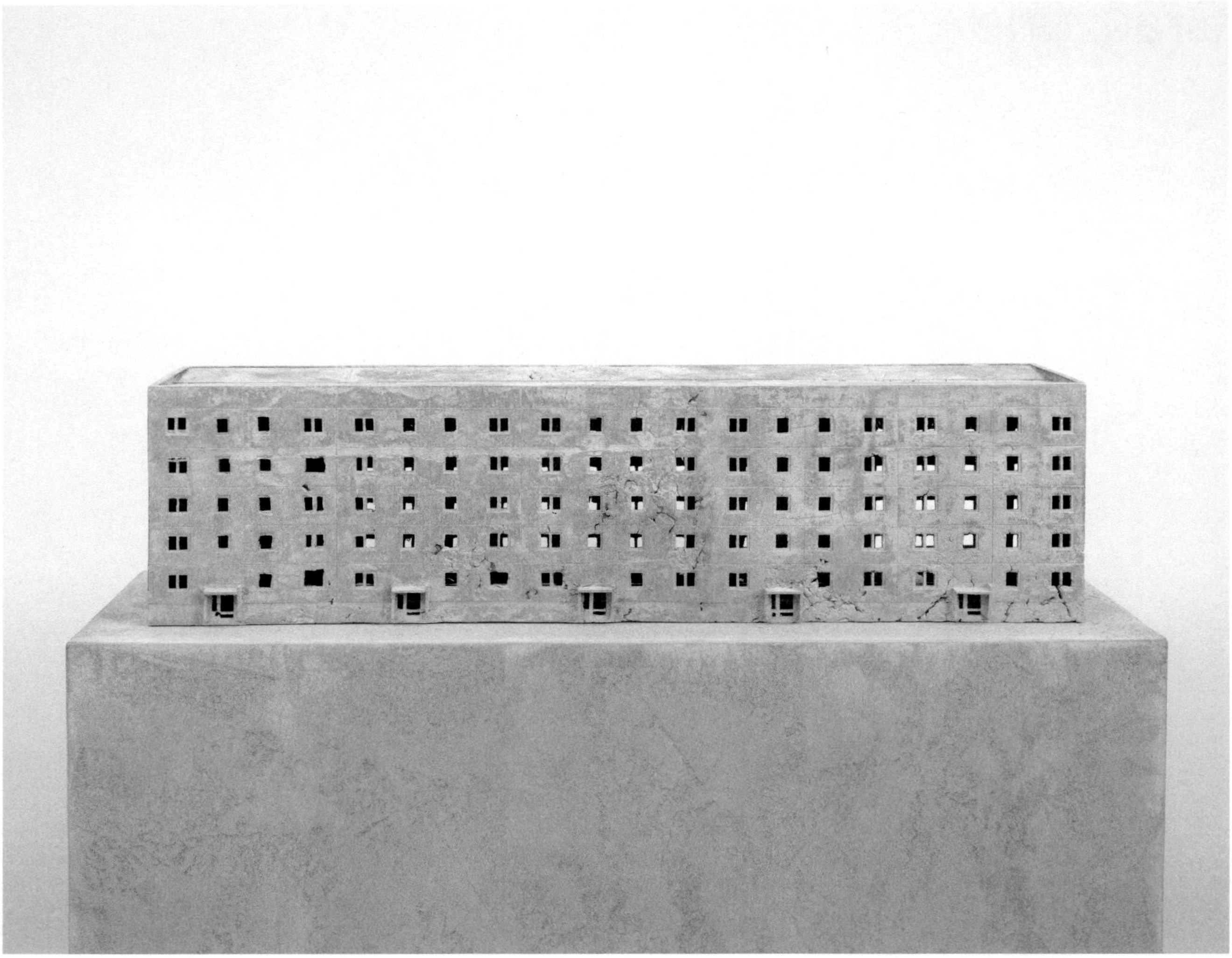

Senftenberg, Wehrstraße, 2015, Zinkguss / Zinc cast, 125 × 27 × 35 cm

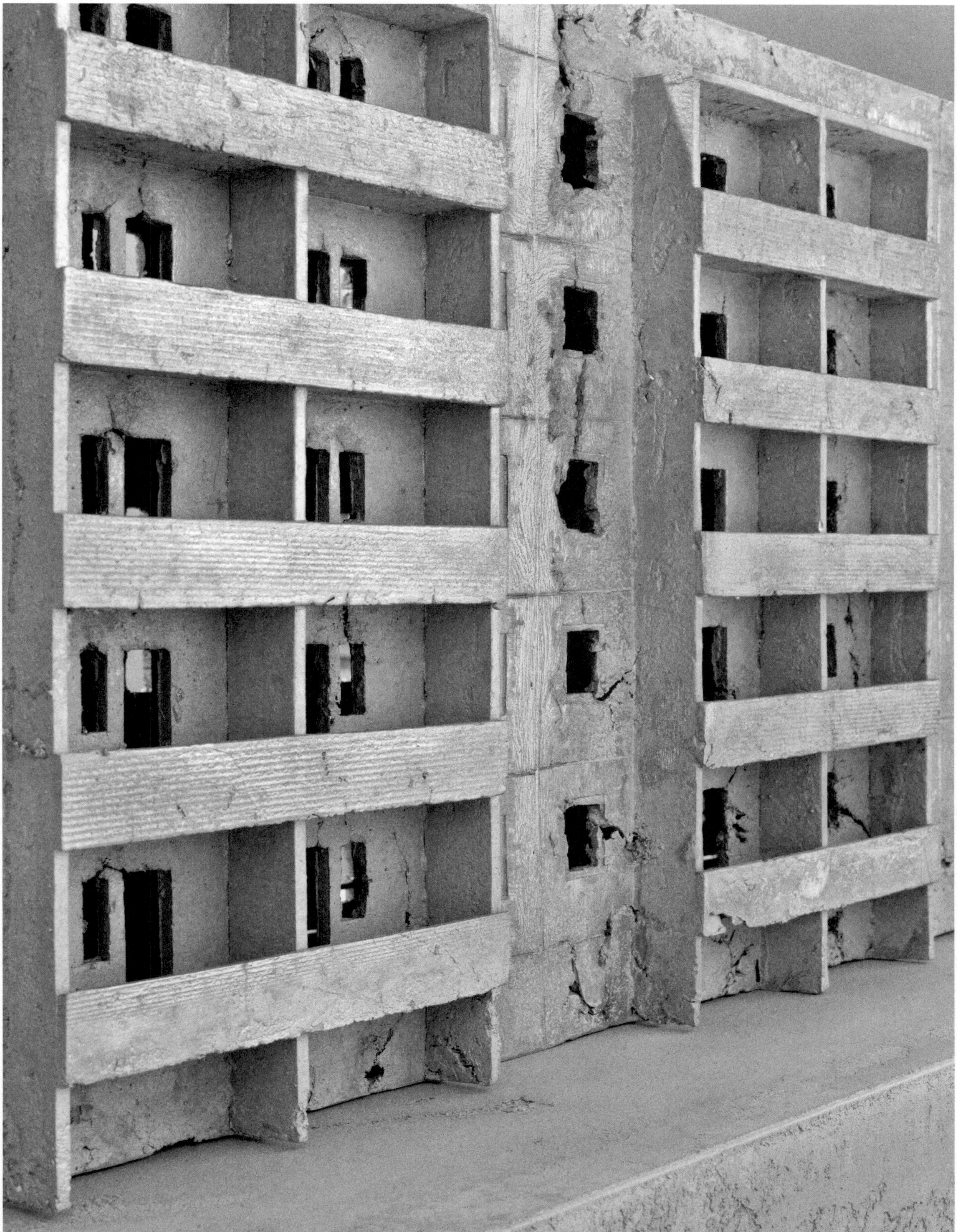

Baader-Meinhof-Gruppe wer- Fahrer, ein Sicherheitsbeamter,

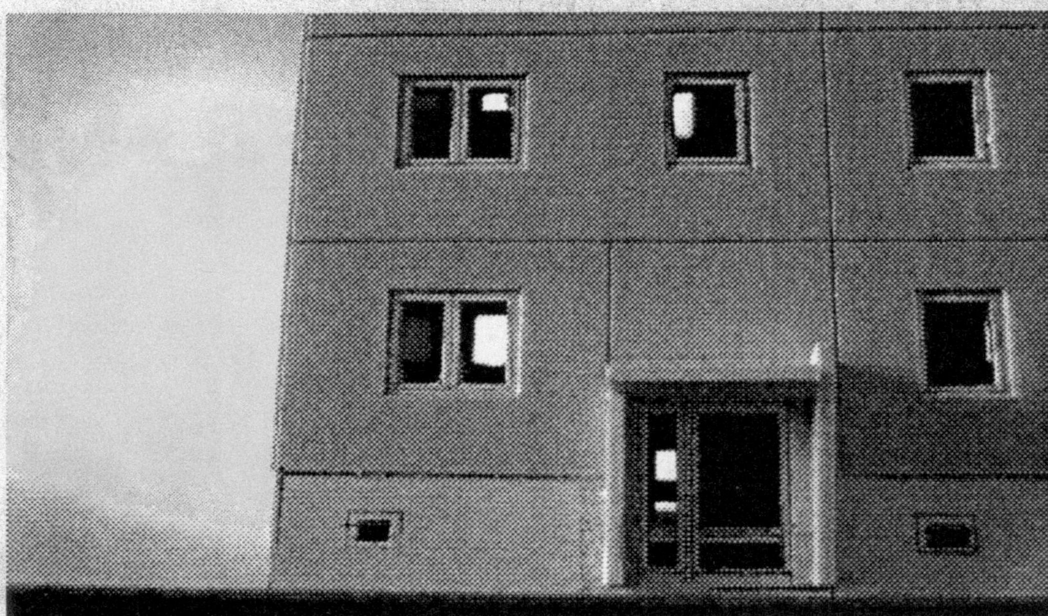

Im ersten Stock die Wohnung von *Foto:*

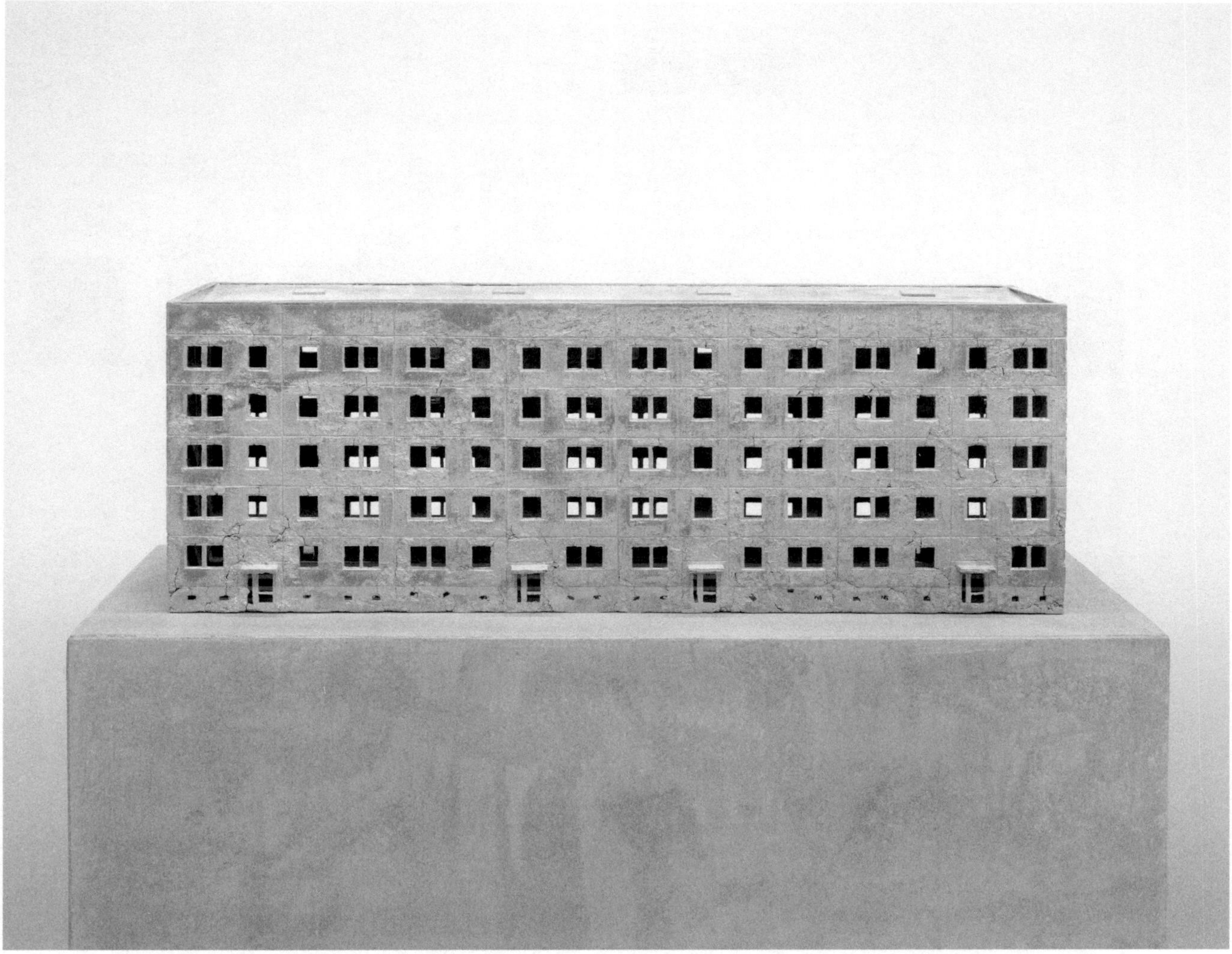

Neubrandenburg, Ernst-Alban-Straße, 2015, Zinkguss / Zinc cast, 96 × 27 × 35 cm

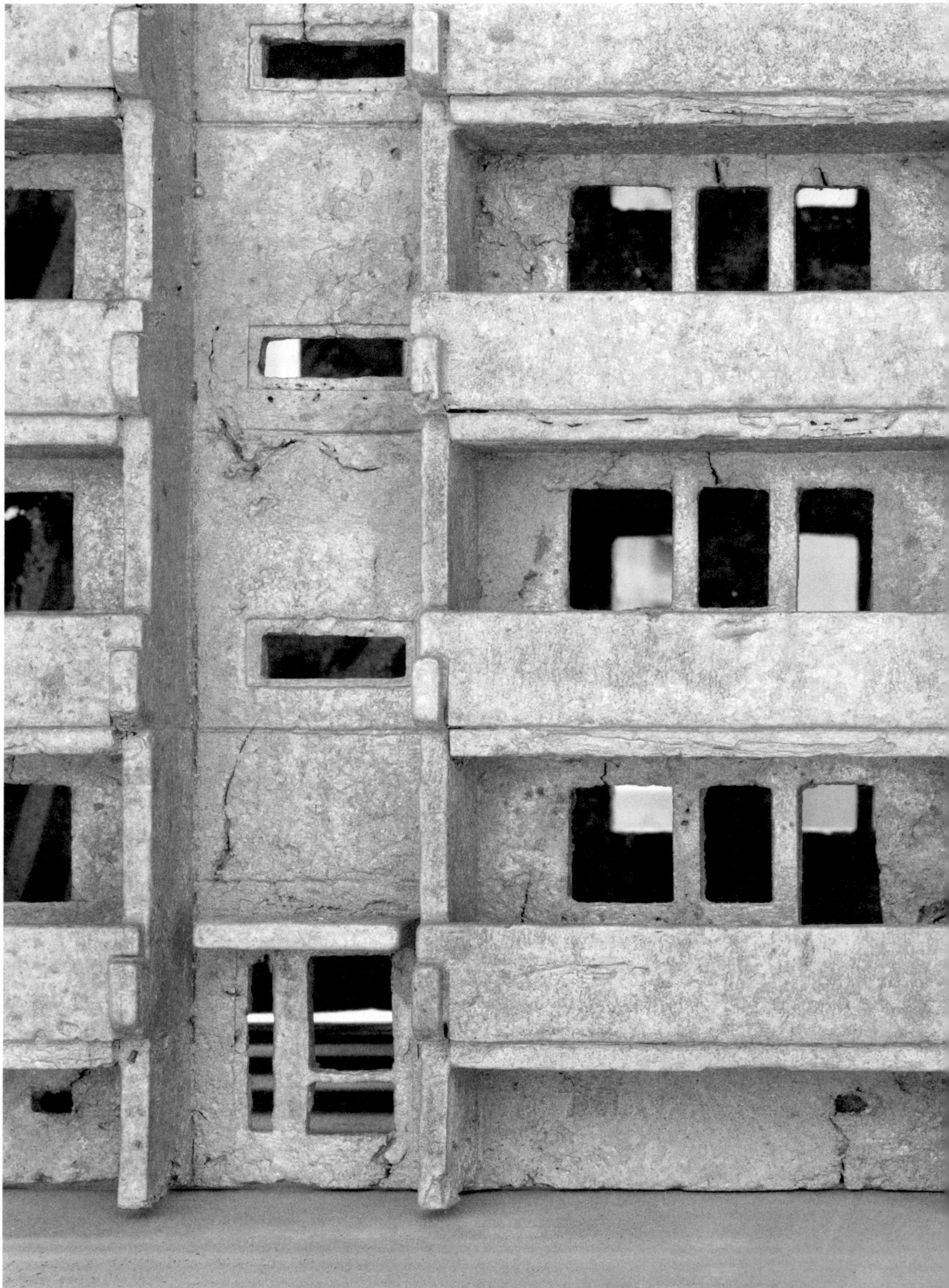

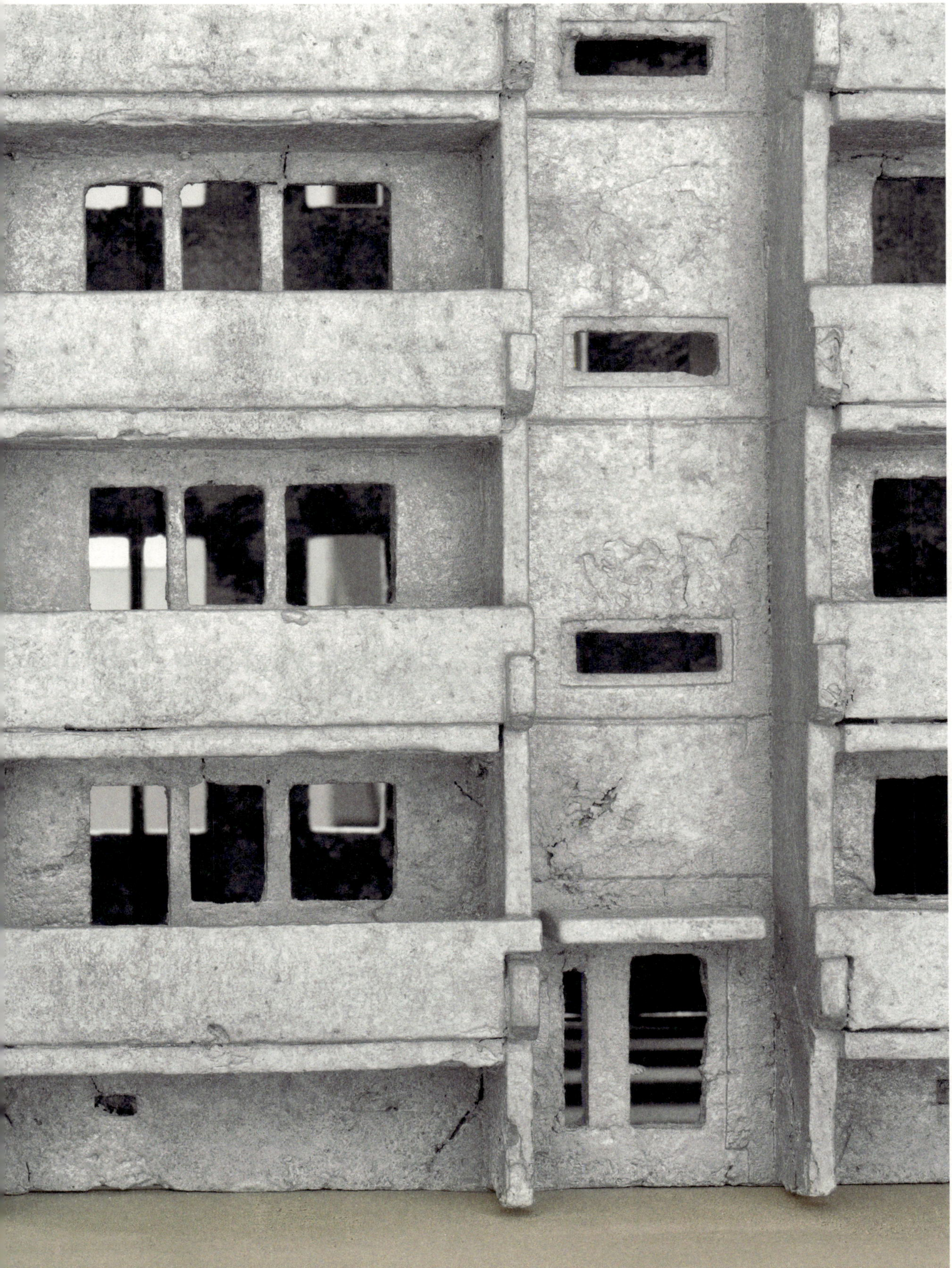

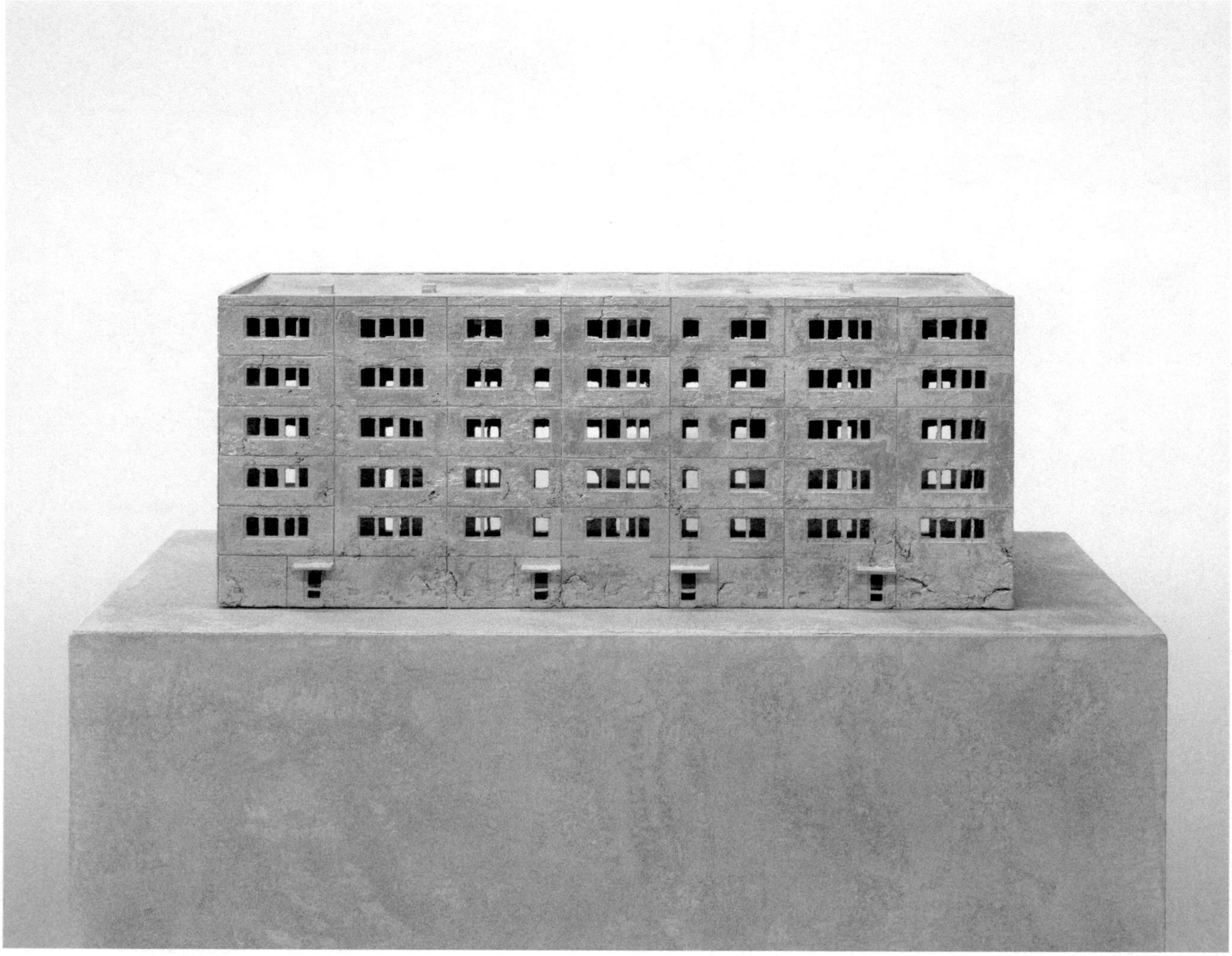

Frankfurt/Oder, Große Müllroser Straße, 2015, Zinkguss / Zinc cast, 84,5 × 27 × 35 cm

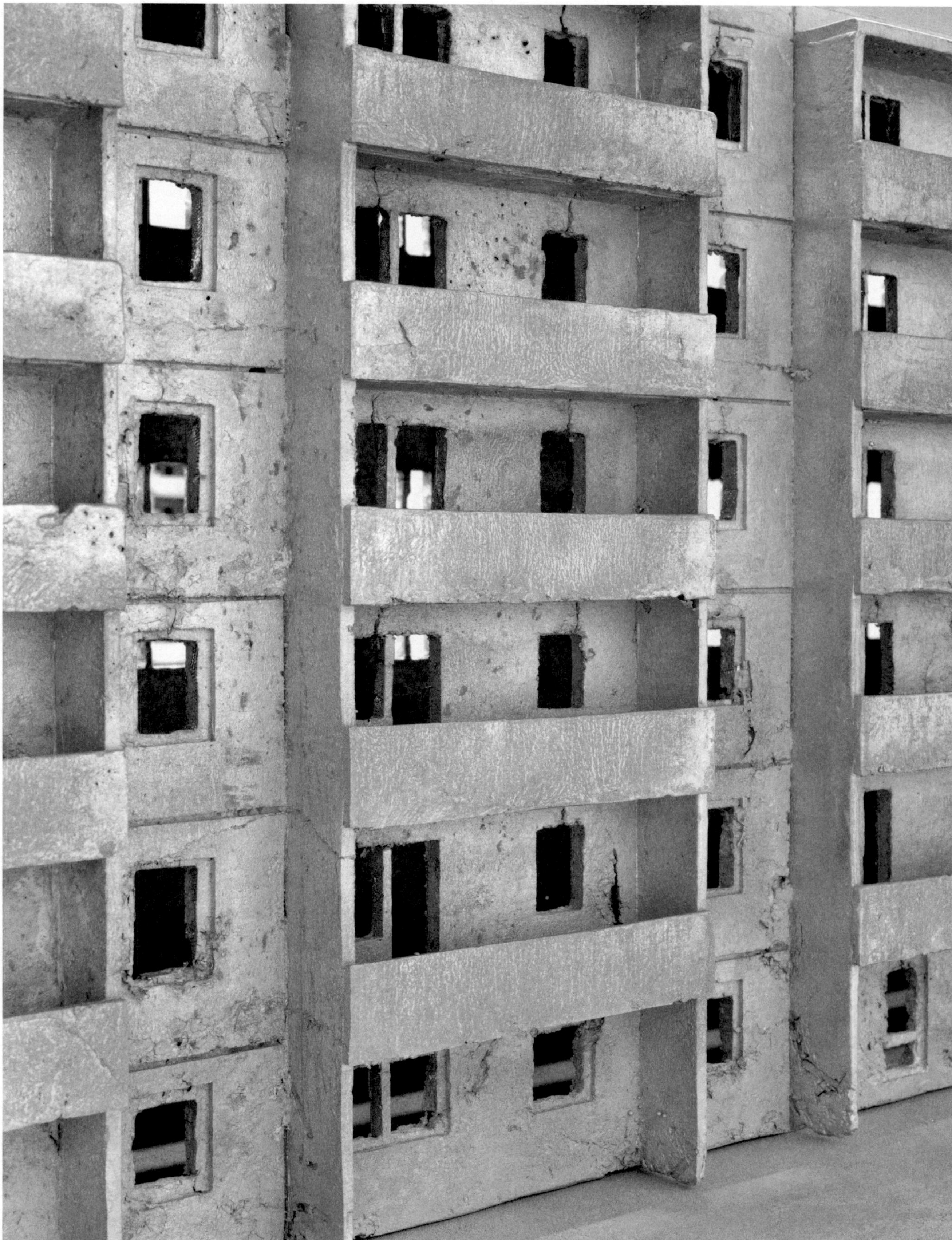

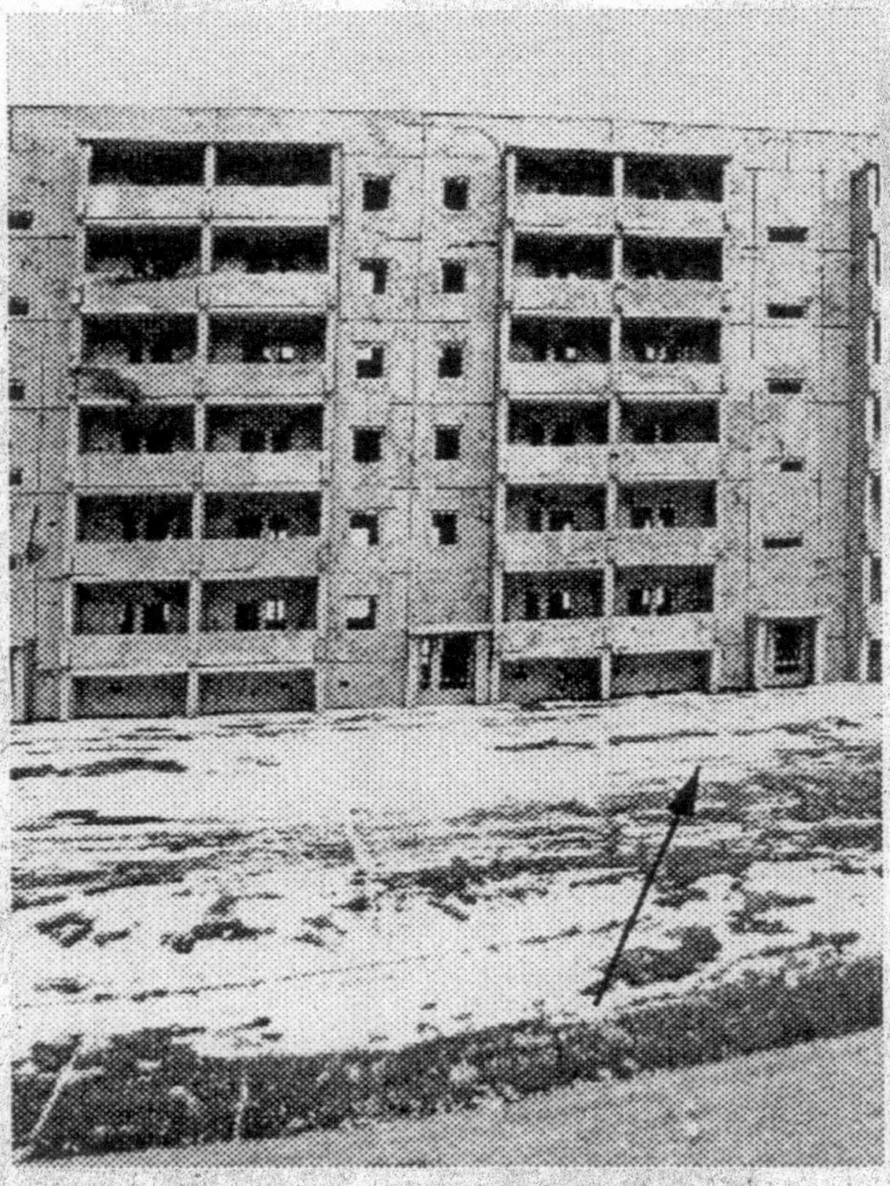

Vor seinem Wohnhaus wurde am Montagabend verhaftet.

kurierfoto:

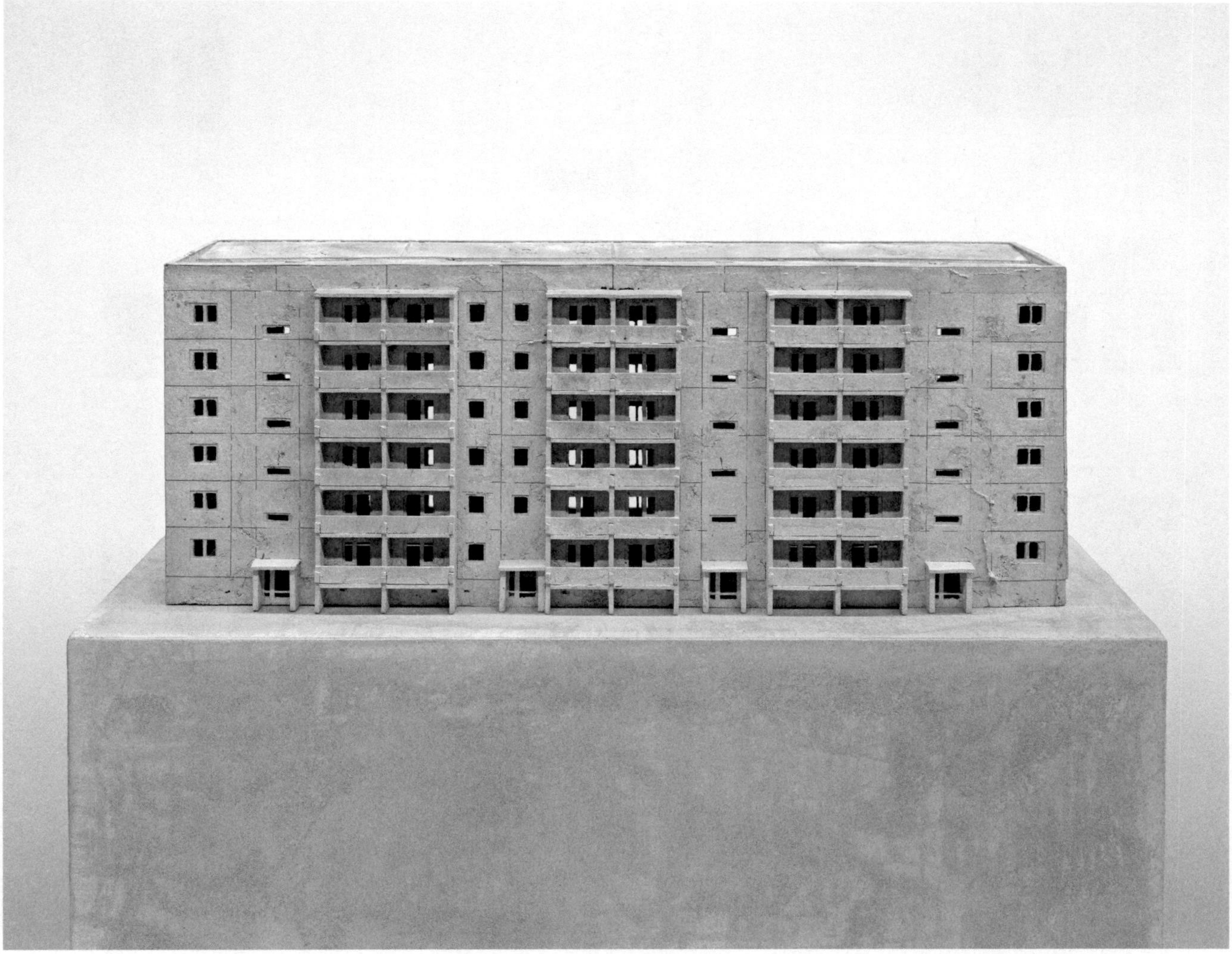

Neubrandenburg, Traberallee, 2015, Zinkguss / Zinc cast, 98 × 27 × 39 cm

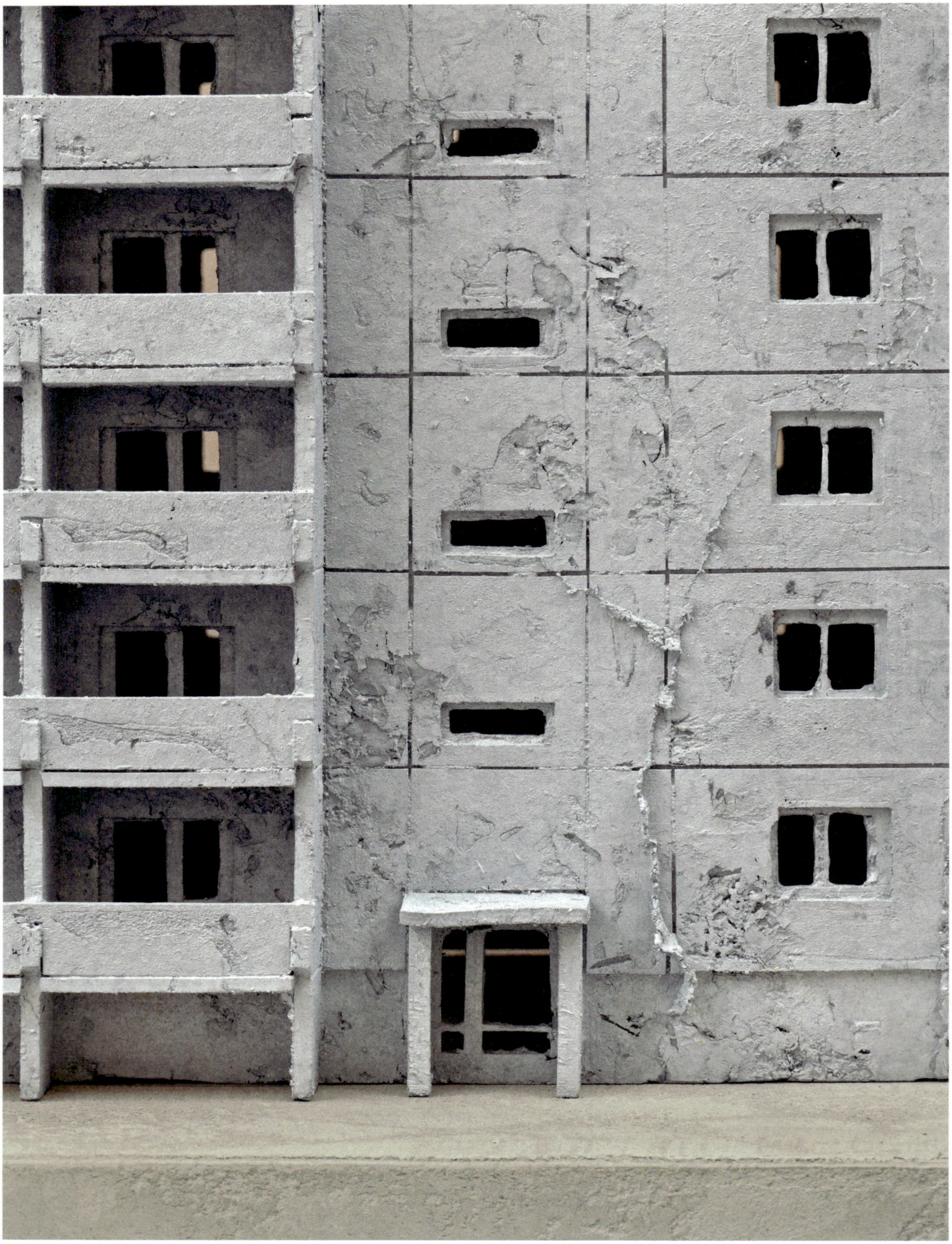

es,
en
te
ns-
be-
n-
ra-
el-
uf
as
en
er-
es-
an
et
ni-

D)
be
a-
er
ie
ü-
nt-

ob
il-
e-

Köthener Hochschule in Frau Becker [redacted] erkannt zu haben. An

machte Inge Viett im März in einem Beitrag für die Betriebszeitung *Motor*

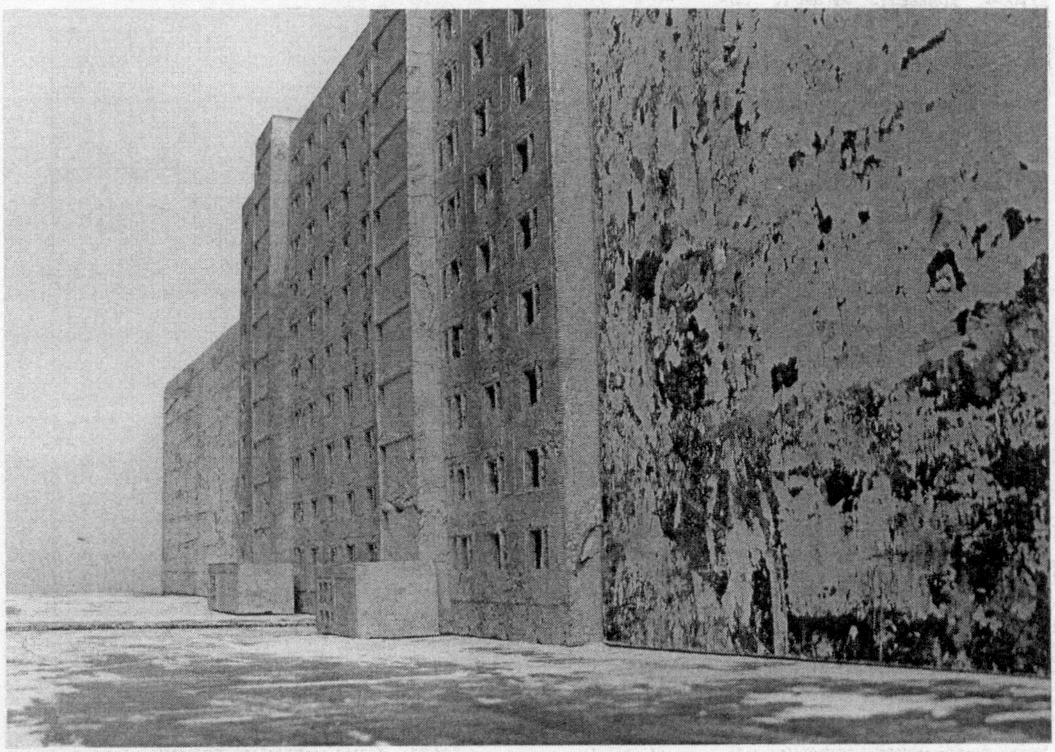

Magdeburger [redacted] Wohnhaus: Wahlhilfe für die PDS

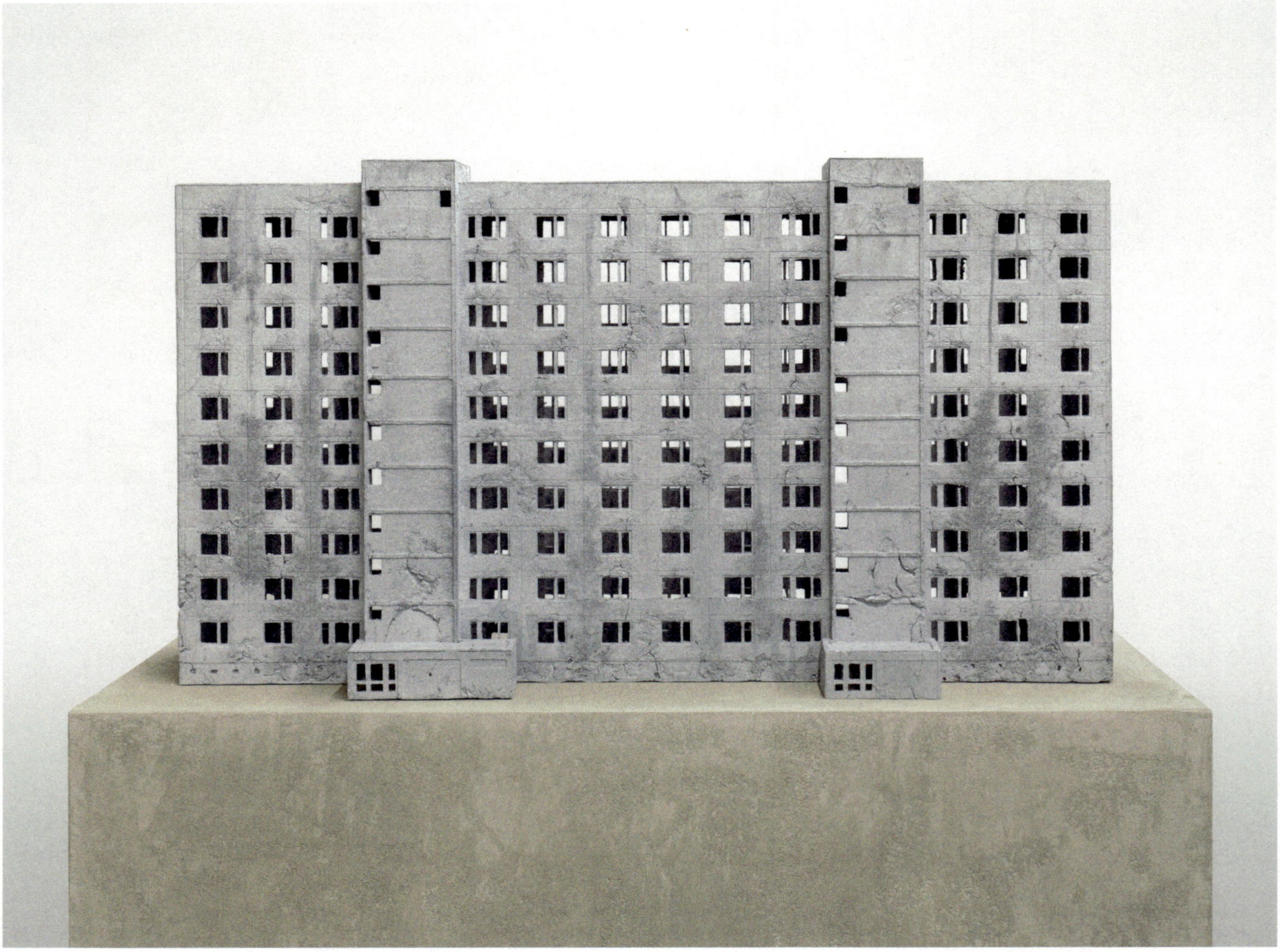

Magdeburg, Hans-Grundig-Straße, 2015, Zinkguss / Zinc cast, 106 × 25 × 65 cm

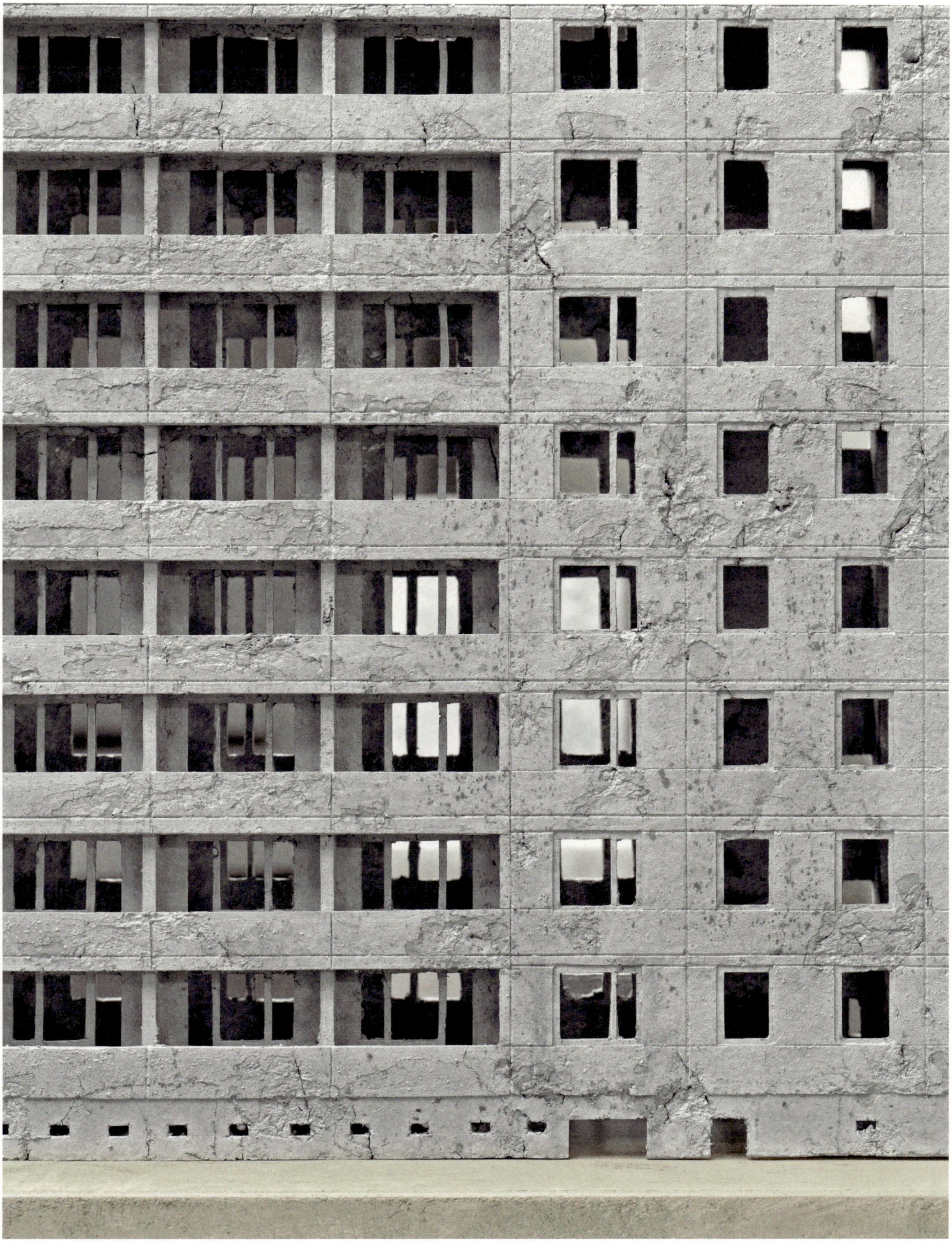

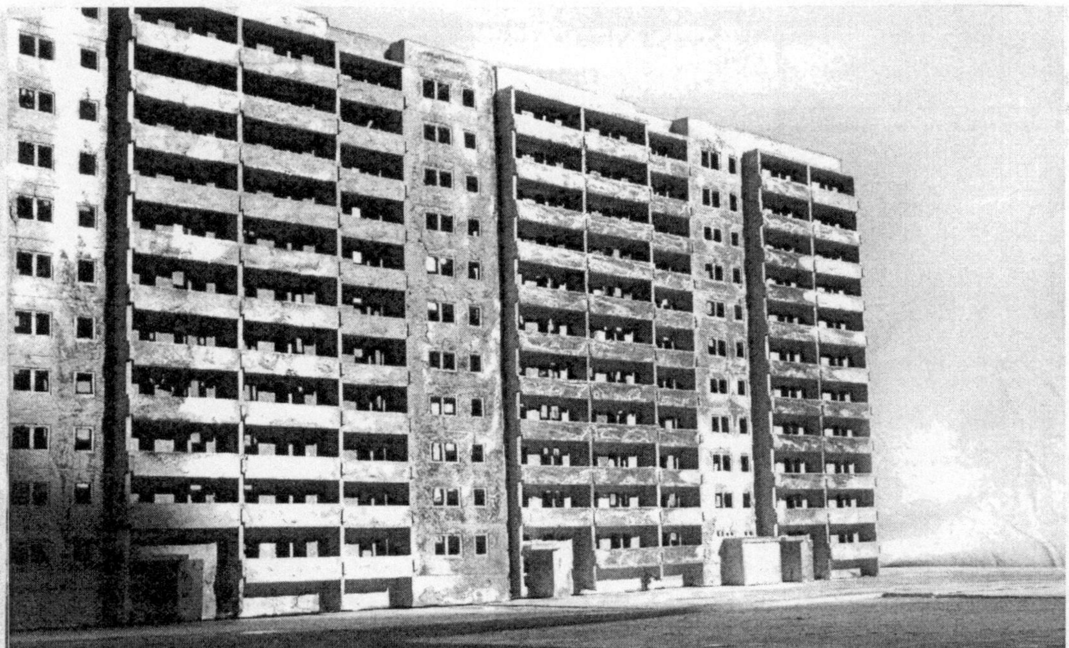

Ost-Berliner [redacted]-Wohnhaus: Fast perfekte Tarnung

arabische Freischärler zu Terror-Ak- weit die kommunistischen Machthaber

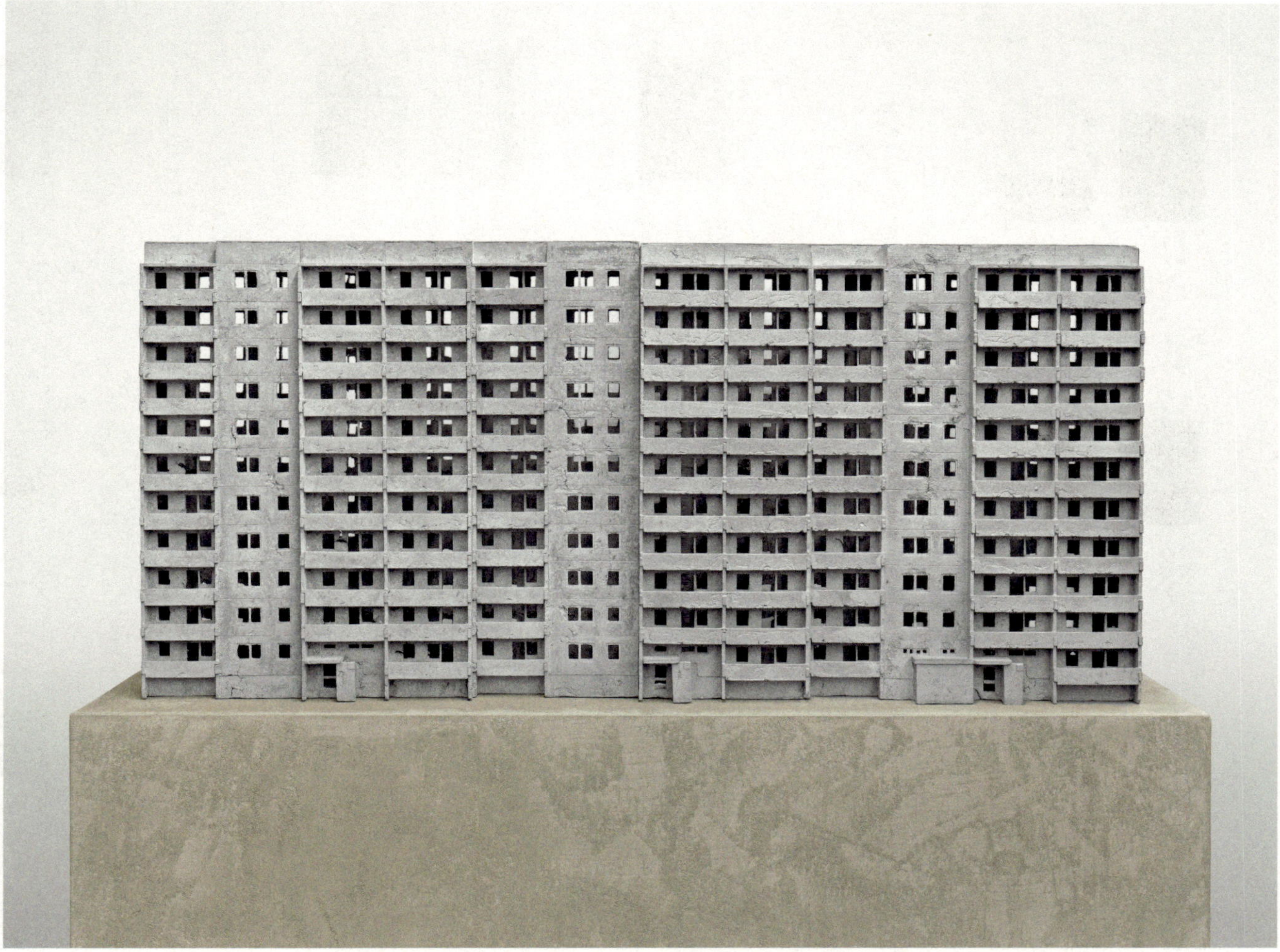

Berlin-Marzahn, Rosenbecker Straße, 2015, Zinkguss / Zinc cast, 144 × 30 × 70 cm

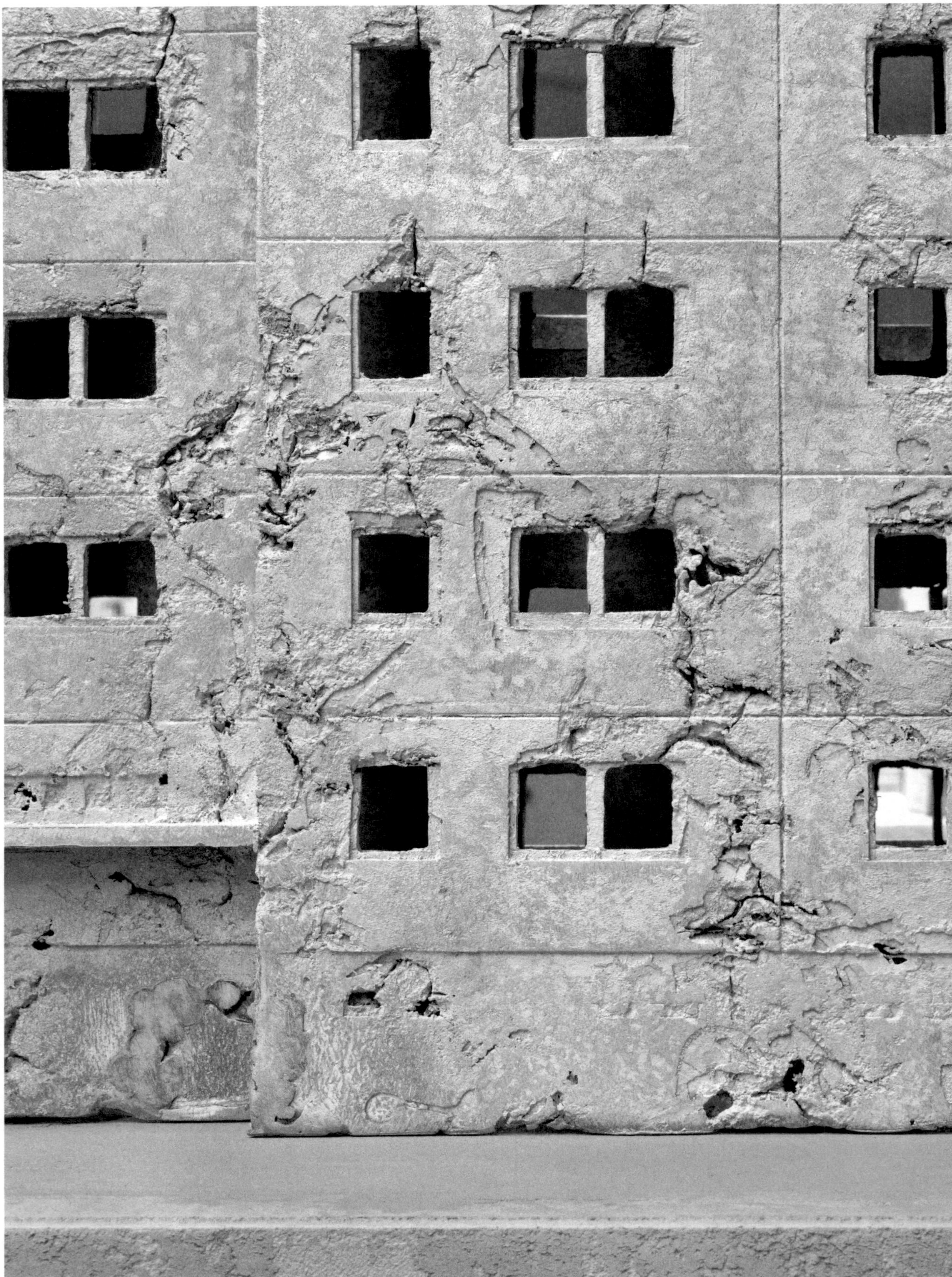

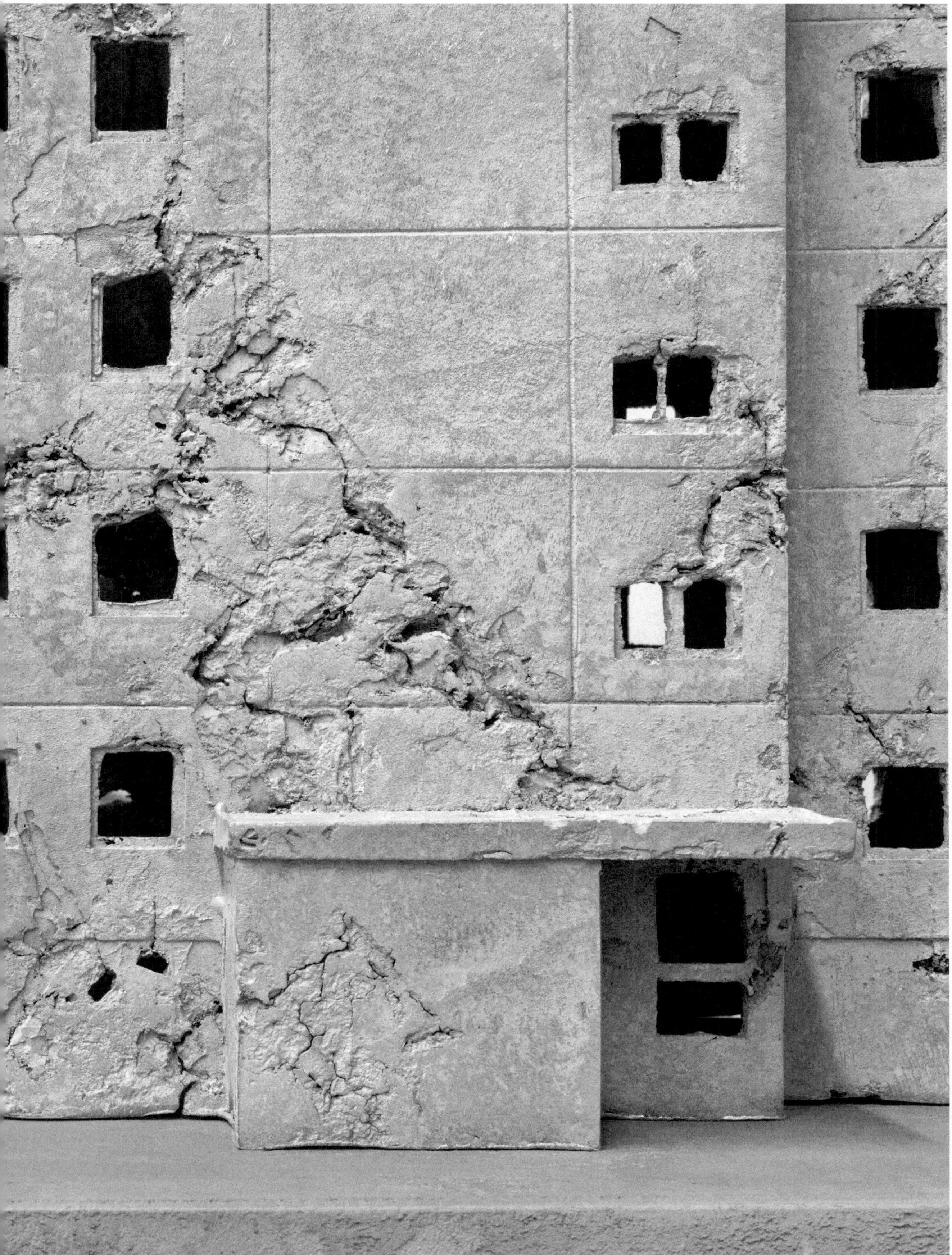

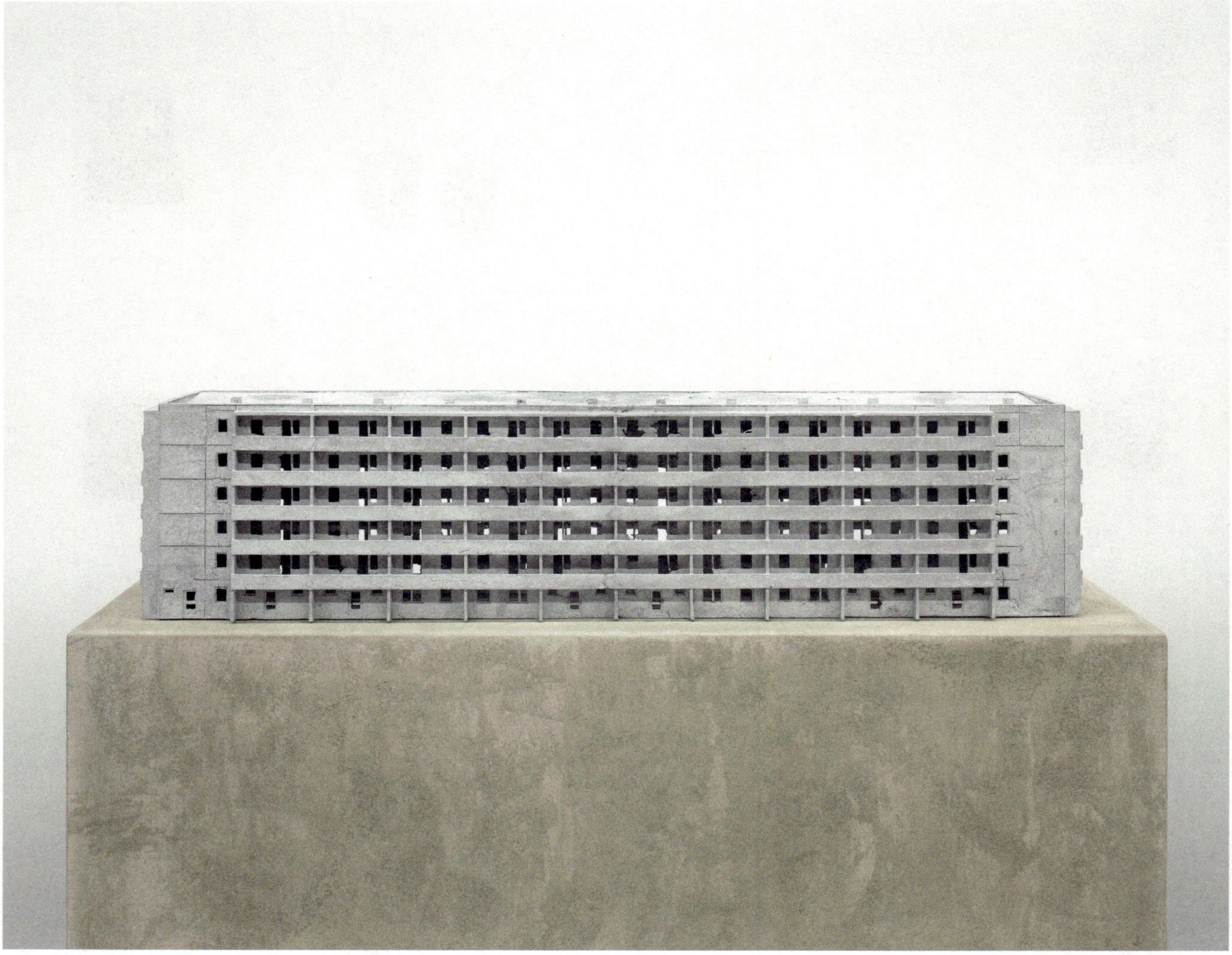

Schwedt, Ehm-Welk-Straße, 2015, Zinkguss / Zinc cast, 150 × 27 × 35 cm

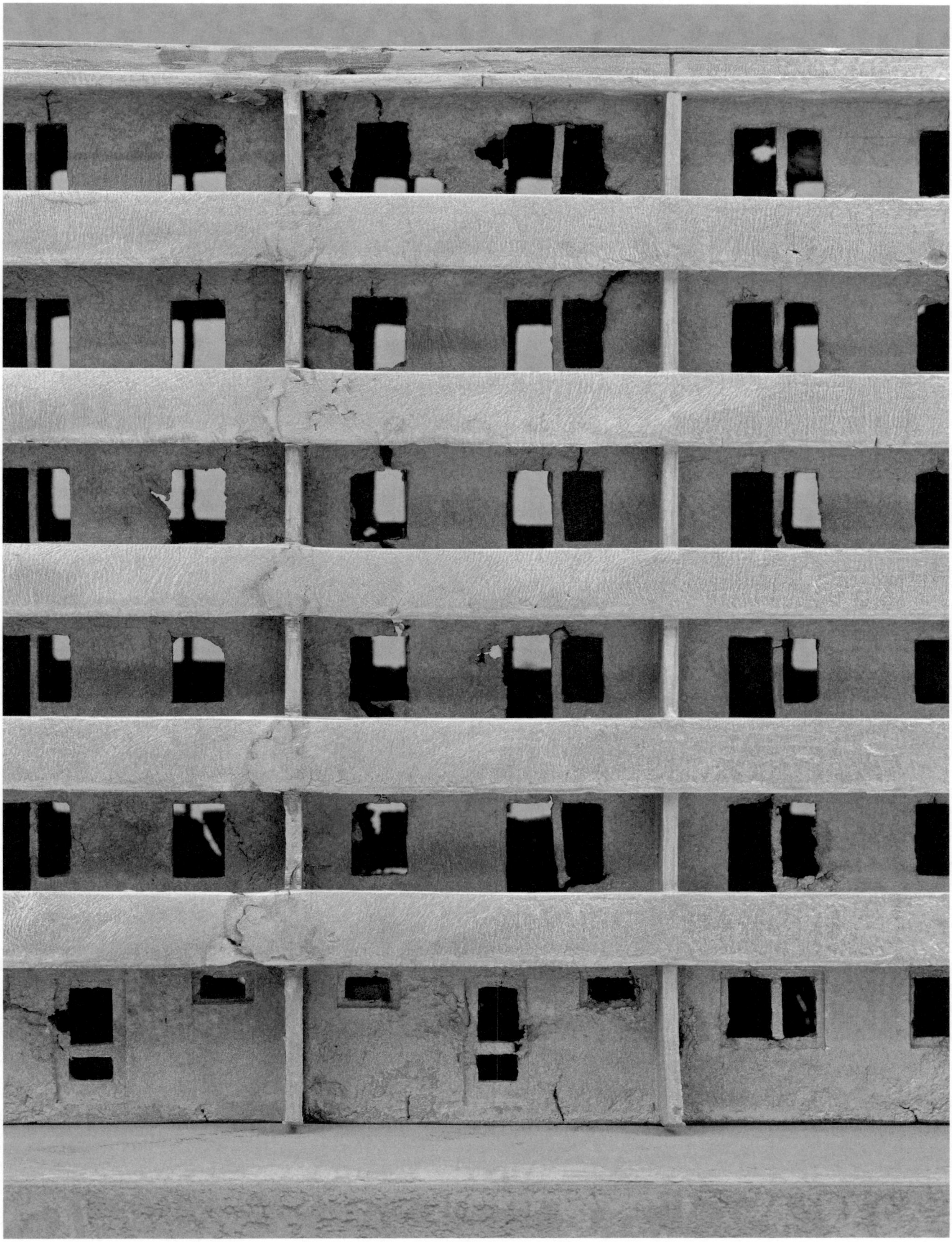

Schlechter Geruch, schöne Aussicht, Geborgenheit und Karnickelstall: Der RAF-Aussteiger Ralf Baptist Friedrich über sein Leben in der DDR 1980 – 1990

Ralf Baptist Friedrich (geb. 1946) sympathisierte seit seinem Studium an der Heidelberger Universität mit den Zielen der RAF. Am 30. Oktober 1974 beteiligte er sich an der Besetzung des Hamburger Büros von Amnesty International zusammen mit Susanne Albrecht, Christian Klar und weiteren Mitgliedern der zweiten RAF-Generation. Ein Jahr später wurde er in der Stuttgarter Kanzlei des Rechtsanwalts Klaus Croissant tätig, in der zu dieser Zeit die Verteidigung von Andreas Baader und anderen im Prozess von Stammheim Angeklagten koordiniert wurde. 1977 trat Friedrich schließlich der RAF bei und ging wenig später in Paris in den Untergrund. Nach seinem Ausstieg aus der RAF konnte er mit Hilfe des Ministeriums für Staatssicherheit 1980 in der DDR untertauchen. Dort lebte und arbeitete er in Schwedt/Oder unter falscher Identität gemeinsam mit Sigrid Sternebeck, die mit ihm in die DDR gekommen war. Noch vor der deutsch-deutschen Wiedervereinigung wurden beide am 15. Juni 1990 festgenommen. Nach einer ersten Freilassung wurde Friedrich am 19. November 1990 wegen des Verdachts des versuchten Mordes, des Herbeiführens einer Sprengstoffexplosion und anderer Straftaten erneut verhaftet. Unter Berücksichtigung der Kronzeugenregelung wurde er zwei Jahre später zu einer Haftstrafe von sechseinhalb Jahren verurteilt, aus der er vorzeitig frei kam. Ralf Baptist Friedrich ist heute als Unternehmensberater für Umwelt- und Arbeitssicherheit in Norddeutschland tätig. Das folgende Interview, in dem er ausführlich über sein Leben in Schwedt/Oder spricht, führten Angi Welz-Rommel, Markus Draper und Kai Wenzel mit ihm am 7. März 2015 in Berlin.

Herr Friedrich, nachdem Sie in Schwedt angekommen waren, begannen Sie in der dortigen Papierfabrik als Gabelstaplerfahrer zu arbeiten. An Ihrem ersten Arbeitstag trugen Sie eine Jacke des französischen Modedesigners Pierre Cardin. War das eher ein Zeichen des Unwissens über die DDR oder eine Geste des Trotzes?

Also die Jacke von Cardin, die hatte ich mir in Paris in der Galerie Lafayette gekauft. Sie hatte mir einfach gefallen. Da gab es noch gar nicht die Idee, dass ich in die DDR gehe. Wir hatten damals eigentlich vor, nach Afrika zu gehen und sind von Paris losgefahren, ohne zu wissen, wo es hingeht. Und ich hatte einen Koffer dabei, in dem nur Sachen für den Sommer waren. Alle Winterkleidung hatten wir in Paris am Gare de Lyon zurückgelassen. Ich hatte also nichts anderes zum Anziehen. Und wir erfuhren ja auch erst in Prag, dass wir in die DDR gehen werden. Sie müssen sich vorstellen, als wir in Paris lebten, haben wir darauf geachtet, dass wir nicht erkannt werden. In der DDR war das dann natürlich ganz anders. Wenn ich da mit einer Cardin-Jacke komme, die gut geschnitten ist, dann sticht das raus. In Frankreich ist es normal, dass die Leute gut gekleidet sind. In der DDR habe ich mir darüber aber auch gar keine Gedanken gemacht, sondern habe das getragen, was ich die ganze Zeit zuvor auch getragen hatte. Es gab ganz andere Sachen, die mir in der DDR auffielen. Ich war zum Beispiel erstaunt, dass es so viel Polizei auf der Straße gab. Und ich habe sofort die Kontrolle gespürt, worauf ich ja auch geeicht war. Wenn ich mich irgendwo in der Welt bewegt habe, ob in Paris oder Addis Abeba, war meine Erfahrung immer zu gucken, ist jemand hinter mir her, werde ich verfolgt und wie bewege ich mich in der Umgebung. Am besten habe ich mich bewegt, wenn ich unauffällig war. Das hat aber im Kontext der DDR eine ganz andere Bedeutung bekommen. Ich war mit der Kleidung, die ich angezogen habe, dann nicht mehr unauffällig, sondern ich war auffällig, denn so etwas hat dort niemand getragen. Aber das Bewusstsein, wie das auf die Mitarbeiter in der Papierfabrik wirkte, hatte ich anfangs noch nicht. Das habe ich erst später mitgekriegt.

Welches Bild bzw. welche Vorstellungen hatten Sie von der DDR vor Ihrer Ankunft?

Mein Wissen ist sicher dadurch geprägt gewesen, dass ich als kleines Kind schon in der DDR war. Meine Oma hat dort gewohnt und mein Vater hatte eine starke Verbindung zu Berlin. Er ist dort aufgewachsen und wir besaßen ein Haus in der Schwedter Straße. Ich erinnere mich noch, dass ich als kleines Kind dort war. Wir sind mit meiner Oma mit Lebensmittelmarken einkaufen gegangen, um Milch zu bekommen. Ich hatte eine etwas verklärte Vorstellung von der DDR, auch von der politischen Ausrichtung her, so dass ich mir gesagt habe, dass das eigentlich vernünftig ist, was die dort machen, für jeden zu sorgen. Aber das erste Gefühl, als es hieß, wir gehen in die DDR, war, dass das nicht so mein favorisiertes Land ist. Das hat sich dann aber gewandelt.

Bevor Sie in die DDR kamen, hatten Sie eine Zeit in verschiedenen Wohnungen in Paris gelebt.

Worin bestanden eigentlich die Kriterien der RAF bei der Wohnungssuche?

Das Kriterium war, eine konspirative Wohnung zu mieten. Auf jeden Fall musste sie anonym sein. Es musste nicht unbedingt ein Plattenbau sein. Wir hatten in Paris auch eine Wohnung in der Nähe vom Place de l'Étoile, die sehr mondän und großzügig eingerichtet war. Es musste Platz sein, damit dort viele schlafen konnten. Wenn wir uns getroffen haben, waren wir etwa 10 bis 15 Leute. Dann haben wir die Matratzen ausgelegt und wie nebeneinander gestapelt geschlafen. Es musste auch leise sein, also nicht hörbar nach außen, damit niemand mitbekam, dass so viele Leute da sind. Und du musstest schnell rauskommen. Uns ist es einmal passiert, dass jemand beim Reinigen der Waffe einen Schuss abgegeben hat. Wir sind alle aus der Wohnung rausgesprungen und haben geguckt, ob das jemand bemerkt hat und ob jetzt Polizei kommt. Nach ein, zwei Stunden sind wir dann wieder reingegangen, weil nichts passierte. Und dann war eine gute Anbindung an die Verkehrsmittel wichtig, daher kamen eigentlich nur Städte, keine Dörfer oder Einfamilienhäuser in Frage. In Paris, weil ich da ja die meisten Wohnungen angemietet habe, war es noch wichtig, dass wir bar bezahlen konnten.

Kehren wir wieder zurück in die DDR und nach Schwedt. Welchen ersten Eindruck hatten Sie bei Ihrer Ankunft von der Stadt?

Wir sind in die Leninallee reingekommen, daran erinnere ich mich noch. Dort stehen Hochhäuser, die ich als eintönig empfand. Alte Gebäude habe ich gar nicht wahrgenommen. Dann sind wir weitergefahren in ein Wohngebiet, dass sehr stark geprägt war durch eintönige, einförmige Häuser. Das Einzige was es dort noch gab, war ein Kindergarten und ich glaube eine Annahmestelle. Im Vergleich zu Paris, Wien oder Prag fiel mir auf, dass es gar keinen Bestand an alten Häusern gab, weder schönen noch unschönen, sondern nur diese Plattenbauweise. Mein Grundgefühl war, ich bin jetzt hier in der Platte vergraben. Eigentlich mag ich diese Häuser nicht und nenne sie immer Karnickelställe. Ich bin in einem selbstausgebauten Haus in einem Bergarbeiterdorf aufgewachsen. Und dann in Paris hatten wir Wohnungen am Place de l'Étoile oder am Place de la Republique, die gut ausgestattet waren. Das war in Schwedt nicht so, sondern es war nur eine kleine Wohnung, wie sie halt jeder hatte: das Bad in der Mitte, im Korridor rechts ging es zum Wohnzimmer und links zum Schlafzimmer. In der Wohnung standen ein Tisch, vier Stühle und ein Bettsofa. Das war alles. Als erstes haben wir uns Vorhänge gekauft, damit niemand sieht, dass unsere Wohnung eigentlich leer war. Aus den Fenstern schauten wir auf ein Feld und auf einen Schweinestall. Also der Geruch, der uns da entgegen kam, war markant. Aber die Aussicht war schön. Hingegen die Ansicht, wenn ich auf das Gebäude zuging, war schrecklich. Ich muss allerdings sagen, das klingt unheimlich widersprüchlich, aber wir waren glücklich, in einer Situation zu sein, in der wir uns sicher fühlten. Diese verschiedenen Gefühle waren bei uns immer gleichzeitig da: schlechter Geruch, schöne Aussicht, Geborgenheit und Karnickelstall.

Wie lautete eigentlich Ihr Name in der DDR?

Ich hieß Jürgen Eildberg und war fünf Jahre jünger, als ich in Wirklichkeit bin.

Worin haben Sie nach Ihrer Ankunft einen Halt gesucht, der Ihnen ein Bleiben in Schwedt ermöglichen konnte?

Den Halt, den meine Frau Sigrid Sternebeck und ich gesucht haben, um dort bleiben und uns wohl fühlen zu können, war auf der einen Seite die Arbeit. Ich habe in der Papierfabrik angefangen und war dort Gabelstaplerfahrer. Das gab einen ersten Halt und war für mich spannend, denn ich hatte vorher noch nie als Gabelstaplerfahrer gearbeitet. Der andere Halt war die Umgebung von Schwedt. Das Oderbruch ist wirklich eine schöne Gegend. Wir sind mit dem Fahrrad umher gefahren und haben das genossen. Oder wir sind mal nach Stralsund gefahren. Auch an Kultur waren wir stark interessiert und haben in Berlin die Museen besucht. Und den nächsten Halt fanden wir im Kulturzentrum von Schwedt, wo wir uns in einer Fotografengruppe bewegten, aber auch gemerkt haben, dass wir außen vor waren. Ich habe die DDR so erlebt, dass da sehr viel mit Familienbanden gearbeitet wurde, in die ein Reinkommen kaum möglich war. In der ganzen Zeit, während wir in Schwedt wohnten, haben wir nur drei oder vier Freundschaften geschlossen. Den nächsten Halt gab uns natürlich, dass unsere Tochter 1983 geboren wurde, drei Jahre nachdem wir in die DDR gekommen waren.

Nach einer Zeit im Untergrund, lebten Sie nun einen von der Staatssicherheit vorbereiteten Alltag mit Familie und Arbeitsplatz. Was hilft einem beim Schritt von der Individualität zur Kollektivität;

was erleichtert es, sich Normen und Zwängen unterzuordnen?

Die Eingewöhnung in die DDR-Realität war ja nicht so unterschiedlich zu dem, was ich bisher gemacht hatte. Denn die Hauptsache war, unauffällig zu bleiben, also nicht hervorzustechen. Aber bei dem, was ich dann in Schwedt so gehört habe, war das auch immer wieder schwierig. In den Pausengesprächen kam zum Beispiel dieser Rassismus durch, die Menschen der DDR wären höherwertig und die Leute aus Kuba und Vietnam minderwertig. Damals waren schon unterschwellig rechtsradikale Tendenzen vorhanden. Das, was sich dann in den Exzessen von Rostock noch einmal deutlich widergespiegelt hat, das war schon zuvor augenfällig und bemerkbar. Als ich 1983 angefangen hatte zu studieren, bin ich immer mit der Eisenbahn von Schwedt nach Berlin gefahren. Einmal waren NVA-Soldaten im Zug, die Nazilieder gesungen haben. Die müssen dann wohl gemerkt haben, dass es bei mir innen drin gebrodelt hat und fingen an zu reden: „Da sitzt wohl jemand von der Stasi." Meine Einstellung und meine Überzeugung konnte ich nicht verbergen und mir ist dann der Hut hochgegangen. Ich habe die gefragt: „Wisst ihr überhaupt was in Afrika los ist?" Und ich habe dann meine Kommentare gegeben. Ich kam ja aus einem Arbeiterdorf im Saarland, hatte in Heidelberg studiert und war dort politisch aktiv gewesen. In dieser Kultur hatte ich gelebt und durch sie war ich ausgebildet worden. Nun in einem kollektiven Zusammenhang zu sein, das musste natürlich aufeinander knallen. Und dann stand ja im Hintergrund immer die Betreuung durch die Stasi. Sie gab uns Hintergrundinformationen, wie wir auf die Leute wirken oder wo wir vorsichtig sein müssen. Silke Maier-Witt und Susanne Albrecht mussten zum Beispiel nach einer bestimmten Zeit ihre Wohnungen verlassen, weil sie erkannt wurden und nicht so vorsichtig gewesen waren wie wir. Also, das war eine relativ schwierige und wacklige Angelegenheit, sich unerkannt zu bewegen. Natürlich wurden wir später sicherer. Wir haben es geschafft, Silke Maier-Witt, Susanne Albrecht und Inge Viett hatten es halt nicht geschafft und mussten deswegen abgezogen werden. Das hängt wohl auch damit zusammen, dass sie allein in der DDR waren. Ich war ja mit meiner Frau da und wir waren auch durch unser Kind integriert. Aber es war ein schwieriger Weg.

Sie haben in einem früheren Interview einmal gesagt, das „DDR-System" war darauf angelegt „als Familiensystem zu leben". Wie empfanden Sie diesen Wechsel, zunächst als bzw. für eine Gruppe gelebt zu haben und danach eine Familie zu gründen und sich darauf zu konzentrieren?

Ganz persönlich empfand ich es als meinen Wunsch, in der DDR eine Familie zu gründen. Schon als junger Mann war es immer mein Ziel gewesen, eine Familie zu haben. Dass das dann damit zusammenfiel, um in der DDR unauffälliger zu leben, war ein Nebeneffekt. Die Hauptsache blieb, Kinder zu kriegen. Es gab natürlich auch Diskussionen zwischen meiner Frau und mir. Sie wollte weniger, ich wollte eher und dann haben wir uns entschlossen Kinder zu bekommen. Aber wir haben es nicht getan, um uns besser zu integrieren. Unsere Tochter wurde geboren, weil es unser Wunsch war.

Würden Sie sagen, das „Familiensystem" in der DDR hat nicht nur den Nachwuchs der Produktivkräfte sichergestellt, sondern es hat auch geholfen, die DDR-Bevölkerung politisch „ruhig" zu stellen? Empfanden Sie sich mit dem Blick von außen selbst als „ruhig" gestellt?

Das System der Familie war für mich, so wie ich es erlebt habe, ein Gegengewicht zur staatlichen Kontrolle. Auf der einen Seite gab es diese starke staatliche Kontrolle und auf der anderen Seite eine Familie, in der man sich abschotten und geschützt fühlen konnte. Und ich habe das auch deshalb so stark empfunden, weil ich natürlich die Vorsicht bemerkt habe, mit der man uns begegnete: „Da kommt jemand aus dem Westen und sagt, ich will hier Arbeit finden." Wir waren ihnen suspekt, das haben mir die Leute später auch gesagt. Das Familiensystem in der DDR war so ausgebildet, dass da ein Raum gefunden wurde, wo nach meinem Empfinden der Eindruck entstand, die staatliche Kontrolle hört sozusagen vor der Familie auf, dort kann ich mich frei bewegen. Als ich in die DDR kam, dachte ich noch, dass kritische Einstellungen zum Staat nicht gewollt sind und auch nicht stattfinden. Das war aber gar nicht so. Die Leute haben relativ offen darüber geredet, was sie nicht gut finden, und haben das auch angstfrei gesagt. Natürlich, wenn jemand tatsächlich gegen die staatlichen Stellen angegangen ist, dann ist er im Gefängnis gelandet. Wenn das aber nur auf der Ebene der Meinungsäußerung war, dann wurde das nach meinem Empfinden toleriert.

Welche Schwierigkeiten hatten Sie am Anfang in ihrer Plattenbauwohnung? Die Rituale der Nachbarschaft wie das Abstellen von Schuhen vor der Wohnung, haben Sie sie gleich beherrscht?

Also das Wohnen in der Platte habe ich eher als anonym empfunden. Wenn ich zurück denke, kann ich mich nur an eine Familie erinnern, mit der wir engeren Kontakt hatten. Ansonsten habe ich keine Gesichter oder Personen mehr im Gedächtnis. Da gab es kein soziales Gefüge, sondern du hattest eine Wohnung, du hast die Tür zugemacht und das war's. Die Versuche, Kontakte zu bilden, kamen nachher durch die Kinder, die natürlich kreuz und quer gegangen sind. Für meine Tochter war das ein Paradies, im Kindergarten und in der Schule zusammen zu sein, kurze Wege zu haben und alle Freunde sind da. Die konnten sich draußen richtig angstfrei bewegen. Aber wir selbst haben, so wie ich das in Erinnerung habe, abgeschlossen gelebt und gewohnt.

Gab es von Seiten der Staatssicherheit Vorgaben, wie Sie sich in Ihrem neuen Wohnumfeld einordnen sollten, um möglichst wenig aufzufallen? Ist Ihnen das schwer gefallen?

Wir wurden ja von der Staatssicherheit in Schönefeld empfangen und sind dann nach Berlin-Pankow in ein Aufnahmebüro gebracht worden. Eine Einweisung haben wir aber nicht bekommen, weil wir sozusagen deren Pilotprojekt waren. Die Schulungen, die später in einem Stasiheim im Wald stattgefunden haben,[1] wurden erst mit unseren Nachfolgern gemacht. Danach sind wir nach Schwedt gekommen und erhielten gleich einen Arbeitsplatz. Die Betreuer der Stasi kamen regelmäßig, haben uns begleitet und Rückmeldungen gegeben, wie wir in unserem Umfeld wirken. Wir haben natürlich auch versucht, Kontakt zu den anderen Aussteigern, die in der DDR lebten, aufzunehmen. Das war zwar nicht gewünscht, wir haben es aber auf irgendeine Art und Weise doch durchgesetzt. Eigentlich habe ich die Vorgaben nicht als so eklatant empfunden.

Haben die Rückmeldungen von der Staatsicherheit, wie Sie auf Ihr Umfeld wirken, dazu geführt, dass Sie etwas an Ihrem Verhalten veränderten?

Ich nenne mal ein Beispiel: Als Gabelstaplerfahrer hatte ich mal einen Lungenriss bekommen und es wurde festgestellt, dass ich die Arbeit nicht mehr machen kann. Da kam die Frage auf, welche Arbeit ich denn nun ausführen könnte. Sie boten mir einen Job in einem Kraftwerk an, das für die Papierfabrik Elektrizität und Dampf produzierte. Ich habe überlegt und gesagt, dass das Kontrollieren von Apparaturen und das Drehen von Schräubchen nicht meine Arbeitsweise ist. Und dann habe ich mich dazu verstiegen, noch meine Meinung über Weltpolitik, Heizöl und Energie kund zu tun. Da ist dann die Stasi gekommen und hat gesagt, solche politischen Äußerungen zur Energiesituation der DDR und der Papierfabrik sollte ich bitte lassen. Was die Stasi eigentlich immer umgetrieben hat, war die Angst davor, dass wir entdeckt werden, auch schon bevor Silke Maier-Witt und Susanne Albrecht erkannt wurden. Das war ihre größte Sorge, weil es natürlich für die DDR Schwierigkeiten bedeutet hätte, sich rechtfertigen zu müssen, dass sie uns aufgenommen haben. Die Stasibegleiter selbst fürchteten auch um ihre Karriere. Wenn da jemand aufgeflogen wäre, hätte die das auch den Kopf gekostet. Und ich weiß von den Äußerungen, die in den Stasiakten nachher gefunden worden sind, dass die, die uns betreuten, richtig Abbitte leisten mussten, wenn sie einen Fehler gemacht hatten.

Wollte die Staatssicherheit, dass sie politisch überhaupt nicht auffallen? Das Silke Maier-Witt so politisch versiert war, hatte denen ja wohl nicht gepasst? Wurde von Ihnen ein bestimmtes politisches Verhalten erwartet?

Hinsichtlich unseres politischen Verhaltens war es der Stasi am liebsten, wenn wir uns unauffällig verhielten. Silke Maier-Witt hatte sich ja in der SED stark engagiert. Darüber haben wir auch geredet, denn das war nicht gewollt, aber sie war nicht aufzuhalten. Unsere Implikation war eher gewesen: Ich will nicht in die Partei gehen, ich will nicht aktiv werden, sondern ich habe im Beruf Karriere gemacht und bin die Leiter hochgeklettert. Es hat mir auch Spaß gemacht, nachher als Abteilungsleiter zu arbeiten und es hat mich erfüllt, in der Natur mit dem Fahrrad und nachher mit dem Trabi rumzugondeln. Wir waren auch gern Pilze sammeln. Das Leben, das wir dort geführt haben, habe ich in angenehmer Erinnerung. Das war okay.

Ihr Leben in der DDR stand unter dem Primat der Konspiration. Alles Aufbegehren und Rebellieren, was zuvor für Sie sicher eine wichtige Triebfeder war – wie ist es Ihnen gelungen, es in der DDR zurückzuhalten?

Mir ging es zwar schon in der Schulzeit, also vor meiner Zeit bei der RAF, um das Aufbegehren und Rebellieren, aber in dem Sinne, dass ich die Verhältnisse „verneint" habe. In meiner Zeit in der DDR hatte ich die Möglichkeit, mein privates und berufliches Leben in einem für mich positiven Sinne aktiv zu gestalten. Die Einengungen des Lebens im Untergrund sind enorm und erfordern ständige Anpassungsfähigkeit. Dagegen bot das Leben in der sozialistischen DDR für mich eher eine Möglichkeit der Selbstverwirklichung. Die beiden Pole waren: Flucht oder Gefängnis in der Zeit nach meinem Ausscheiden auf der einen Seite, Bewegungsfreiheit in der DDR und Gestaltung meines Familien- und Arbeitslebens auf der anderen. Es kommt immer auf den Standpunkt an. Jemand der in Berlin-Hohenschönhausen einsaß, sieht es aus seiner Sicht verständlicherweise völlig anders.

Kehren wir noch einmal zu Ihrer Schwedter Wohnung zurück. Welche Möglichkeiten hatten Sie, die Einrichtung Ihrer Wohnung umzugestalten, auch vor dem Hintergrund der Versorgungslage in der DDR?

Ich hatte relativ schnell gut verdient und wir haben geschaut, was wir kaufen konnten. Die ersten Gegenstände hatten wir noch auf Kredit gekauft. Wir sind in ein Geschäft gegangen, haben dort einen Kredit aufgenommen, um Sessel und was wir sonst brauchten zu besorgen. Ich habe den Mangel weniger erlebt, wenn es darum ging, eine Waschmaschine oder so etwas zu kaufen. Er herrschte mehr bei der Ernährung, also wenn es kein Fleisch oder Obst gab.

Hatten Sie noch D-Mark dabei und konnten Sie sich im Intershop[2] mit Dingen versorgen, die es im Einzelhandel der DDR nicht gab?

Ja, wir hatten auf jeden Fall D-Mark dabei, wobei das für uns nicht von Bedeutung war. Wir hätten gekonnt, aber wir haben es nicht genutzt. Ich glaube das Einzige, was ich mir mal im Intershop gekauft habe, war eine Black & Decker-Bohrmaschine. Ansonsten haben wir das nicht gebraucht.

Unterschied sich Ihre Einrichtung von der Ihrer Nachbarn und Kollegen bzw. gingen diese anders mit dem zur Verfügung stehenden, immer gleichen Raumangebot um?

Wenn ich unsere Wohnung mit denen anderer vergleiche, dann hat mich das schon erstaunt. Also wenn ich irgendwo wohne, dann hänge ich Bilder an die Wand, die meinem Kunstgeschmack entsprechen und meinem Gefühl der Einrichtung gemäß sind. Wenn ich aber in andere Wohnungen kam, dann standen dort vor allem irgendwelche Nivea-Döschen, Konsum- und Markenartikel. Das, was sie wohl im Intershop oder von der Verwandtschaft im Westen bekommen hatten, wurde regelrecht ausgestellt. Das war deren Lebensgefühl und für sie wichtig. Ich habe mir, dadurch dass ich zuerst in Berlin, danach in Altenburg studiert habe und dort in Galerien gegangen bin, Bilder angesehen und gekauft, um damit unsere Wohnung auszustatten. Es war erstaunlich, dass ich früher in den schönsten Städten Europas gewesen war, vor allem in Paris. Aber alles, was mit Kultur zusammenhing, habe ich damals noch nicht wahrgenommen. Erst nach der Wende, als ich wieder die Möglichkeit hatte, nach Paris zu gehen, habe ich die Museen besucht, den Louvre, das Musée d'Orsay. Ich habe dann auch selbst angefangen zu malen und ausgelebt, was mir an Kulturellem wichtig war.

Welche Bilder hingen in Ihrer Schwedter Wohnung?

Das waren vor allem Federzeichnungen, die ich in einer Leipziger Galerie gekauft hatte. Ich habe sie auch noch in den Wohnungen aufgehängt, in denen ich später gelebt habe. Die Kunstszene in der DDR haben wir wahrgenommen, natürlich so ein bisschen von außen. Aber das hat mir gut gefallen und ich fand es spannend. Letztlich hat mich das auch dazu gebracht, als ich nach der Wende die Möglichkeit hatte, das noch weiter zu verfolgen und weiter auszubilden. Wenn ich heute irgendwo in einer Stadt bin, dann gehe ich zuerst ins Museum oder schaue, was gibt es an Kunstgegenständen, die ich erwerben kann.

Kann man sagen, dass Sie ein Nachholbedürfnis auf dem Gebiet der Kunst hatten, da dieser Bereich nicht so sehr im Interesse der RAF gelegen hatte?

Ja, das stimmt. Als ich in der RAF war, war alles geprägt durch politische Notwendigkeit und Ideologie. Für mich wurde dann die Erfahrung der DDR-Zeit wichtig, dass Politik nicht alles ist und dass mir ohne Kultur und Kunst, schöne Gebäude, schöne Bilder und Musik etwas fehlt. Das hat mich geprägt, ich habe es weiter verfolgt und ausbilden können. Heute lebe ich mit einer Geigerin zusammen. Barockmusik ist für mich heute ein wichtiger Bestandteil meines Lebens und meines Daseins.

Sie haben erzählt, dass sie auch Kontakt zu den anderen Aussteigern hatten. Wissen Sie noch, wie deren Wohnungen eingerichtet waren?

Wie die anderen mit den Wohnungen umgegangen sind, daran kann ich mich nicht mehr erinnern. Bei mir gab es eine Entwicklung. Wir waren zehn Jahre in der DDR und zum Schluss, das war glaube ich, zwei Jahre bevor die Wende kam, hatten wir uns eine richtige Anbauwand zugelegt. Das heißt, ich wage es kaum zu sagen, wir hatten uns dann auch angepasst. Es gab ja auch keine Designermöbel und man hatte auch kaum eine Möglichkeit, außer durch die Bilder von denen ich erzählt habe, eine Individualität zu leben. Die DDR hat ja ausgezeichnet, dass Grundbedürfnisse gestillt waren. Man ist nicht verhungert und man hatte eine Wohnung, es sei mal dahingestellt, wie die aussah. Aber einen eigenen Stil zu kreieren, das war hinsichtlich dessen, was man bekam, kaum möglich. Das habe ich erst wieder ausprägen können, als ich in der BRD gelebt habe und es hat auch eine gewisse Zeit gedauert, bis ich die in der DDR entstandene Einstellung wieder verloren hatte. Wenn ich heute meine Wohnung sehe und an Schwedt zurückdenke, dann ist das ein Unterschied wie Tag und Nacht.

In manchen Plattenbau-Wohnhäusern der DDR existierten Hausgemeinschaftsräume, manchmal sogar eine kleine Hausgemeinschaftsbibliothek. Gab es das auch in Ihrem Haus? Wie empfanden Sie diese Formen der Vergemeinschaftung auch vor dem Hintergrund gemeinschaftlicher Wohnformen, wie sie die Studentenbewegung im Westen ausprobiert hatte?

Ich habe selbst keine Hausgemeinschaften erlebt, wo wir wohnten, gab es das nicht. Das hatte wahrscheinlich mit der speziellen Situation in Schwedt zu tun. Die Stadt war dadurch gekennzeichnet, dass es zwei große Werke gab – die Raffinerie Petrolchemisches Kombinat und die große Papierfabrik. In Schwedt lebten auch sehr viele Monteure, auch aus dem Ausland, wodurch sich so eine eigene Mischung gebildet hatte, die nicht repräsentativ war für andere Gegenden in der DDR. Die Stadt wurde aufgebaut, in dem sie Leute von außerhalb mit Wohnungen, mit guter Arbeit und mit einem vernünftigen Verdienst angeworben haben. Was die DDR natürlich gerade in der Arbeitswelt ausgezeichnet hat, waren Kollektivfeiern. Immer am 8. März habe ich mit meinen Kolleginnen den Frauentag gefeiert und war dann als Abteilungsleiter auch verpflichtet gewesen, dass sie nach der Feier wieder gut zu Hause ankommen, vor allem wenn zuvor zu viel Alkohol geflossen war. Ich empfand diese Gemeinschaftsideen aber immer als aufgesetzt.

Das Wohnen im DDR-Plattenbau war ideologisch aufgeladen. Die Intention war, nicht nur neue Wohnungen zu errichten, sondern sozialistische Menschen zu formen und Unterschiede zwischen sozialen Schichten aufzulösen. Haben Sie diesen Anspruch wahrgenommen?

Die Ziele, die sich mit dem Plattenbau verwirklichen sollten, also dass jeder gleich ist, ob das der Direktor oder die Putzfrau ist, das hat sich natürlich abgebildet. Es war ja auch wirklich so. Der Direktor hat genau so gelebt, wie ich auch. Aber das ist nicht nur eine Sache der DDR gewesen und nach meiner Überzeugung war es ein vorgeschobenes Ziel. Wenn ich weiß, dass eine Renovierung von Altbauten finanziell und von der Arbeitsweise her so aufwendig ist, dass ich den Wohnraum, den ich für eine Bevölkerung in der DDR benötige, in der Geschwindigkeit und Qualität nicht erhalten kann, dann geht das nicht. Der Plattenbau wurde – meine Frau hat ja in einem Planungsbüro gearbeitet – vor allem dafür genutzt, um in kurzer Zeit genügend Wohnraum für die Menschen zu bekommen. Alles was Altbestand war, wurde am liebsten plattgemacht. Meine Frau hat das in Berlin auch teilweise begleitet, als dort Gebäude gesprengt und dann Plattenbauten hingestellt wurden. Dieses „alle sind gleich" ist für mich eine ideologische Verbrämung der Notwendigkeit gewesen, für alle Bevölkerungsteile Wohnraum zu errichten. Wenn ich nachgefragt habe, dann ging es bei dem Wunsch, in die Platte reinzukommen, eigentlich mehr darum, ein anständiges Bad, fließendes Wasser und Heizung zu haben. Wenn ich das Glück hatte, auf die Wiese zu gucken, dann war das toll. Wenn ich das Unglück hatte, auf das nächste Fenster zu gucken, war es nicht so toll. Um die Grundbedürfnisse der Bevölkerung zu erfüllen, war der Plattenbau okay, aber nicht mehr. Es gab keine Freude in der Hausgemeinschaft, also ich habe es zumindest nicht erlebt. Wenn ich mich aber nur darauf konzentriere, das Notwendigste herzustellen, dann töte ich die Kreativität einer ganzen Gesellschaft. Wenn ich einfach eine Platte nach der nächsten Platte kopiere, dann haben die armen Architekten und Bauplaner gar keine Möglichkeit, irgendetwas Neues zu erfinden, irgendetwas Neues auszuprobieren. Es gehört zu einer Entwicklung dazu, die Kreativität auszuleben, dadurch kommt für den, der baut, ein Lebensgefühl zustande. Dadurch kommt auch für den, der darin lebt eine Lebensqualität zustande. Es kann auch mal sein, dass es schief geht und etwas gebaut wird, das nicht gut ist. Es gehört aber zur Kreativität dazu, Fehler zu machen und nicht den Einheitsbrei zu liefern.

Im Westen wurden Plattenbauten seit den 1970er Jahren errichtet, um Wohnraum für die einkommensschwachen Gruppen zu schaffen.

Die Siedlungen wurden dadurch rasch zu Inbegriffen für soziale Brennpunkte. In der DDR waren Plattenbauten hingegen Prestigeprojekte, in denen für DDR-Verhältnisse gut verdienende Arbeiterfamilien lebten. Ist Ihnen dieser Unterschied in der sozialen Bewertung aufgefallen und wie hat er sich bemerkbar gemacht?

Einen Unterschied zwischen Plattenbau West und Ost habe ich nicht wahrgenommen, vor allem, weil ich im Westen in der konkreten Situation keinen Plattenbau erlebt habe. Ich habe in Heidelberg und Saarbrücken studiert, bin dort aber nie mit Plattenbauten in Kontakt gekommen. Das habe ich von der Ferne gesehen, auch wenn ich durch Frankreich gefahren bin. Ich habe Gebäude von Le Corbusier gesehen, aber mir darüber keine Gedanken gemacht. Viel später habe ich erfahren, dass Le Corbusier mit einem Kollegen ein Patent auf die Stahlbetonbauweise hatte und nach dem Krieg von der französischen Regierung beauftragt wurde, im kommunistischen Marseille seinen ersten großen Plattenbau zu verwirklichen. Privat hat er aber in einer einfachen Fischerhütte am Mittelmeer gelebt. Meine Vorliebe galt immer den schönen Gebäuden, wie sie in Paris am Boulevard Haussmann oder der Rue de Rivoli stehen. Die sozialen Brennpunkte habe ich auch miterlebt, aber soziale Brennpunkte waren im Westen für mich – in den 1960er Jahren habe ich Obdachlose betreut – immer richtige Baracken gewesen, in denen die Leute gelebt haben. Die Plattenbauten im Osten wurden ja nachher auch zu Brennpunkten und zwar dann, als die Leute, die besser verdient haben und mehr Lebensqualität wollten, dort ausgezogen sind.

Nach einer These von Horst Herold[3] hat die RAF Plattenbauten im Westen bewusst gesucht wegen der Anonymität und guten Verkehrsanbindung. In der DDR hingegen existierte mit Hausgemeinschaftsleitung, Parteisekretär und Abschnittsbevollmächtigtem eine staatliche Aufsicht. Sie haben bereits darüber erzählt, dass Sie das Wohnen im DDR-Plattenbau dennoch als anonym empfunden haben. Gab es aber eine andere Art von Anonymität im Osten?

Wenn ich die Unterschiede betrachte, würde ich sagen, dass für uns immer noch die gleiche Anonymität wie zuvor wichtig war. Es gab Bestrebungen, eine Hausgemeinschaft zu bilden, wofür aber kaum eine Bereitschaft existierte. Meine Empfindung war, wenn Leben stattgefunden hat, dann wenn die Leute in die Schrebergärten gegangen sind. Das war sozusagen ein bisschen der Ort der Freiheit für sie, und es gab viele Schrebergärten in Schwedt. Es gab in der DDR aber auch Leute, die aus dem System ausgestiegen sind. Als Abteilungsleiter hatte ich auch Leute unter mir, die quasi betreut wurden, die morgens zur Arbeit abgeholt, die ganze Zeit begleitet und abends wieder zurückgebracht wurden. Wenn sie morgens nicht gekommen sind, ist wieder jemand hin und hat sie abgeholt. Die haben natürlich auch in diesem Plattenbau gewohnt. Und das ist für Leute, die zwangsweise zusammenleben, eine sehr große Herausforderung. Wenn einige die Wahl gehabt hätten, wären sie bestimmt ausgezogen. Aber das war nicht möglich. Nach meinem Empfinden ist das eine Zwangsgemeinschaft gewesen, die natürlich den Effekt hatte, dass soziale Konflikte nicht so offen ausgetragen wurden und auch von staatlicher Seite aus nicht gelöst wurden, sondern gesagt wurde, das sollen die unter sich lösen. Mussten sie ja auch, sie hatten ja keine Alternative. Und wenn diese staatliche Kontrolle dann ausfällt, also wenn nicht mehr staatlich kontrolliert wird und man nicht mehr zwangsweise mit anderen Leuten zusammenleben muss, dann platzt das ganze Ding.

Wie hat sich Ihre politische Einstellung nach Ihrer Ankunft in der DDR entwickelt? Haben Sie versucht, die Weltlage außerhalb der DDR zu verfolgen? Gab es in Schwedt eigentlich Westfernsehen?

Natürlich habe ich die Weltlage weiter verfolgt. Wenn ich in Berlin war, habe ich mir internationale Zeitungen gekauft, zum Beispiel eine deutsch-kubanische Zeitung. Und wir hatten das Glück, dass wir auch Westfernsehen ohne Probleme empfangen konnten. Was wir verfolgen konnten, haben wir verfolgt. Am Anfang hat uns natürlich gekennzeichnet, nachdem wir so lange in und mit der Roten Armee Fraktion unser Leben gestaltet hatten, dass wir uns erst einmal von dieser Ideologie lösen mussten. Es gab zwei Komponenten, die politische, die auf den bewaffneten Kampf ausgerichtet war, und die Gruppenzugehörigkeitskomponente, das heißt, in der Gruppe aufgehoben zu sein und nicht selbst entscheiden zu müssen. Diese beiden Komponenten haben wir zuerst einmal auflösen müssen und das empfand ich als ein Geschenk. Im Gefängnis, so mein Empfinden, was uns ja gedroht hatte, wäre das wohl kaum möglich gewesen. Im Gefängnis versuchst du noch, in der Gruppe zu bleiben, um nicht ganz verloren zu gehen, wenn du dich davon löst. Das brauchten wir natürlich nicht, sondern wir haben in der DDR die Möglichkeit gehabt, zu reflektieren, zu diskutieren, natürlich auch über die Anschläge der RAF, die in

Deutschland noch stattgefunden haben, und uns eine Meinung darüber zu bilden. Was den bewaffneten Kampf anbetrifft, konnten wir uns relativ schnell davon lösen, vom Gruppenzusammenhang sowieso, weil wir nicht mehr dazu gehörten. Und natürlich haben wir die weltpolitische Situation verfolgt und auch die Zuspitzung, die nachher relativ schnell zum Zusammenbruch des sozialistischen Staatengebildes führte. Das hat uns aber auch Angst gemacht, weil uns natürlich klar war, dass das bedeutete, dass da noch einmal irgendwelche Fragen auf uns zukommen, die zu beantworten waren. Und nicht nur Fragen, sondern auch mögliche Verhaftungen, das war uns schon alles klar.

Wenn es einen Anschlag der RAF gegeben hatte, welche Reaktionen gab es dann von Ihren Betreuern?

Wenn es Anschläge gab oder jemand aufgeflogen war, dann kamen sie, um noch einmal ganz genau durchzusprechen, wie wir uns verhalten sollten. Es wurden dann die Fahndungsfotos noch einmal angeguckt und verglichen, ob wir überhaupt erkennbar wären. Bei mir haben sie gesagt: „Nee, der hat so ein Allerweltsgesicht, dass man den nicht erkennt." Aber meine Frau hatte abstehende Ohren und es wurde überlegt, ob man das korrigiert. Sie ist dann für etwa 14 Tage in einem Krankenhaus verschwunden und die Ohren wurden angelegt. Das haben die schon ernst genommen, sie hatten richtig Angst davor. Es gab auch die Idee, dass wir wegziehen sollten. Wir hatten auch überlegt wohin, am liebsten wären wir nach Berlin gezogen. Nach Berlin durften wir aber auf keinen Fall, weil das so sehr von Geheimdiensten durchsetzt war. Dann war Brandenburg im Gespräch, ja da waren sie schon irgendwie dafür. Dann hatten wir uns Meißen ausgesucht. Aber zum Glück sind wir nicht nach Meißen gekommen, sondern geblieben wo wir waren, nämlich in Schwedt. Das war okay.

Gab es Besprechungen mit den anderen Aussteigern über Ihre Situation in der DDR?

Die Möglichkeit der Besprechung untereinander gab es mehrfach, natürlich vor allem zwischen mir und meiner Frau. Aber wir haben auch regelmäßig die anderen getroffen. Trotz Verbots sind wir nach Senftenberg gefahren zu Werner Lotze und Christine Dümlein, dann auch zu den anderen, die in der DDR waren, und haben Kontakt gehabt. Einmal im Jahr gab es auch ein Treffen von allen, die in die DDR gekommen waren. Später wurde deutlich oder ich gehe vielmehr davon aus, dass wir in unserer Wohnung und offensichtlich auch in dem Stasiheim abgehört worden sind.

Die beiden in Neubrandenburg untergebrachten, Henning Beer und Silke Maier-Witt, wussten angeblich nichts voneinander?

Wer voneinander wusste, das waren die acht, die am Anfang gekommen waren. Inge Viett und Henning Beer sind ja erst später gekommen. Ich selbst habe Inge Viett mal auf dem Bahnhof gesehen, sie aber nicht angesprochen. Ich wusste nicht, was da los ist, darum habe ich das nicht gemacht. Aber ich habe sie in Berlin auf dem Bahnhof gesehen. Die beiden liefen sozusagen außen vor, weil die Stasi gedacht hat, wenn jetzt jemand auffliegt, dann müssen sie noch einmal dem ganzen Geflecht nachgehen. Ihnen war es lieber, wir bleiben Einzelpersonen beziehungsweise ein Paar mit Kind. Immer wenn jemand entdeckt worden war, bedeutete das, nachts die Sachen zu packen. Denn die Leute mussten verschwinden, wurden irgendwo zwischengeparkt in einer Wohnung oder in einem Schrebergarten. Es ging sogar soweit, dass Susanne Albrecht, ihr Mann und das Kind Felix, nach Moskau geschickt wurden, um sie aus dem Verkehr zu ziehen. Und ihr Mann wusste ja von nichts. Die Stasi musste also Geschichten erfinden, um klar zu machen, warum die jetzt weg müssen. Das war für sie schon eine anspruchsvolle Aufgabe, zu verhindern, dass noch weitere entdeckt werden. Insofern hat die Stasi Hennig Beer und Inge Viett nicht mehr in die Gruppe einbezogen. Es war sogar so, dass wir ganz zu Anfang bei uns in Schwedt, es muss in den ersten zwei oder drei Jahren gewesen sein, Besuch von Inge Viett und Christian Klar bekamen. Noch bevor sie aus der Gruppe rausgegangen sind, haben die uns besucht. Es ging darum, noch irgendwelche Depots klar zu machen. Also haben die uns in Begleitung von Betreuern der Staatssicherheit besucht und wir haben über Depots und sonstige Sachen gesprochen.

Wie lange hat es gedauert, bis Sie sich von der RAF völlig gelöst hatten?

Der Anschlag auf Alfred Herrhausen war für mich das Ereignis, wo wir ganz offensichtlich gesehen haben, das ist wirklich eine falsche Politik. Aber der Zeitpunkt, wo ich sagen würde, dass der Loslösungsprozess abgeschlossen war, muss schon etwa 1985 gewesen sein. Da gab es einen anderen Anschlag bei dem, um einen Ausweis zu kriegen, ein amerikanischer Soldat erschossen wurde. Das war für mich nun zu Ende. Die Identität, die wir uns dann geschaffen haben, war für mich auf jeden Fall die Identität im Beruf. Es hat mir wirklich Spaß gemacht zu arbeiten, da ich als jemand, der von seiner persönlichen Struktur her sehr experimentierfreudig, sehr entscheidungsfreudig ist, Karriere gemacht habe. Das war unüblich für die DDR, wo immer versucht wurde, keine Fehler zu machen. Ich bin aber ein Mensch, der sagt, ohne Fehler geht es nicht, ohne Fehler kann ich gar nichts lernen, es ist für mich ein Entwicklungsprozess, das begleitet mich mein Leben lang. Bei meiner Frau war es anders, die ist in ihrem Beruf nicht so gut zurechtgekommen, weil sie an ihrem Arbeitsplatz ziemlich viel politischen Gegenwind bekommen hat. Daher haben die Kollegen gesagt, wie kann jemand nur so blöd sein, aus der BRD in die DDR zu kommen. Und die waren sowieso sehr stark gegen die DDR eingestellt und haben ihr das Leben schwer gemacht. Deswegen hat sie sich nicht so gut zurechtfinden können. Aber ich, mit meiner Art, meiner Tätigkeit und mit meinem beruflichen Dasein bin da gut zurechtgekommen, wobei das in den zehn Jahren geprägt war durch einen stetigen Aufstieg. Ich habe auch diese Durchlässigkeit in einer großen Fabrik mit 2500 Mitarbeitern genossen. Wenn mich, ich sage es mal salopp, eine Arbeit gelangweilt hat, habe ich die nächste bekommen. Wenn ich Gabelstaplerfahrer nicht mehr machen konnte, dann bin ich Gruppenleiter für den Versand geworden. Wenn mich Gruppenleiter nicht mehr ausgefüllt hat, dann bin ich Abteilungsleiter für den Versand geworden und wenn mich das nicht mehr angesprochen hat, habe ich die Materialwirtschaft gemacht. Diese Durchlässigkeit, wie es sie bei den Großkonzernen auch gibt – der Großkonzern ist ja quasi auch ein sozialistisches Gefüge, also kaum Entscheidungsmöglichkeiten, sehr strukturiert und sehr eng – das hat mir gefallen. Aber ich denke, auf lange Zeit wäre es auch nicht gut gegangen. Wenn dann die Herausforderung nicht mehr gegeben gewesen wäre, ich mich also nicht mehr hätte weiter entwickeln können, dann wäre für mich auch eine kritische Situation in der DDR entstanden.

Einer der mit Ihrer Überwachung betrauten Mitarbeiter der Staatssicherheit hat einmal gesagt, dass die RAF-Aussteiger, wenn die DDR weiter bestanden hätte, irgendwann völlig in der Gesellschaft aufgegangen wären. Meinen Sie, dass er Recht hatte?

Ich denke, dass es bei mir so gewesen wäre. Solange ich mich im Job wohlgefühlt habe, habe ich mich natürlich angepasst. Ich kenne von mir aber auch die Tendenz, wenn es zu viel wird, dann wird es schwierig für mich. Das passiert auch jetzt. Ich habe in China mit einem Amerikaner zusammengearbeitet und versucht mich anzupassen, aber es ist nicht gegangen. Also bin ich gekündigt worden. Ich bin begrenzt anpassungsfähig, und das gilt wahrscheinlich für alle Aussteiger, die in der DDR waren – begrenzt anpassungsfähig, aber wenn das Maß überschritten ist, dann funktioniert das System nicht mehr. Wie das dann ausgegangen wäre, das weiß ich nicht genau. Aber ich denke, das war auch bei den anderen so. Zum Beispiel Susanne Albrecht und Inge Viett sind auch nicht anpassungsfähig bis zum Letzten. Die haben es zwar versucht, gerade Silke Maier-Witt hat es versucht und ist zum Schluss sogar noch in die SED eingetreten, ganz zum Missfallen unserer Betreuer. Aber eigentlich ist sie auch nicht endlos anpassungsfähig. Vielleicht der anpassungsfähigste ist wahrscheinlich Werner Lotze gewesen. Und ich habe es ja von meiner Frau schon gesagt, wenn sie nicht glücklich wird, in dem, was sie in ihrem Beruf als Fotografin tut, dann explodiert das irgendwann.

Es gab ja keine Möglichkeit, dass Sie aus der DDR weggehen? Was wäre passiert, wenn die DDR weiter bestanden hätte?

Zum Glück muss ich das nicht beantworten, was wäre geschehen, wenn die DDR weiter bestanden hätte. Ich weiß es nicht. Ich weiß nur von meiner ganzen Biografie her, dass ich, wenn das Maß überschritten ist, Sachen mache, die nicht vernünftig sind. Es ist mir auch egal, ob ich geschlagen werde, dann geht es halt nicht mehr. Ich weiß nicht, was dann passiert wäre. Das war ja auch das, was mich in die RAF geführt hat, anders zu sein, nicht eingezwängt zu sein in dieses System der Bundesrepublik mit Wirtschaftswunder und Faschismus, alter Faschismus, neuer Faschismus. Aber die Frage stellt sich für mich zum Glück nicht mehr.

Hatten Sie mit Ihrer Familie Pläne für ein weiteres Leben in der DDR gemacht?

Der Plan, den ich vor dem Untergang der DDR hatte, war weiter Karriere zu machen. Und wenn es mit dem Beruf meiner Frau nicht geklappt hätte, dann hätte ich wohl gesagt: „Okay, ich verdiene so viel, dass du nicht mehr zu arbeiten brauchst. Widme dich deiner Kunst, das ist alles, was du machen kannst." So ist es ja auch mit der Frau, mit der ich heute zusammen lebe. Ich fühle mich verantwortlich für die finanzielle Seite, meine Frau macht das, was ihr Spaß macht. Wobei ich nicht nur wegen der finanziellen Absicherung arbeite, sondern mein Beruf und mein berufliches Leben mir auch Spaß machen.

Wie hätten sie nach dem Fall der Mauer ihr Leben gern gestaltet?

Ich wäre in der DDR geblieben, muss ich sagen, denn ich hatte den Umschwung mitgestaltet. Ich habe ja Betriebswirtschaft studiert und in der Wendephase angefangen, so richtig kreativ zu werden. Ich war der Erste, der in Westdeutschland Altpapier aufgekauft hat. Ich war in Augsburg gewesen und habe mit denen verhandelt, die die Papierfabrik übernehmen sollten. Ich habe auch mit ALBA und den ganzen großen Namen der Entsorgungsbranche Verhandlungen geführt, dann geguckt, ob man Wälder kaufen kann und so etwas. Wenn ich nicht verhaftet worden wäre, dann wäre ich in Ostdeutschland geblieben und hätte etwas aufgebaut. Es ist dann aber anders gelaufen. Aber ich fand die Wende wirklich eine spannende Situation und habe alles versucht, was ich nur konnte. Und sie wollten mich ja in der Firma auch noch einmal zum Bereichsleiter für Finanzen befördern. Ich hatte schon Gespräche dazu geführt, dann kam aber meine Verhaftung dazwischen und dann war es zu Ende und ich musste neu anfangen.

Wie haben Sie die Ereignisse des Herbstes 1989 wahrgenommen? Gab es in Schwedt auch Demonstrationen? Und haben Sie gedacht, dass man die DDR hätte weiterentwickeln können?

Als klar wurde, dass die Wende kommt und die Demonstrationen stattfanden, sind wir natürlich auch mitgegangen. Wir waren dabei, aber vom Gefühl war das ambivalent. Natürlich finde ich es richtig, wenn eine Bewegung stattfindet und für Freiheit kämpft. Andererseits war für uns aber auch klar, dass dies unsere Situation in dem Land, in dem wir untergekommen waren, sehr stark ins Wackeln bringt. Ich bin ja davon ausgegangen, dass ich in der BRD noch gesucht werde. Das war aber nicht mehr der Fall, ich war aus der Fahndung raus, was ich aber nicht wusste. Das Einzige, was sie mir noch vorwarfen, war Mitglied in einer terroristischen Vereinigung zu sein. Das war aber verjährt. Bei meiner Frau war es anders. Da gab es immer noch ein Verfahren wegen Beteiligung an der Entführung von Hanns Martin Schleyer. Das war nicht verjährt, da es ja um Mord ging, was nicht verjährt. Durch die Situation, eine Familie zu haben und im Beruf zu sein, waren wir auch nicht mehr so reaktionsfähig wie früher. Früher hätten wir gesagt: Koffer zusammenpacken und weg, wo auch immer hin. Ja, Situation analysieren und gucken, wie wir da rauskommen. Das war jetzt natürlich nur begrenzt möglich, weil wir nirgends hinkonnten. Wenn ich das mit dem heutigen Wissen noch einmal machen müsste, wäre es sogar gut gewesen, wenn wir nach Holland gegangen wären und uns da irgendwie durchgeboxt hätten. Das wäre möglich gewesen. Frankreich wäre auch möglich gewesen. Frankreich zeichnet sich ja dadurch aus, dass die von den Roten Brigaden sehr lange unbehelligt in Paris gelebt haben, bis in die 1980er, 1990er Jahre hinein. Aber diese Option blieb uns nicht mehr. So etwas als Einzelperson zu machen, das geht noch, zu zweit geht es auch noch, aber mit Kind wird es schon kompliziert. Wobei in den Jahren in Paris hat sogar die Tochter von jemandem aus der Bewegung 2. Juni bei uns gelebt. Die Mutter war auch abgetaucht, deswegen hat das Kind mit uns gelebt. Aber bei uns hatte sich irgendwie auch eine Überzeugung gebildet, dass wir gesagt haben, okay, was soll das Ganze. Lieber ein Ende mit Schrecken als ein endloser Schrecken.

Sie sind nacheinander verhaftet worden und wussten, was auf Sie zukommt?

Wir wussten ganz genau, was auf uns zukommt. Nach der Verhaftung von Susanne Albrecht war uns das ungefähr eine Woche lang vollkommen klar. Wir wussten, sie stehen irgendwann auch bei uns vor der Tür. Ich wurde verhaftet und in das Stasi-Untersuchungsgefängnis Berlin-Hohenschönhausen gebracht. Dort wurde ich vernommen. Aber eigentlich wollten sie über mich gar nichts wissen, was mich erstaunt hat. Sie wollten nur etwas über meine Frau wissen. Dann habe ich gesagt: „Sie haben sie doch im Zimmer nebenan, gehen sie doch hin und fragen sie selbst. Wenn sie ihnen eine Antwort gibt, gibt sie ihnen eine Antwort, wenn sie ihnen keine Antwort gibt, gibt sie ihnen keine Antwort. Ich kann ihnen darüber jedenfalls gar nichts sagen." Und dann kam das große Erstaunen, als sie mir sagten: „Unterschreiben sie das Protokoll, dann können sie gehen." Das hätte ich nicht erwartet. Das war dem geschuldet, dass der Vorwurf der Mitgliedschaft in einer terroristischen Vereinigung verjährt war und sie gegen mich gar nichts hatten. Ich bin dann nach Hause gefahren, habe meine Tochter abgeholt, die ins Kinderheim gekommen war, weil wir ja beide weg waren. Ich habe dann noch mal geguckt, wie geht es mit dem Job weiter. Aber mir wurde sofort fristlos gekündigt. Ich durfte zuhause bleiben und habe dann überlegt, wie ich mich weiter orientiere. So langsam sind dann die alten Sachen wieder hochgekommen. Ich habe Pressearbeit, ein Interview mit dem *Spiegel* gemacht,[4] in einem Fotografenbüro gearbeitet, das bei den Brokdorf-Demonstrationen der Anti-Atombewegung fotografiert hatte, bis ich dann wieder verhaftet worden bin. Die anderen, die ebenfalls verhaftet worden waren, haben der Bundesanwaltschaft über Sachen berichtet, bei denen ich mitgemacht hatte. Dann war auch für mich diese Zeit vorbei. Ich habe einen Prozess in Stammheim bekommen, bin dort verurteilt worden, aber eigentlich von all denen, die verhaftet wurden, am wenigsten beschädigt aus der ganzen Geschichte herausgekommen.

> Es gab ja eine filmische Auseinandersetzung mit der Geschichte der in der DDR abgetauchten RAF-Aussteiger, z. B. in dem Film *Die Stille nach dem Schuss*[5]. Ist das ihre Biografie?

Das ist meine Biografie. Nach dem Film *Vater, Mutter, Mörderkind*[6] habe ich versucht, darauf auch Einfluss zu nehmen. Ich habe Ulrich Plenzdorf angerufen und versucht, mit ihm zu reden. Und er hat gesagt: „Nein, das ist alles frei erfunden.“ Einfluss nehmen, kann ich nicht, wie er sagte. Ich gucke mir diese Filme auch an und ich sehe die Fehler, die da drin sind und akzeptiere halt, dass jeder eine eigene Form hat, sich mit dem System und mit dem, was da stattgefunden hat, auseinander zusetzen. Heute kann jeder meine Meinung wissen, jeder weiß, was ich gemacht habe. Ich sage es teilweise offen, teilweise wenn Fragen kommen und fahre damit eigentlich gut. Nach meinen bisherigen Erfahrungen hat sich noch niemand abgewandt, wobei es natürlich sein kann, dass jemand sagt, er will mit mir nichts zu tun haben. Das kann ich auch aushalten. Und die Vielfalt und Unterschiedlichkeit der Meinungen ist ein Gewinn für eine Gesellschaftsform, Fortschritt entwickelt sich aus Gegensätzen.

1
Gemeint ist ein Forsthaus bei Briesen (Mark), das von der Staatssicherheit als „Objekt 74“ bezeichnet wurde.

2
Intershop war eine Handelskette der ehemaligen DDR, in der vorrangig Waren aus dem westlichen Ausland ausschließlich gegen frei konvertierbare Währung (z. B. D-Mark, US-Dollar) erworben werden konnten.

3
Horst Herold (*1923) war von 1971 bis 1981 Präsident des Bundeskriminalamtes. In dieser Funktion entwickelte er insbesondere Fahndungsmethoden zur Terrorismusbekämpfung.

4
„Ich bitte um Vergebung“. *Spiegel*-Interview mit dem Aussteiger Ralf Baptist Friedrich über sein Leben mit der RAF. In: *Der Spiegel* 34/1990, S. 52 – 62.

5
Die Stille nach dem Schuss, Deutschland, 2000, Regie: Volker Schlöndorff, Drehbuch: Wolfgang Kohlhass und Volker Schlöndorff.

6
Vater, Mutter, Mörderkind, Fernsehfilm des ZDF, 1993, Regie: Heiner Carow nach einer Vorlage von Ulrich Plenzdorf.

Nasty Smells, Pretty Views, the Feeling of Safety, and Bunny Hutches: The RAF Defector Ralf Baptist Friedrich on Life in the GDR, 1980 – 1990

Ralf Baptist Friedrich (b. 1946) began sympathizing with the RAF's objectives when he was a student at the University of Heidelberg. Together with Susanne Albrecht, Christian Klar, and other second-generation members of the RAF, he took part in the occupation of Amnesty International's Hamburg office on 30 October 1974. A year later he was working in the Stuttgart office of Klaus Croissant, the defense lawyer for Andreas Baader and others in the Stammheim trial. In 1977 Friedrich finally joined the RAF and went underground in Paris. When he quit the organization in 1980, the East German Ministry for State Security (Stasi) arranged safe haven and new identities in the GDR for both him and Sigrid Sternebeck, his wife. There they lived and worked under false names in the town of Schwedt. On 15 June 1990, even before German unification, the two were arrested. After an initial release, Friedrich was arrested again on 19 November 1990 on charges of attempted murder, causing a bomb explosion, and other felonies, and jailed. Accepted into a leniency program, he was sentenced two years later to a term of six and a half years, from which he was released early on parole. Today Ralf Baptist Friedrich lives in northern Germany, where he works as an environmental health and occupational safety consultant. The following interview, in which he discusses at length his life in Schwedt, was conducted by Angi Welz-Rommel, Markus Draper, and Kai Wenzel on 7 March 2015 in Berlin.

Mr. Friedrich, after your arrival in Schwedt you started working in the paper mill there as a forklift operator. On your first day you wore a jacket designed by the French fashion designer Pierre Cardin to work. Was this a sign of your lack of familiarity with the GDR or was it a gesture of defiance?

Well, I bought that Pierre Cardin jacket at the Galeries Lafayette. I simply liked it. I still had no idea that I would end up in the GDR. We were actually planning to go to Africa and left Paris without knowing where we were heading. And I had a suitcase packed with nothing but summer clothes. We'd left all our winter things in Paris at the Gare de Lyon. So I had nothing else to wear. It was only in Prague that we learned that we would be going to the GDR. Keep in mind that when we lived in Paris we had to be careful not to be recognized. And in the GDR of course things were very different. There, if someone shows up wearing a nicely designed Pierre Cardin jacket, it stands out like a sore thumb. But in France it's normal for people to be well dressed. In the GDR I didn't give a second thought to the matter, I just wore the same things I'd worn before we got there. There were other things that caught my attention in the GDR though. For instance I was surprised by all the cops on the street. And I immediately sensed that I was under surveillance, which I already knew about before of course. On all of my travels, whether in Paris or Addis Ababa, I was always checking to see if someone was after me, if I was being followed, and how to operate in my environment. I preferred to be as inconspicuous as possible, but this meant something completely different in the GDR. The clothing I was wearing made me stand out because no one there had anything like it. But I still wasn't aware of the effect it had on my co-workers in the paper mill, at least at the beginning. That's something I learned later.

How did you perceive or imagine the GDR before you arrived?

What I knew about the GDR was undoubtedly shaped by the time I spent there as a child. My grandmother lived there, and my father had a strong connection to Berlin. He'd grown up there and we owned a house on Schwedter Straße. I remember visiting there as a small child. My grandmother would take us grocery shopping and use ration stamps to buy milk. I romanticized the GDR a bit, even politically, and convinced myself that what they were doing over there made sense, the way they took care of their citizens, etc. But when we were told we going to the GDR I remember thinking that it wasn't exactly my favorite place. But that would change.

Before arriving in the GDR you lived for a time in various apartments in Paris. What were the RAF's criteria in choosing an apartment?

The RAF need safe houses. And the most important criterion was that the apartments we were in should be anonymous, though it didn't necessarily need to be in a new housing development. In Paris we had a place near Place d'Étoile that was very posh and lavishly furnished. There needed to be enough space to sleep for a lot of people. There were ten or fifteen of us when we came together. So we laid out the mattresses and slept next to each other in rows. It also had to be quiet enough that no one could hear from outside that so many people were living there. And you needed to be able to escape quickly. One time someone was cleaning a gun and a shot was fired. We all rushed out of the apartment and waited to see if anyone had noticed and if the police were coming. After an hour or two we went back in because nothing had happened. Another thing was that the apartment needed to be well connected transportation-wise, which meant that it had to be in a city; villages and single-family houses were out of the question. In Paris, where I was the one who rented most of the apartments, it was also important to be able to pay in cash.

Let's turn back to the GDR and the town of Schwedt. What were your first impressions when you arrived?

We arrived via the main thoroughfare, Leninallee; that I still remember. And there were tall apartment blocks there, which I thought looked pretty dull. I don't remember seeing any old buildings. Then we continued to a housing complex that consisted mainly of other dull, uniform blocks. The only thing that stood out was the kindergarten and, I think, a recycling point. I noticed that unlike Paris, Vienna, or Prague, there weren't any prewar buildings there, neither pretty nor ugly ones, just a lot of new modular housing. My feeling was that I had been buried in Plattenbau, in prefab. I don't really like these kinds of buildings and always refer to them as bunny hutches. The house I grew up in was an old fixer-upper in a mining village. And then in Paris we had our apartments on Place de l'Étoile and Place de la Republique, which were well-furnished. Things were very different in Schwedt. Like everyone, we had a small apartment: bathroom in the center, living room to the right off the hallway, and to the left the bedroom. We had a table, four chairs, and a sleeper sofa. That was it. The first thing we bought were curtains, so no one could see that our apartment was actually empty. From the windows we had a view of fields and a pigpen. As you can imagine, the smell was pretty striking. But the view was pretty. The other view, as you were approaching the building itself, was horrible. At any rate, as contradictory as it sounds, I would say that we were pretty happy to be in a situation where we felt safe. We were always dealing with many competing emotions at the same time: the nasty smells, the pretty views, the feeling of safety, and the bunny hutches.

What was your name in the GDR?

My name was Jürgen Eildberg, and I was five years younger than I really am.

After your arrival, how did you manage to settle into your new life in Schwedt?

My wife, Sigrid Sternebeck, and I primarily looked to our jobs as a way in to life in Schwedt. Our jobs were a foothold, for getting our bearings and feeling settled. My first job was in a paper mill as a forklift operator. That was one way in, and it was pretty exciting for me since I'd never worked as a forklift operator before. Another foothold for us was the countryside around Schwedt, the Oderbruch, which is a truly beautiful area. We would go bike riding there and really enjoyed it. Once we rode up to Stralsund. We were also very interested in the cultural life and would visit the museums in Berlin. Yet another foothold we discovered was the cultural center in Schwedt, where we were active in a group of photographers, although it was clear to us that we were still regarded as outsiders. In my experience, people in the GDR generally operated in terms of familial ties, which made it almost impossible for outsiders to be accepted. The whole time we lived in Schwedt we made only three or four real friends. The birth of our daughter in 1983, three years after we arrived, also helped us to fit in.

After your time in the underground in Paris, here you were living a completely new life, with a job and family, under the auspices of the State Security Service. Was there anything in particular that helped in the transition from individualism to collectivism? That made it easier to subordinate yourself to specific pressures and norms in the GDR?

Assimilating to the reality of the GDR wasn't all that different from how I had lived before. The main thing was to be inconspicuous, not to stand out. But the things I got wind of in Schwedt often made that difficult. During the breaks at work for instance you'd hear racist remarks, about how the East Germans were superior and the Cubans and Vietnamese inferior. Even then there were ultra-right-wing tendencies just under the surface. The violence that happened in Rostock in 1992 was rooted in an extremism that was palpable even beforehand. When I started studying in 1983 I would commute by train from Schwedt to Berlin. One time there were East German army soldiers in the car who were singing Nazi songs. They must have noticed me seething, and they started saying things like, "Looks like we have a Stasi agent here," etc. It was impossible for me to hide my political convictions, and finally I exploded. I asked them, "Do you even know what's going on in Africa?" And then I told them what I thought. I grew up in a working-class village in Saarland, and I studied in Heidelberg, where I was a political activist. That's the culture I lived and came of age in. But it didn't really square with the collectivist context I lived in in the GDR. And then, of course, in the background, there was always the Security Servce, the Stasi. They gave us information about people's impressions of us and where we needed to be cautious. Both Silke Maier-Witt and Susanne Albrecht, for instance, had to move out of their apartments at one point because someone had spotted them; they weren't as careful as we were. But managing not to be recognized was tricky and quite difficult. Of course, later on it got much safer. We succeeded, but Silke Maier-Witt, Susanne Albrecht, and Inge Viett did not and had to be pulled out. That probably has to do with the fact that they were in the GDR on their own. I was there with my wife, and having a kid helped us to integrate, too. But it wasn't easy.

You once said in an interview that "the system of life in the GDR" was meant to resemble "family life." How did you experience the transition from having lived in and for a group, the RAF, to starting and committing yourself to a family of your own?

My desire to start a family in the GDR was a personal one. Even as a young man I had wanted a family. The fact that it made us even more inconspicuous in the GDR was merely a side benefit. The main thing was to have children. Of course, my wife and I had talked about it at length. I was more keen on having kids and she was less so; but in the end we decided to go ahead with it. But not because it would help us to assimilate. We had our daughter because we wanted her.

Would you say that the "system of family life" in the GDR not only guaranteed reproduction of the labor force but also helped to pacify the population politically? With the outsider's perspective that you had, did you feel you were being "pacified"?

Family life, in my experience, was a counterweight to political repression. On the one hand there was the state, which had a great deal of control; and on the other there was the family, where you could seal yourself off and feel protected. My impressions of this situation were very strong because of course I noticed how cautious people were towards us: "You're from the West and you've come to East Germany to find a job? Right..." They were suspicious of us; they even told me so later on. The way I saw it, the way family life in the GDR was structured, it provided a space that people felt was beyond the reach of state control and where they could act freely. When I first got to the GDR I still believed that nobody criticized the state because it was so discouraged. But that wasn't the case at all. People spoke relatively openly about what they didn't like, and they did so without fear. Of course, if you really laid into the state's policies you would end up in prison. But if it was just a matter of expressing your opinion, I'm pretty sure it was tolerated.

> What difficulties did you have at first in your housing complex? Did you quickly adopt the rituals of your neighbors, like leaving your shoes out in the hallway in front of the door?

Life in our housing complex seemed pretty anonymous to me. When I look back, I remember only one family that we were close to. Beyond that I can't remember anyone's names or faces anymore. There was no social fabric to speak of there. You just lived in your apartment, you shut the door and that was it. Attempts to make contact with others usually happened because of the kids, who were always running back and forth. For my daughter it was great, it wasn't far to walk to kindergarten or to school, and she was there together with her friends from the building. They were free out there and had nothing to be afraid of. But the rest of us, as far as I remember, lived in isolation.

> Did the Security Service give you directions on how to adjust to your new living situation so that you wouldn't stand out? Did you find it difficult?

The State Security met us at Schönefeld airport and took us to a reception office in Pankow. There was no orientation, though, because we were their pilot project, so to speak. It was only later, with those who came after us, that they started having orientation sessions at a Stasi hostel in the forest.[1] Anyway, we went on to Schwedt and were immediately given jobs. Our Stasi minders visited us regularly, they assisted us and gave us feedback on other people's impressions of us. Of course we attempted to make contact with the other defectors in the GDR. That was frowned upon, but one way or another we managed to do it. Actually I didn't think the Stasi's directives were all that severe.

> Did the Stasi's reports of other people's impressions of you lead you to change your behavior in any way?

I'll give you an example. When I was working as a forklift operator I got a pulmonary laceration, and the doctor said I was no longer fit for the job. The question was, what kind of work could I do now. I was offered a job in the power station that supplied the paper mill with electricity and steam. I thought for a moment and told them that checking machines and fiddling with screws really wasn't my thing. Then I stepped it up a bit and started telling them what I thought about global politics, heating oil, and the whole energy situation in the GDR and in the paper mill. Then the Stasi came and told me to knock it off. They agonized over the idea of our being found out, even before Silke Maier-Witt and Susanne Albrecht were discovered. It was their greatest worry, because it would have put the GDR in a tricky situation, having to answer for offering us asylum; and our Stasi minders were afraid for their careers, of course. If one of us had been exposed they would have paid dearly for it. And I know from what I read afterwards in the Stasi files that our minders had to beg for forgiveness whenever they made a mistake.

> Was the Stasi against your having any kind of political visibility? They weren't so happy about Silke Maier-Witt's considerable political expertise, right? Were you expected to conduct yourself in a particular way politically?

As far as our political conduct goes, all the Stasi cared about was that we were inconspicuous. But Silke Maier-Witt did become deeply involved with the Party, the SED. We talked about it, because they were against it, but she was unstoppable. My thinking was: I'm not interested in joining the Party, I don't want to be politically active, so instead I'll just focus on my job and climb the career ladder. I really enjoyed working as department head, and then riding around the countryside on my bike, and still later in my Trabi, was a lot of fun. We would also go mushroom gathering. The life we lived there, in and of itself, is something I remember quite fondly. It wasn't bad.

> Your life in the GDR was entirely dependent on the conspiratorial charity of your benefactors. The dissent and rebelliousness that had been such important motive forces for you before – how did you manage to keep them in check in the GDR?

Even in school, well before I joined the RAF, dissent and rebelliousness were important for me inasmuch as I rejected the status quo. In the GDR I had the opportunity to shape my personal and professional life in a way that was optimal for me. The constrictions that life in the underground imposes on you are enormous and require you to adapt to them continually. By contrast, I found life under socialism in the GDR to be an opportunity for self-fulfillment. After I dropped out, I had two binaries to choose from: on the one hand to be constantly on the run or to go to prison, on the other to have freedom of movement or to create a family and a career. It all depends on your perspective. Someone who was locked up in Berlin-Höhenschönhausen will quite understandably have a completely different view of it all.

> Let's turn back again to your apartment in Schwedt. What opportunities did you have for redecorating the interior given the shortage of resources in the GDR?

It didn't take long for me to start making a decent income, and we had a look to see what we could buy. We bought the first items on credit. We walked into a store and applied for a credit line there and took home a chair and whatever else we needed. I didn't experience shortages so much with things like washing machines, etc. It was more of a problem with food, like when you couldn't get fish or fruit.

> Did you still have West German marks with you so you could go to the Intershop[2] and buy things that were unavailable in regular shops in the GDR?

We definitely had West German money, but it wasn't really important for us. We could have used it, but we didn't.

I think the only thing I ever bought in an Intershop was a Black and Decker drill. Otherwise we didn't need it.

Did you furnish your apartment differently than your neighbors and coworkers, i.e. make different use of the same space and floorplan that everyone had?

I was definitely taken a little aback by other people's apartments compared to our own. Wherever I live, I always hang pictures on the walls that reflect my aesthetic and suit the space. But other people would have Nivea containers and other brand-name goods lying around – things they'd clearly gotten from the Intershop or from relatives in West Germany – as if they'd been put on display. That's how they wanted to live; it was important for them. I was studying in Berlin and then in Altenburg and in both places I would go to galleries and look at pictures and buy them for our apartment. Amazingly, I had been to the most beautiful cities in Europe, Paris in particular. But I hadn't been particularly attuned to high culture then. It wasn't until after 1989, when I had the opportunity to go to Paris, that I visited the museums, the Louvre, the Musée d'Orsay. It was then that I started painting, too, and began to engage the life of art more immediately.

What pictures did you have hanging in your apartment in Schwedt?

The majority were pen and ink drawings that I purchased in a gallery in Leipzig. I still had them up in the apartments I lived in afterwards. We took in the art scene in the GDR, though to a certain extent as outsiders. But I liked what I saw and found the whole thing exciting. Eventually it led to me follow my interests and take art classes when I had the chance to after 1989. Now, whenever I find myself in a city somewhere, the first place I go is the museum, or else I look around to see what artworks I might acquire.

Would you say your engagement with art was a way of making up for something, since the RAF had never been particularly interested in culture?

Yes, I think that's true. When I was in the RAF, it was all about political imperatives and ideology. My time in the GDR was important for me, because it was there that I realized that politics isn't everything, and that my life is much poorer without culture and art, beautiful architecture, paintings, and music. That experience shaped me, and I was able to follow my interests and develop them. Today I live with a violinist, and Baroque music is an important part of my life and my existence.

You mentioned having contact to the other defectors. Do you recall how their apartments were decorated?

I don't remember what the others did with their apartments. The décor in my own developed gradually. We spent ten years in the GDR and at the end, I think it was two years before the transition, we finally got ourselves a proper wall unit. Which means – I hardly dare say it – that we had finally assimilated. There was no designer furniture there, and there was hardly any way, except through pictures, for people to express their individuality. The GDR excelled at servicing basic needs. No one went hungry and everyone had a place to live, regardless of what it looked like. But creating your own style – that was hardly possible given the resources available. I only started developing that side of myself again after 1989, and it took a while before I shed the perspective I'd acquired in the GDR. When I look at my apartment today and recall the one we had in Schwedt, the difference is like night and day.

Some Plattenbau complexes in the GDR had housing community spaces for the residents, sometimes even a small community library. Was there anything like that in your building? How did you experience these forms of socialization, especially compared to the experiments in communal dwelling you knew from the student movement in the West?

I never experienced housing communities; they didn't have them where we lived. That probably had to do with the special situation in Schwedt. The city was defined by two industries, a petrochemical refinery and the large paper mill. There were also a lot of mechanics living in Schwedt, many of them from abroad, which made for a particular diversity that didn't exist in other areas of the GDR. The city grew by recruiting people from elsewhere with apartments, good jobs, and decent salaries. What the GDR excelled at especially in the world of work were mass celebrations. Every 8th of March I would celebrate International Women's Day with my coworkers. And as the department head I was responsible for making sure they got home safe after the festivities, especially if a lot of alcohol had been involved. But I always found these ideas about community to be exaggerated.

Dwelling in a GDR Plattenbau was an ideologically fraught enterprise. The goal wasn't just to provide apartments, but to mold socialist persons and dissolve differences in social class. Did you see it that way?

The Plattenbau did in fact achieve it was intended to, i.e. for everyone to be equal whether factory director or cleaning woman. That's really how things were. The director lived the same way I did. But this wasn't something that only happened in the GDR, and as far as I'm concerned it was a bit of a red herring. If you know that to renovate the existing buildings will be so financially and technically prohibitive that you will never obtain the number of dwellings you need to house the country's population, then you have no choice. The Plattenbau was adopted primarily in order to provide enough places for people to live in in the shortest time possible. I know this from my wife, who worked in a planning office. And the authorities would just as soon have flattened all the old buildings. My wife sometimes went to Berlin, to sites where they were blowing up old buildings and putting up new prefab housing in their place. This "everyone is equal" business was an ideological euphemism for the necessity of providing all segments of the population with dwellings. When I asked, people would usually say they wanted a Plattenbau apartment because of the bathroom, the running water, and the heating. If you were lucky to get a view of a meadow, then it was great. If you got a view of your neighbor's window instead, then it wasn't so great. As a means of satisfying the basic needs of the population, the Plattenbau wasn't bad, but it wasn't particularly good either. The communities that evolved in them were pretty joyless, or at least that was my experience. I mean, if you focus only on the pure necessities you're going to kill the creativity of a whole society. If all you're doing is copying one Plattenbau after the other, then the architects won't have any opportunity to experiment, to invent something new. This sort of creativity is necessary for growth to occur; it gives vitality to the builder, and it improves the quality of life of the person living there. Of course it's entirely possible for something to go wrong and for the experiment to turn out bad. But creativity involves making mistakes and not just dishing out uniformity.

The West started putting up prefab housing in the 1970s in order to provide dwellings for low-income groups. The housing complexes quickly became known as breeding grounds for social ills. In the GDR by contrast the Plattenbau was a high-end undertaking, a place where well-paid workers and their families lived. If you've noticed this difference in social value, how has it manifested itself in your experience?

I never noticed any difference between Plattenbau complexes in the West and in the East, mainly because I had no direct experience of them in the West. Although I had studied in Saarbrücken and Heidelberg, I was never in a housing complex. I only ever saw them in the distance; even when I was traveling through France. I saw buildings designed by Le Corbusier, but never gave them much thought. Only later did I learn that Le Corbusier and a colleague of his had patented a method for building with reinforced concrete, and that after the war they had been commissioned by the French government to design the first large prefab complex in communist-governed Marseilles. He himself though lived in a simple fisherman's hut on the Mediterranean. I always preferred the beautiful nineteenth-century buildings on Boulevard Haussmann or Rue de Rivoli in Paris. I do have experience of the social ills you mention – I used to look after homeless people in the 1960s – but in the West the breeding grounds were basically barracks where people were housed. The Plattenbau complexes in the East became breeding grounds as well, once the residents with higher salaries and the desire for a higher standard of living decided to move out.

According to Horst Herold,[3] the RAF deliberately sought out Plattenbau complexes in the West because they were anonymous and well connected to transportation networks. In the GDR, however, with housing complexes being overseen by the housing community administration, the Party secretary, and community police, they were under state control. You remarked earlier that you found life in the GDR Plattenbau to be anonymous. Was there a different kind of anonymity in the East?

I would say that there was no difference for us in the kind of anonymity we were invested in having. There were attempts to create a housing community, but hardly any interest. My sense is that if life was happening anywhere, it was out in the *Schrebergärten*.[4] Those were free spaces, so to speak, and there were many *Schrebergärten* in Schwedt. But in the GDR there were also people who had opted out of the system. As a department head I had people working for me who were under supervision; they would get picked up for work in the morning and accompanied the whole time; then someone brought them home in the evening. If they didn't come in the morning, someone would go and get them again. They lived in the same housing complexes as well, of course. And this can be a really challenge for people who are forced to live in a community with each other. If they had had a choice, I'm sure many of them would have moved out. But there was no way. My sense is that these were involuntary communities, which meant that social conflicts were neither dealt with openly nor resolved by the state. People were basically told to sort out their problems themselves. And they did; they had no choice. But when the state stops controlling everything, and no one's forcing you to live with other people, then the whole thing goes bust.

How did your political views develop after you began living in the GDR? Did you follow current events elsewhere in the world? Could you even get West German television in Schwedt?

Of course I kept following current events. When I went to Berlin I would buy international newspapers; there was a German-Cuban newspaper I would get, for instance. And we were lucky to have decent reception, so we could watch West German TV without any problem. We followed what news we were able to follow. We arrived in the GDR with a lot of ideological baggage from our time in the RAF, which we needed to unpack first. There were two components to that ideology, a political one involving armed struggle, and another one that had to do with the group dynamic, with being subsumed by it and not having to make your own decisions. We first had to detach ourselves from this ideology, which for me was really a gift. My sense was that if we had ended up in prison instead, it would have been impossible. In prison you're still trying very hard to stay part of the group so that you don't completely lose your bearings now that you're separated from it. We were spared that process. Instead, in the GDR, we had the opportunity to reflect on and discuss not only our involvement in the RAF, but the group's ongoing attacks in Germany, and to come to our own conclusions about it. It didn't take long for us to reject our commitment to armed struggle, and since we had dropped out the group anyway, it was easy to detach from that dynamic. And of course we were following what was going on in the world, as well as the crisis that led to the end of the socialist system. But that was something we were afraid of as well. We knew of course what it meant, that there would be questions that we would have to answer. And not just questions but possible jail time as well – we had no doubts about that.

How did your minders react to the RAF attacks?

When an attack occurred or if someone's cover was blown, they would come and talk with us again at great length about how we should behave. We would have another look at the most-wanted photos and see if we were at all recognizable. With me they would say, "Nah, he's got one of those universal faces, no one'll recognize him." But my wife had ears that stuck out and there was some talk about correcting them. Then they took her away to a hospital for two weeks and her ears were pinned back. They didn't play around; they were afraid. There was talk about our moving somewhere else, too; and we even thought about where to go. Berlin would have been great, but it was out of the question since it was teeming with spies. Then we were thinking maybe Brandenburg, and they were even behind that idea. And then we came up with Meißen. But luckily we didn't end up in Meißen, but stayed where we were, in Schwedt, and that was all right.

Did you talk with other defectors about your situation in the GDR?

There were plenty of opportunities to talk. Of course, my wife and I talked all the time, but we met with the others pretty regularly. Although we were officially forbidden to, we would visit Werner Lotze and Christine Dümlein in Senftenberg as well as the others who'd come to the GDR. Later it became clear, or rather I simply assume, that we were being tapped in our apartment and evidently in the Stasi hostel as well.

Apparently the two who were sent to Neubrandenburg, Henning Beer and Silke Maier-Witt, had no idea the other was there...

Only the eight who came at the beginning knew about each other. Inge Viett and Henning Beer came later. I once saw Inge Viett at the train station, but I didn't talk to her. I didn't know what the situation was, so I didn't say anything. But I saw her at the train station in Berlin. Those two were kept on the sidelines, so to speak, because the Stasi was afraid that if one person's cover was blown they'd have to screen the whole network again. They really only wanted us there individually, or as a couple with a child, like us. When someone's cover was blown they had to pack up everything that night and disappear. The Stasi would park them in an apartment or *Schrebergarten* somewhere until the coast was clear. They actually pulled Susanne Albrecht out of circulation, together with her husband and their son Felix, by sending them all to Moscow. Her husband had no clue what was going on. The Stasi had to come up with a story as to why they had to leave immediately. That was a challenging mission for them, making sure that no one else was discovered. So that's why they kept Henning Beer and Inge Viett out of the group. Actually, at the very beginning, it must have been in the first year or two, Inge Viett and Christian Klar came and visited us in Schwedt. This was before they were pulled out of the group. We were trying to clear up some accounts, so they came together with minders from the Security Service and we discussed accounts and various other things.

How long did it take you to disengage completely from the RAF?

The assassination of Alfred Herrhausen was for me the moment when it became clear to us that the RAF was on the wrong track politically. But I would say that for me the disengagement process had already ended by 1985 or so. There was another assassination; an American soldier was shot for his identity card. And at that point it was over for me. The identity we had made for ourselves by then was bound up with our careers, for me at least. Having a personal makeup that makes me quite open to experimentation and to making decisions, I really enjoyed my job and made a career for myself. This was unusual in the GDR, where everyone was so concerned with not making mistakes. But I'm someone who says that mistakes are necessary, you can't learn without making mistakes. It's a process of growth that I've been involved in my whole life. My wife had a different experience, however. She had a bumpy time of it at her job because of the political pushback. Her coworkers would say things like: how could anyone be so stupid as to leave West Germany for the GDR? They were all pretty solidly against the GDR anyway and made her life very difficult. So she never really got her bearings there. But me, with my attitude, my job, and my career prospects, I had no problems, and I have to say that I advanced pretty steadily the whole time I was there. I was also able to enjoy this freedom of movement in a large factory with 250 coworkers. If I was bored – to put it casually – by the job I was doing, they'd give me new one. When I got tired of being a forklift operator, they made me team leader in shipping. When that stopped being fulfilling, they made me department head in shipping. When I lost interest in that, then I moved to procurement. The room for movement that a big corporation offers is something I appreciated. I mean, a corporation is basically a socialist system of its own, meaning there are few decisions to be made, it's a closed system, and is very structured. But I think that over the long term it probably wouldn't have worked out. Without more and more challenges to overcome, I wouldn't have been able to grow, and my situation in the GDR would have become problematic.

One of the Security Service agents assigned to monitor you once said that if the GDR hadn't collapsed, the RAF defectors would have been completely absorbed into the society. Do you agree with him?

I think that would have been the case for me. As long as I was happy with my job, then I was glad to adapt. But I also know my own tendency to have problems when things get to be too much. This happens even now. I was working with an American in China and trying to adapt to the job, but it didn't work out, and I was laid off. I'm only so flexible. This probably goes for all the defectors who were in the GDR – adaptable, but only up to a point, and when that line is crossed, then the whole system stops functioning. I really don't know how things would have panned out. But I'm pretty sure that's how it was for the others, too. Susanne Albrecht and Inge Viett weren't infinitely adaptable either. They gave it a shot. I mean, Silke Maier-Witt certainly did and eventually even joined the Party, much to the dismay of the Stasi. But even she had limits. Werner Lotze was probably the most adaptable of all of us. And my wife even told me that if she didn't find happiness in her work as a photographer, then it would all blow up at some point.

So there was no possibility of your leaving the GDR? What would have happened if the GDR had continued to exist?

Luckily I don't know and I don't have to find out what would have happened if the GDR hadn't collapsed. I only know from my own life that once I reach my limit I start doing things that are unreasonable. And I don't really care if I get knocked around as a result. It's the same mechanism that led me to the RAF, to being different, to avoid being straitjacketed by the West German system, with its economic miracle and fascism, the old fascism and the new. I don't know what would have happened. But luckily I don't need to wonder any more.

Did you and your family have plans for your future in the GDR?

My plan before 1989 was to keep building my career. And if my wife's career didn't work out then I would have said her, "Listen, I make enough, you don't need to work anymore. Focus on your art, that's all you have to do." That's how it is with the wife I live with today. I take care of the financial side of things, and my wife does what she enjoys. Although I would say that I don't just work for financial security, but because I enjoy the work and my career as well.

What kind of life would you have liked to have after the Wall fell?

I would have liked to stay in the GDR, I have to say, because I was part of the changes. I had finished my business degree and during the transition is when I started really tapping into my creativity. I was the first to buy up recycled paper in West Germany. I went to Augsburg to negotiate with the people who were going to take over the paper mill. And I conducted negotiations with ALBA and all the big names in waste management and looked into buying up forests and that sort of thing. If I hadn't been arrested I would have stayed in eastern Germany and set something up. But things turned out differently. That was still an exciting time though, and I tried to do as much as I could. They were even planning to promote me to head of the finance department. We had already started talks, but then my arrest happened, and then that chapter was done and I had to start all over.

How did you experience the events of fall 1989? Were there demonstrations in Schwedt? Did you think the GDR could have been preserved and further developed?

By the time it was clear that the transition was going to happen and people were demonstrating, we went along with it, we took part. We were ambivalent about it, however. Of course I think it's a good thing when there's a movement and people are fighting for their freedom. But for us it was also clear that our situation in the country that had taken us in was about to change radically. I assumed there was still a warrant out for my arrest in West Germany. But that wasn't the case; the search had been called off, but I didn't know it. The charges against me were for having been a member of a terrorist organization; but the statute of limitations had expired. My wife's situation was different. There were still charges against her for complicity in the abduction of Hanns Martin Schleyer. They hadn't expired because murder was involved, which has no statute of limitations. Having a family and careers made us less quick to react than we used to be. Before, we would have just packed a suitcase and taken off for wherever. We would have analyzed the situation and figured out how to get out of it. But our options were limited now; there was nowhere to go. If I had to do it again knowing what I know now, I think we should have gone to Holland and figured things out there. That would have been a possibility. France, too. What's interesting about France is that the members of the Red Brigade remained undetected in Paris for so long, into the eighties and nineties. But we didn't have that option. You can do that kind of thing if you're on your own, even as a couple; but when you have a kid it gets complicated. Although when we were in Paris we did have the daughter of someone from the 2 June Movement living with us. The mother had gone underground, too, so they had their kid in the apartment with them. But by 1990 we had arrived at a kind of thinking where we just said, Okay, we've had enough. It was easier to deal with the fear of something ending than with being endlessly afraid.

You were each arrested separately and knew what would happen to you?

We knew exactly what was going to happen to us. It was completely clear for about a week after Susanne Albrecht's arrest. We knew that before long they would come knocking on our door, too. I was arrested and taken to the Stasi remand prison in Berlin-Hohenschönhausen, where they interrogated me. But they weren't actually interested in hearing about me, which was a surprise. They wanted to know about my wife. So I told them, "You have her in the room next door, why don't you go ask her yourself. If she answers you, then you'll have your answer; if she doesn't, then you won't. Either way, there's nothing I can tell you about it." And then came the biggest surprise of all when they said, "OK, sign this transcript and you can go." I wasn't expecting that. This was because the charge against me for membership in a terrorist organization had expired and they had nothing on me. So I went back home and went and got our daughter from the orphanage where she'd been taken because we were gone. I checked to see what the situation was with my job. But I had been terminated immediately. So I just stayed home and figured out my next steps. And then, gradually, the old things started to surface. I did some press work and an interview with *Der Spiegel*[5], and I worked for the photography studio that had documented the anti-nuclear power demonstrations in Brokdorf; and then I was arrested again. Others who had been arrested told the federal prosecutor about things I'd been involved in as well. And then this chapter was over for me, too. I was put on trial in Stammheim and sentenced there; but I came out of the whole predicament relatively unscathed compared with the others who went to prison.

Films have been made that deal with the history of the RAF defectors in East Germany, like *The Legend of Rita*.[6] Is that your story, too?

Yes, that is my story. After the movie *Vater, Mutter, Mörderkind*,[7] I tried to have some say in it. I called up Ulrich Plenzdorf and tried to talk with him. He just said, "No, it's entirely fictional", and that I wasn't going to be able to have any influence. I look at these films and see the mistakes in them and just have to accept that everyone has his or her own form for coming to terms with the system and with what happened. These days everyone has access to what I think about it; everyone knows what I did. Some things I've said freely, other things only when asked, and that's worked out well for me. I have yet to have anyone turn their back on me, though of course someone could always say they don't want to have anything to do with me. I can take it. And a range and diversity of opinions is a valuable thing for any society – progress is the fruit of differences.

1
The place referred to here was a hunting lodge in Briesen (Brandenburg), which the Security Serve called "Property 74."

2
Intershop was a chain store in the former GDR where primarily Western goods could be purchased with convertible currencies like Deutsche marks and US dollars.

3
Horst Herold (b. 1923) was the head of the Federal Criminal Police Office (Bundeskriminalamt) from 1971 to 1981. During his tenure he developed special investigative methods for combating terrorism.

4
Schrebergärten are private allotment gardens, often with sheds or small cottages on them, typically located in colonies in cities and towns.

5
„Ich bitte um Vergebung". An *Spiegel*-Interview with the defector Ralf Baptist Friedrich on his life with the RAF. In: *Der Spiegel* 34/1990, 52 – 62.

6
Die Stille nach dem Schuss (released in English as *The Legend of Rita*), 2000, directed by Volker Schlöndorff, screenplay by Wolfgang Kohlhaase and Volker Schlöndorff.

7
Vater, Mutter, Mörderkind (Father, Mother, Assassin's Child), 1993, directed by Heiner Carow based on an idea by Ulrich Plenzdorf.

Drama Kit

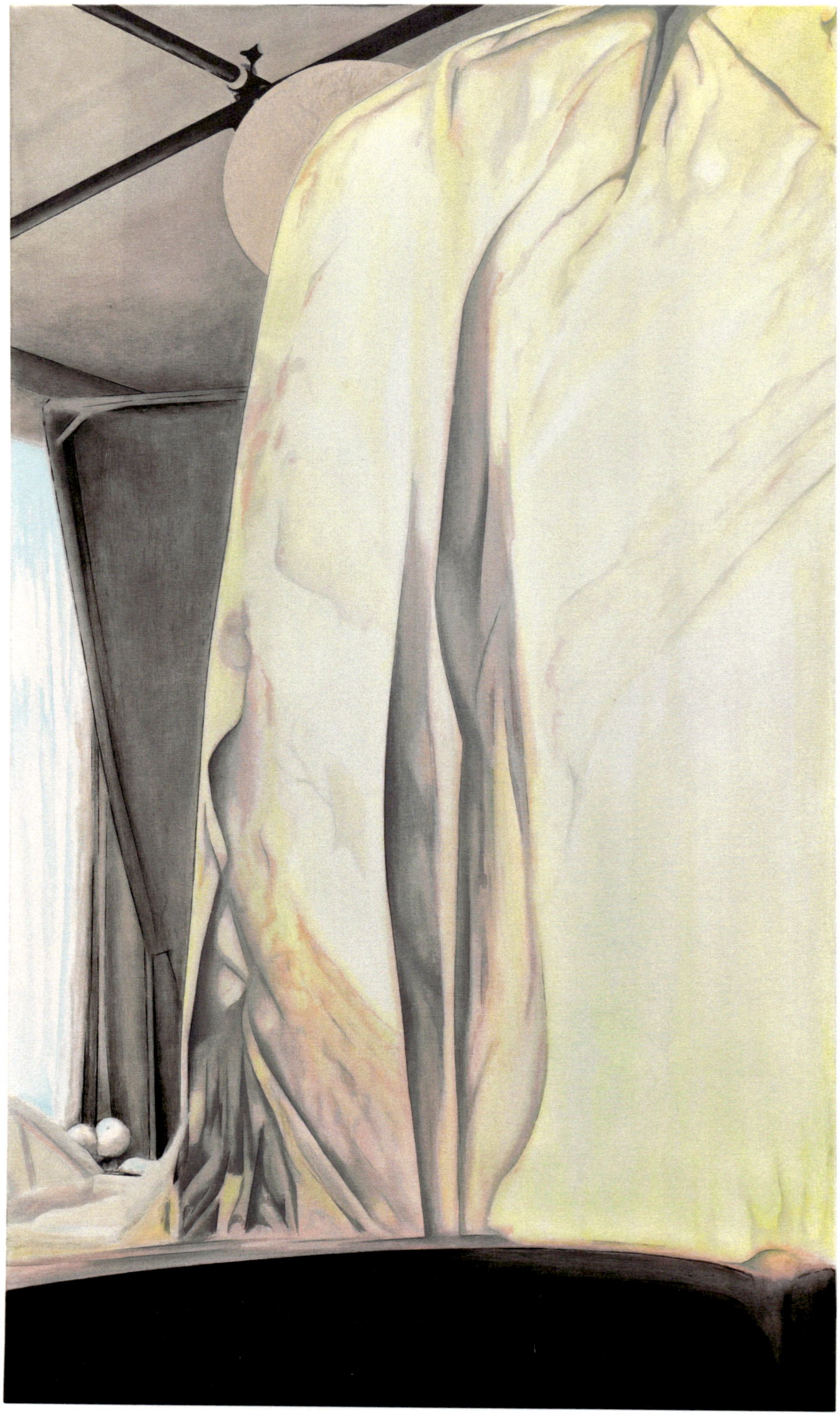

Über und Unter, 2015, Öl auf Leinwand / Oil on canvas, 165 × 95 cm

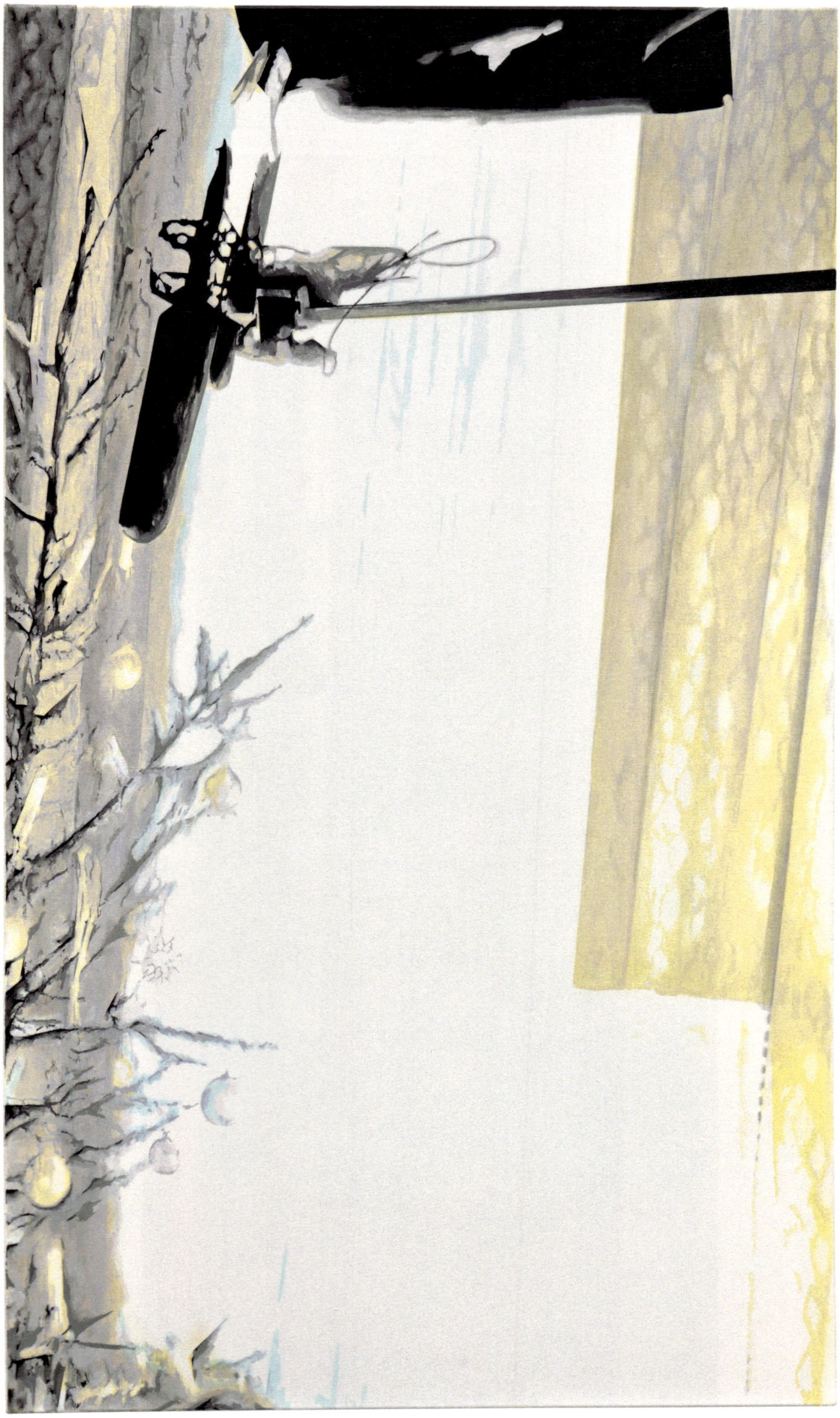

Geräusch, 2015, Öl auf Leinwand / Oil on canvas, 155 × 90 cm

Zimmerecke, 2015, Öl auf Leinwand / Oil on canvas, 60 × 90 cm

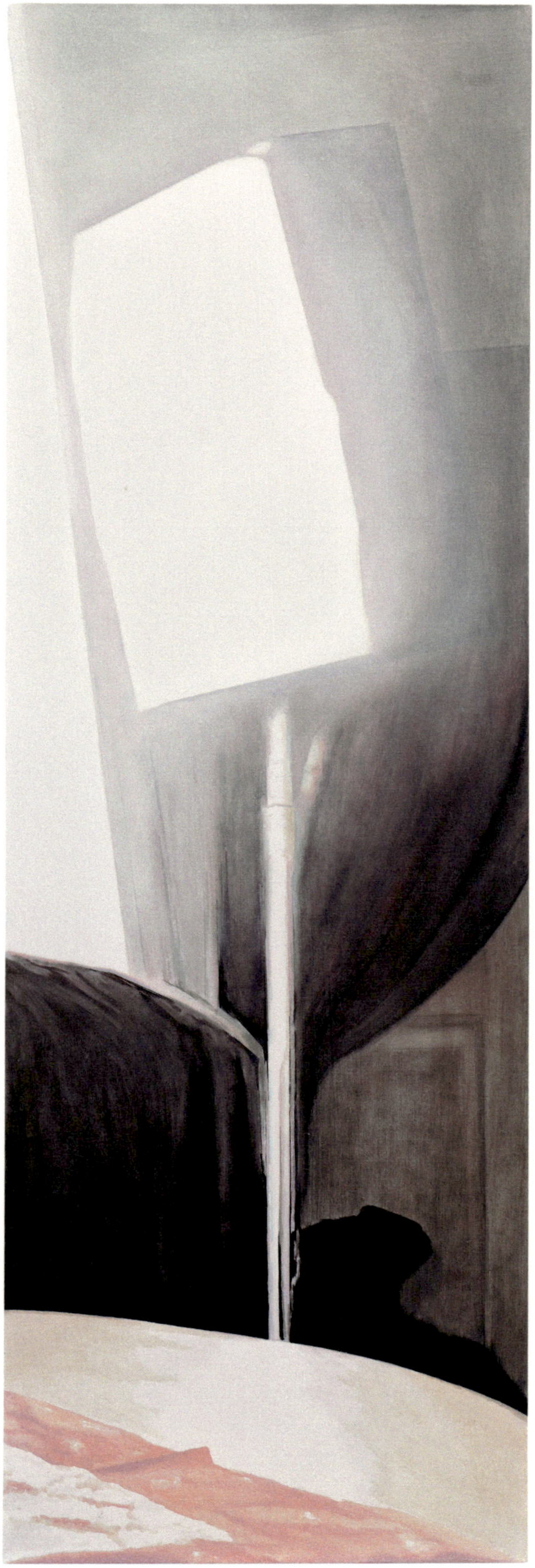

Fluter, 2015, Öl auf Leinwand / Oil on canvas, 185 × 60 cm

Backenbrecher

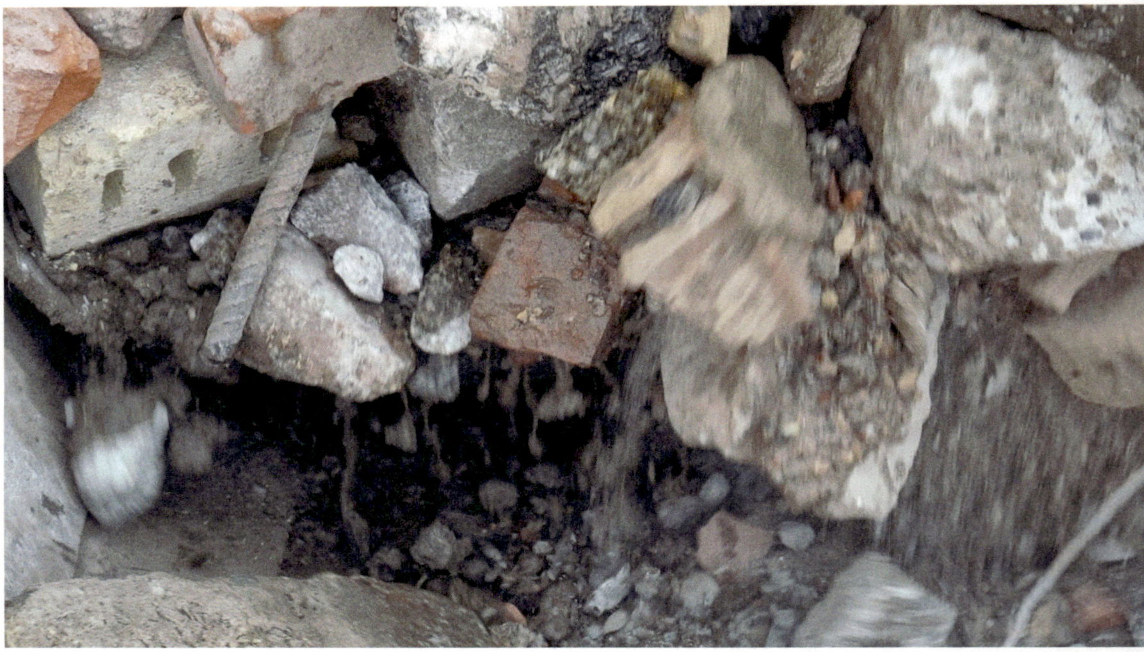

Backenbrecher, 2015, 3-Kanal-Projektion mit Ton / 3-channel projection with sound, HD, 24:44 min

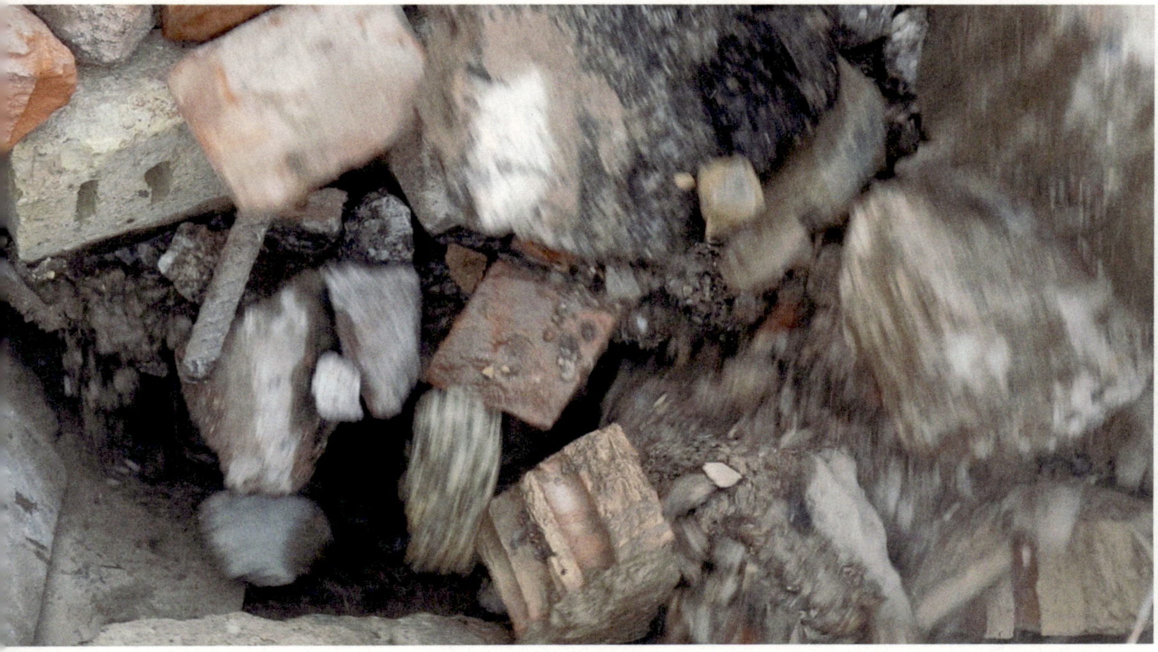

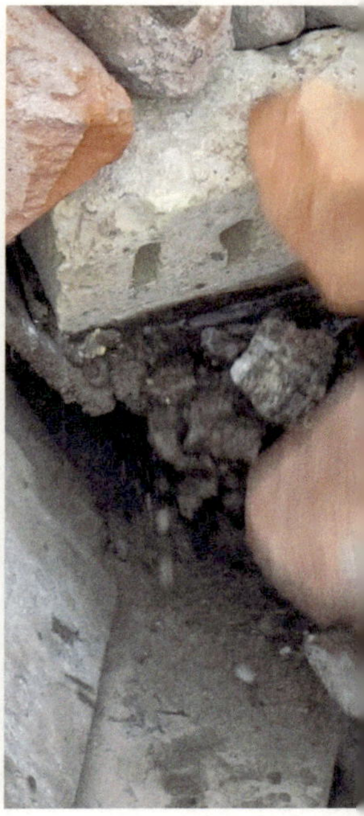

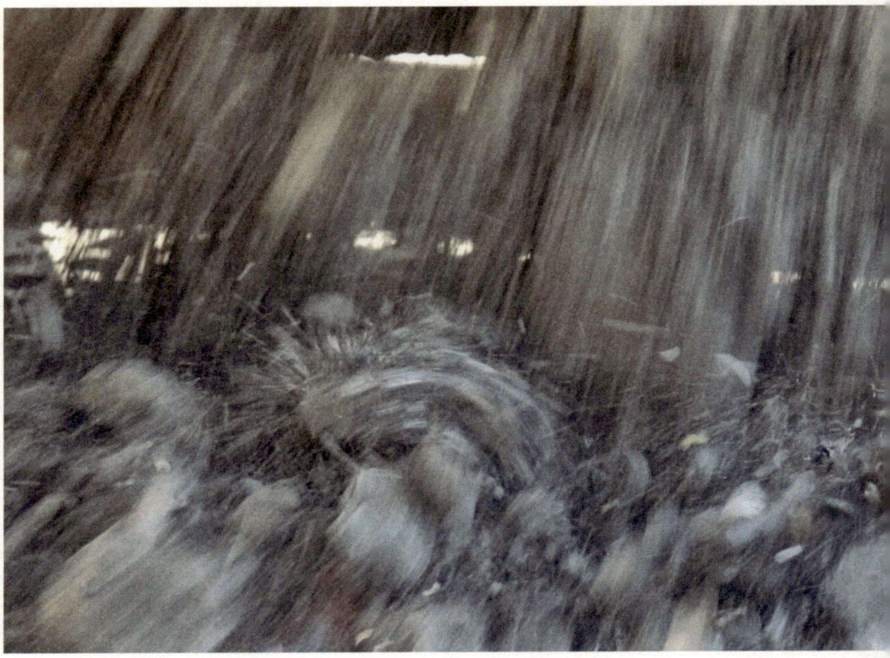

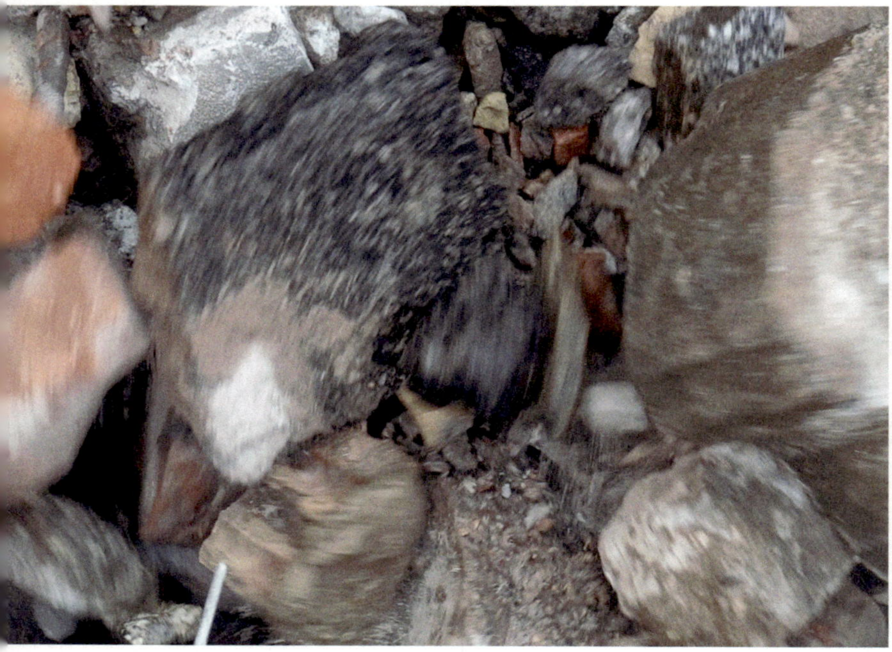
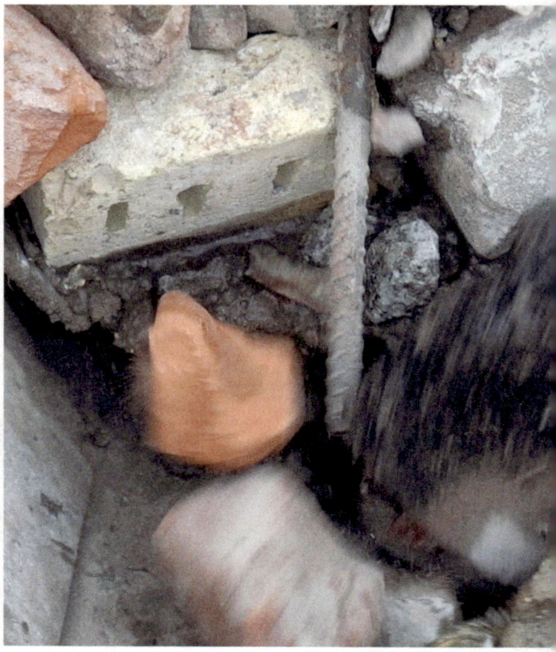
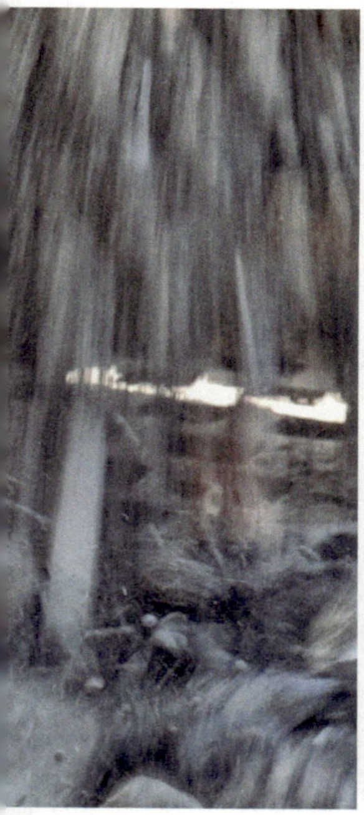
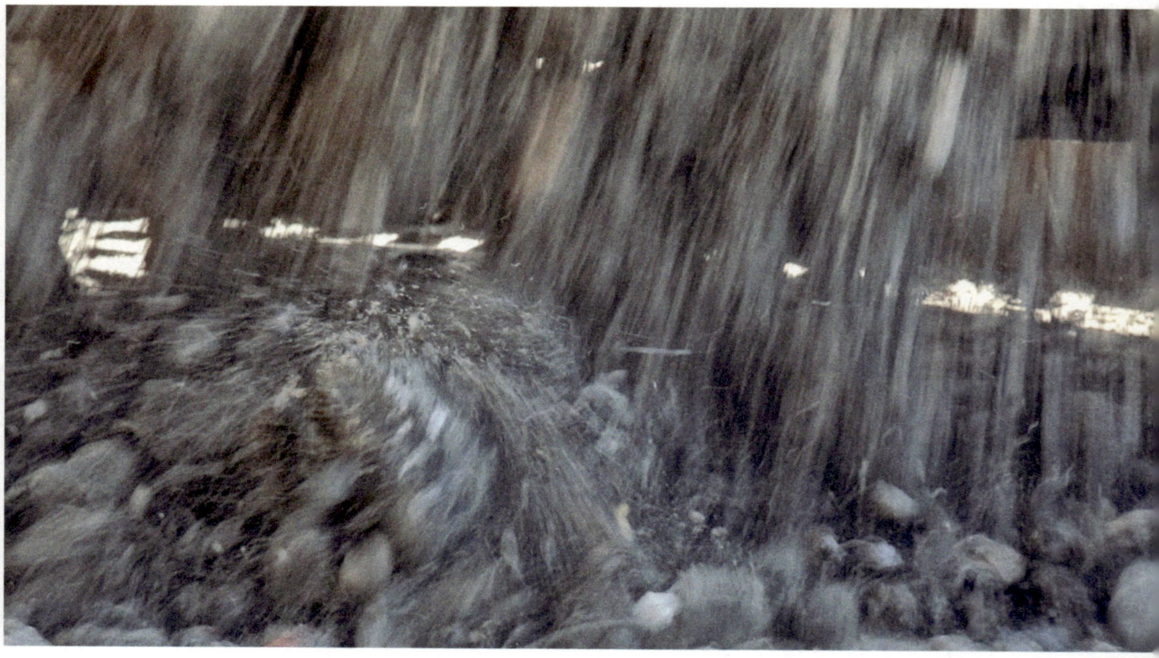

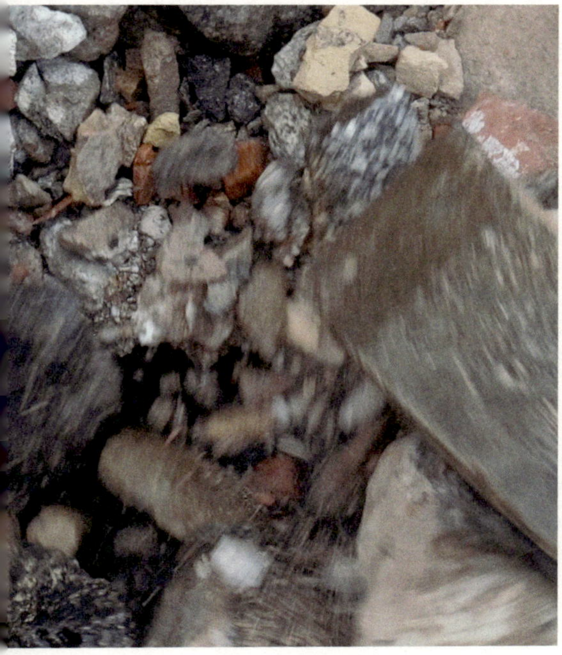
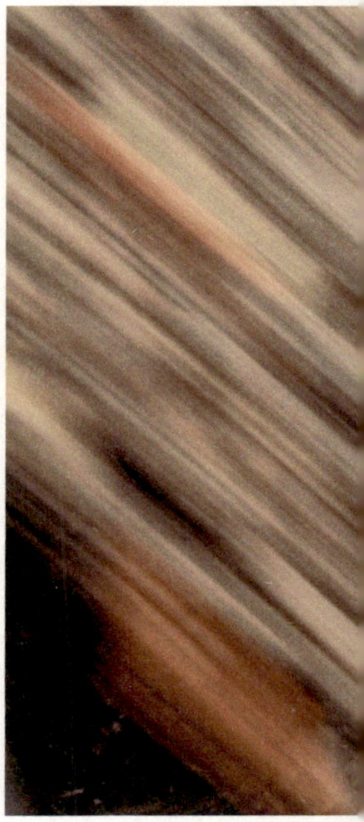
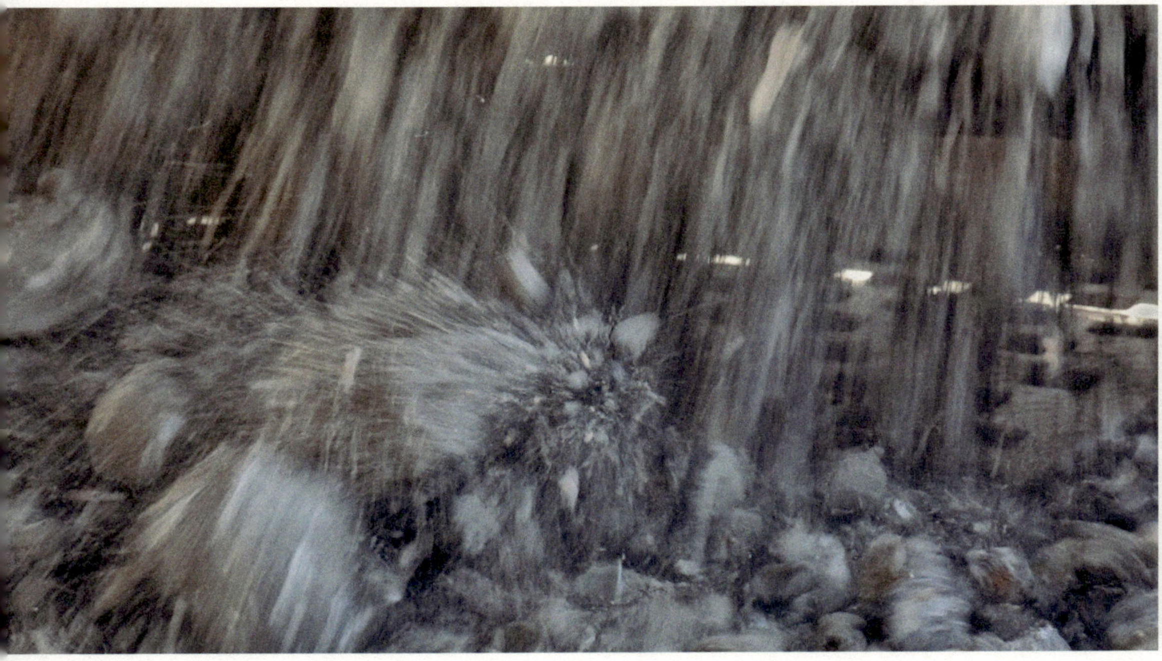
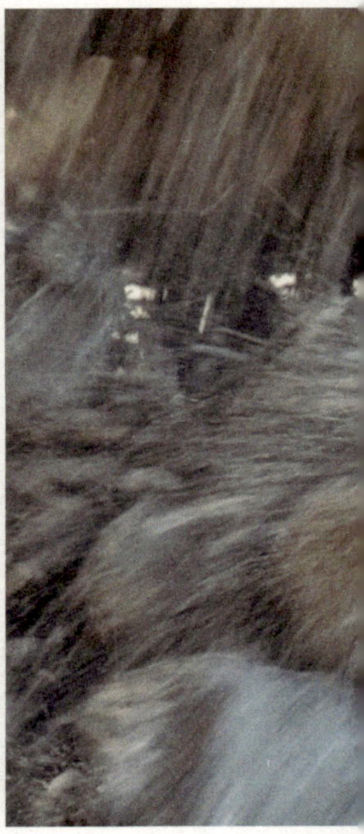

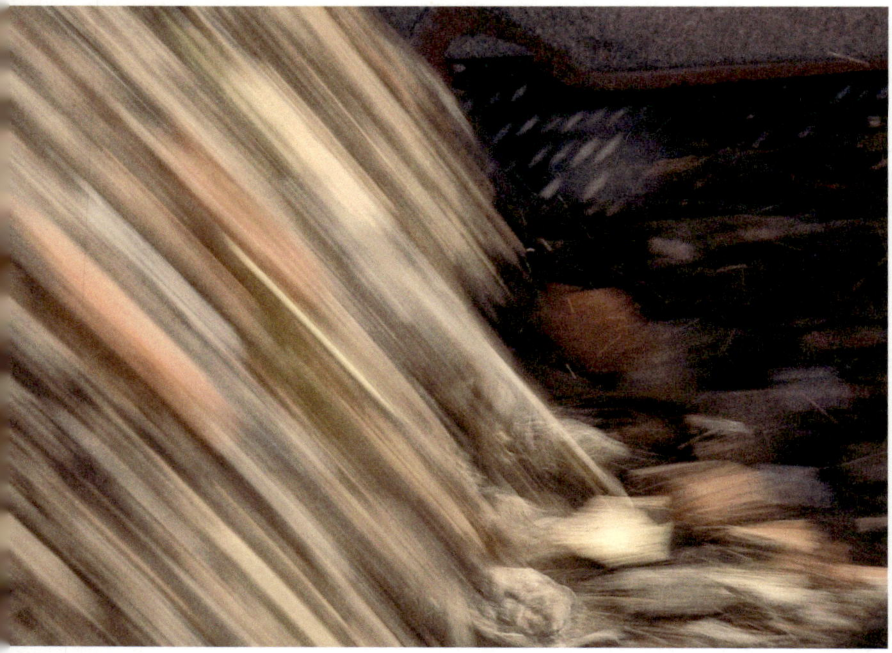

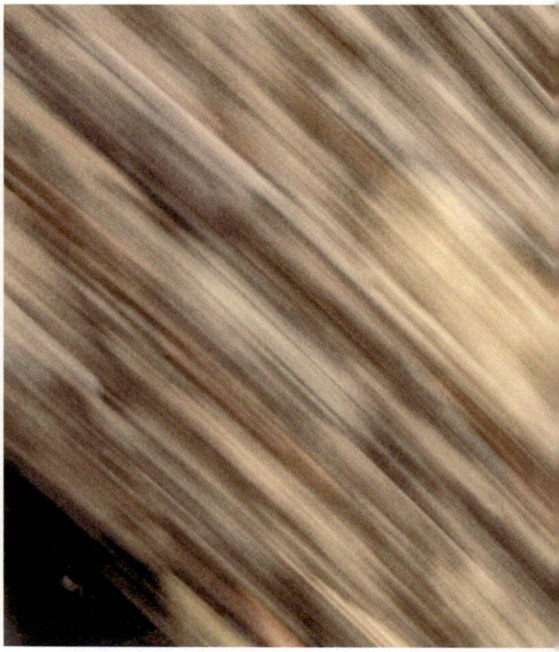

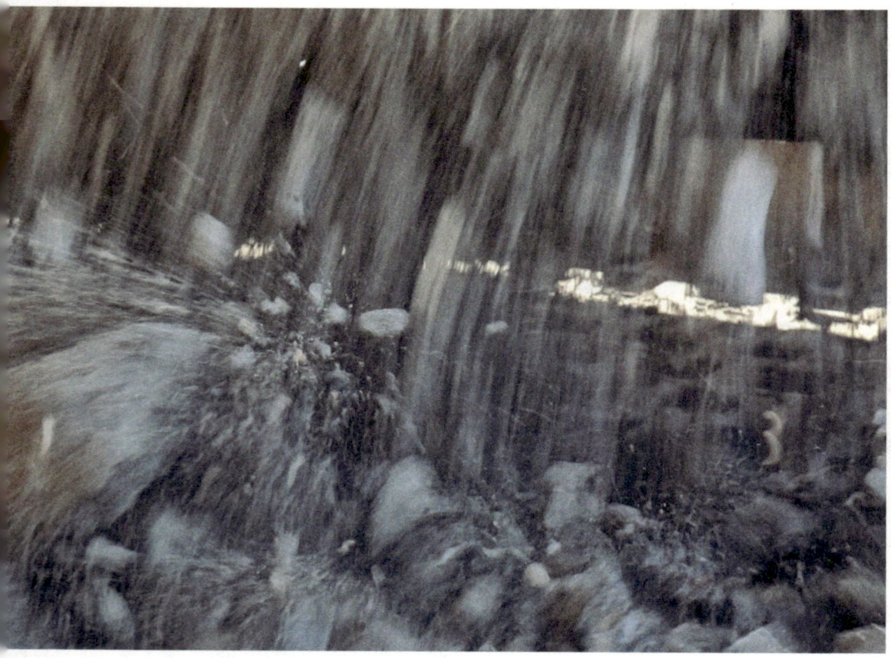

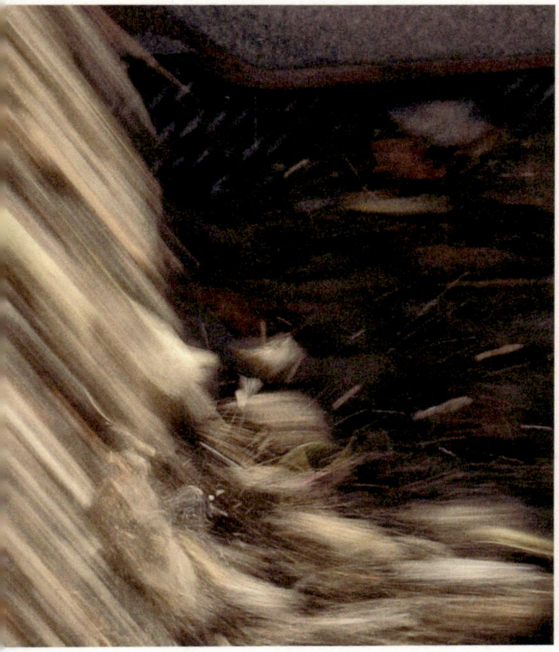
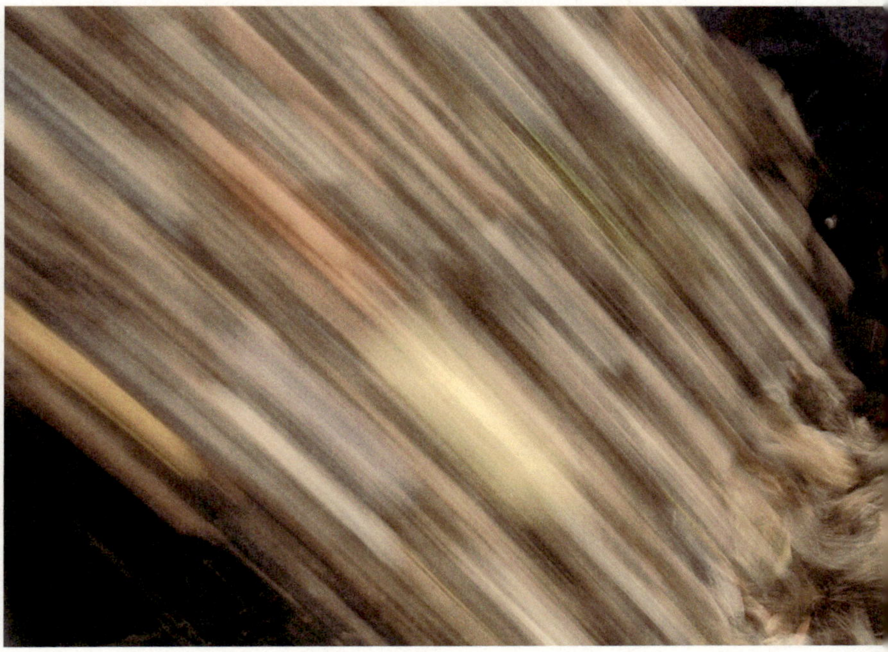
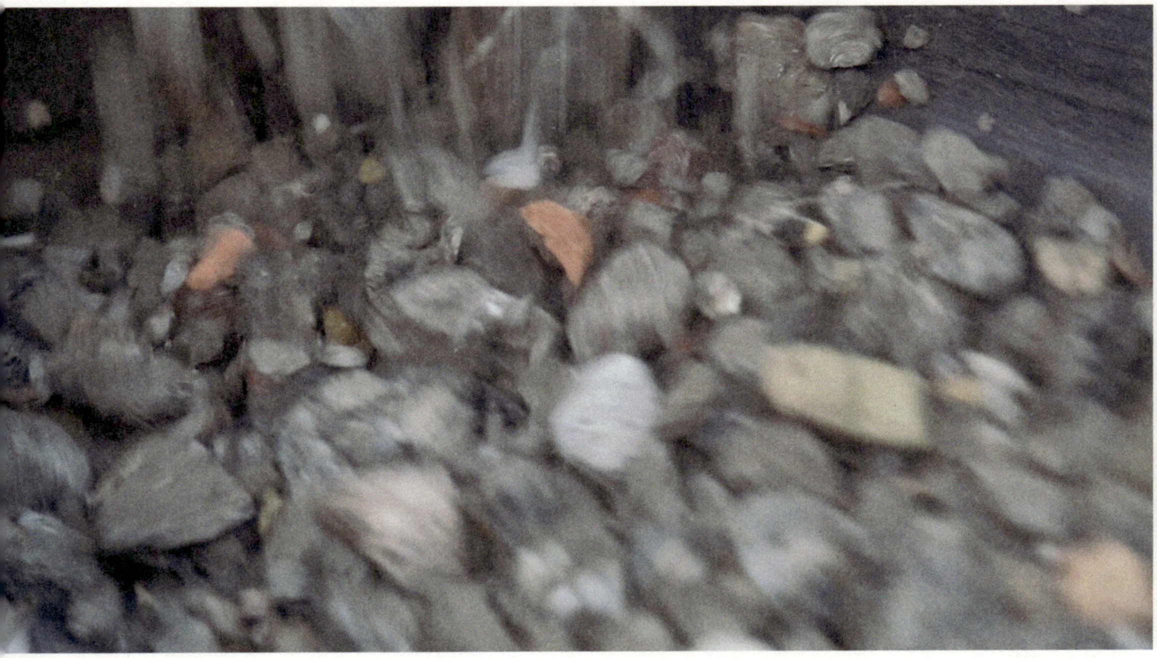
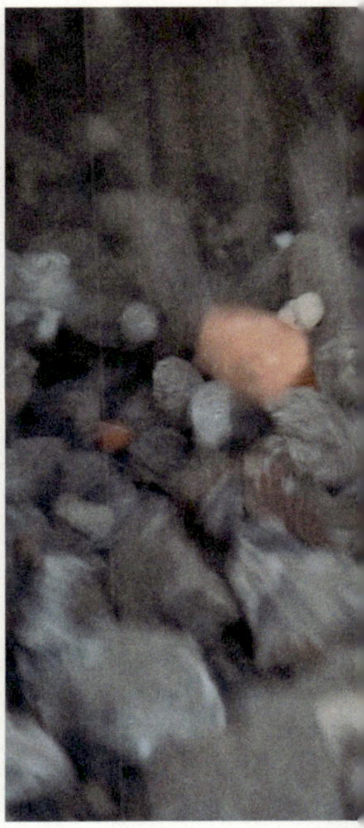

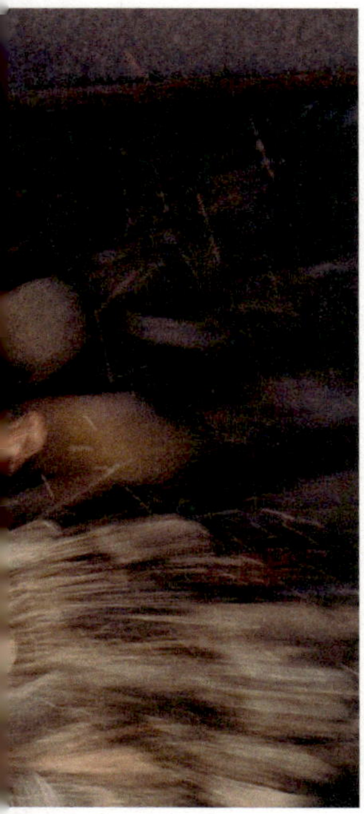

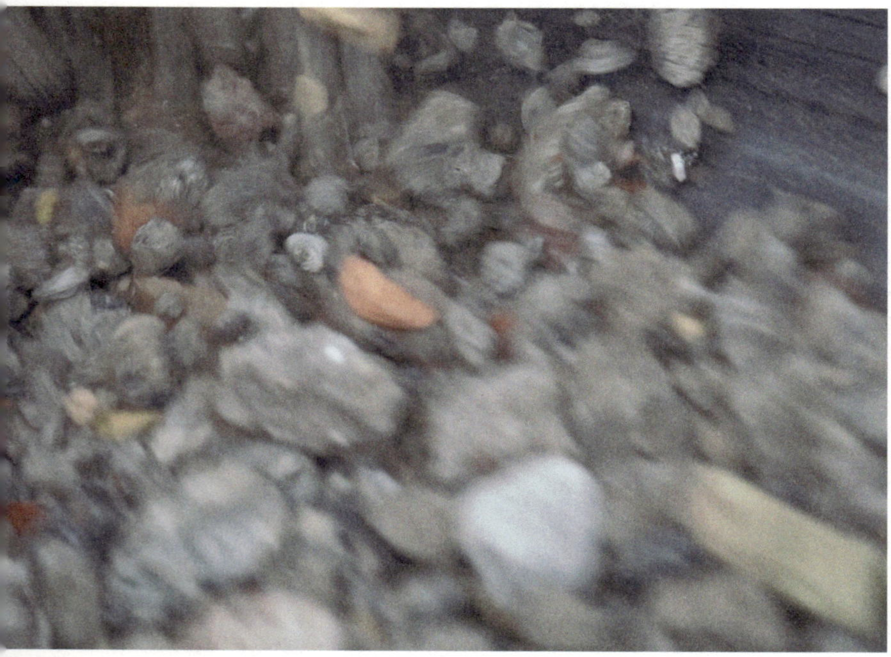

Markus Draper, geboren 1969 und aufgewachsen in Görlitz, studierte 1991–2000 an der Hochschule für Bildende Künste Dresden, am Central Saint Martins College, London und an der Columbia University, New York. Er war Meisterschüler bei Professor Ralf Kerbach.

Draper erhielt den Marion-Ermer-Preis (2001) und den Vattenfall Kunstpreis Energie (2006) sowie Stipendien des DAAD (1996), der Philip Morris Kunstförderung (1999), der Pollock-Krasner Foundation (2009), der Stiftung Kunstfonds (2013) des Berliner Senats (2015). Er lebt und arbeitet in Berlin.

Draper hatte institutionelle Einzelausstellungen in den Staatlichen Kunstsammlungen Dresden (2007), der Neuen Galerie Gladbeck (2011), der Berlinischen Galerie, Landesmuseum für Moderne Kunst, Fotografie und Architektur, Berlin (2014) und dem Kunsthaus Dresden (2014) und war u.a. an Gruppenausstellungen beteiligt im Arken Museum for Moderne Kunst, Ishoj (2007), National Art Museum of China, Peking (2008), in der Galerie für Zeitgenössische Kunst, Leipzig (2009), im Museum Folkwang, Essen (2010), im Deutschen Hygiene-Museum, Dresden (2012), im Tiroler Landesmuseum Ferdinandeum, Innsbruck (2012) und im Kunstmuseum Kloster Unser Lieben Frauen, Magdeburg (2014). Seine Arbeiten sind unter anderem in der Sammlung zeitgenössischer Kunst der Bundesrepublik Deutschland, im Museum Folkwang, Essen, den Staatlichen Kunstsammlungen Dresden und der Berlinischen Galerie, Landesmuseum für Moderne Kunst, Fotografie und Architektur, Berlin vertreten.

Markus Draper was born in 1969 and raised in Görlitz. He studied from 1991 to 2000 at the Hochschule für Bildende Künste in Dresden, at Central Saint Martins College in London, and at Columbia University in New York, and was a master student of Professor Ralf Kerbach.

Draper is a recipient of the Marion Ermer Prize (2001) and the Vattenfall Art Prize Energy (2006) as well as fellowships from the DAAD (1996), Philip Morris Foundation (1999), the Pollock-Krasner Foundation (2009), the Stiftung Kunstfonds (2013) and the Berlin Senate (2015). He lives and works in Berlin.

Draper had institutional solo exhibitions at Staatliche Kunstsammlungen Dresden (2007), Neue Galerie Gladbeck (2011), Berlinische Galerie, Landesmuseum für Moderne Kunst, Fotografie und Architektur, Berlin (2014) and Kunsthaus Dresden (2014). He participated in group exhibitions at Arken Museum for Moderne Kunst Ishoj (2007), National Art Museum of China Peking (2008), Galerie für Zeitgenössische Kunst Leipzig (2009), Museum Folkwang Essen (2010), Deutsches Hygiene-Museum Dresden (2012), Tiroler Landesmuseum Ferdinandeum Innsbruck (2012) and Kunstmuseum Kloster Unser Lieben Frauen Magdeburg (2014). His works are represented at Sammlung zeitgenössischer Kunst der Bundesrepublik Deutschland, Museum Folkwang Essen, Staatliche Kunstsammlungen Dresden and Berlinische Galerie, Landesmuseum für Moderne Kunst, Fotografie und Architektur, Berlin.

Impressum / *Imprint*

Das Buch erscheint anlässlich der Ausstellung
The book is published on the occasion of the exhibition

Markus Draper –
Inge zu Fuß zur Arbeit
Kulturhistorischen Museum Görlitz
Kaisertrutz
2.10.2015 – 31.1.2016

Mit Unterstützung von / *With support of*

Kulturstiftung des Freistaates Sachsen

Herausgeber / *Editor*
Görlitzer Sammlungen für Geschichte und Kultur, Kulturhistorisches Museum Görlitz

Redaktion / *Editing*
Kai Wenzel, Markus Draper

Übersetzungen / *Translation*
Bill Martin

Transkription / *Transcription*
Angi Welz-Rommel, Bernadette Grubner

Fotografien / *Photographs*
Hans-Georg Gaul

Lektorat / *Proofreading*
Jan Wenzel

Konzept und Gestaltung / *Concept and Design*
Adriaan Van Leuven, Spector Bureau

Bildbearbeitung / *Lithography*
hausstætter herstellung, Berlin

Druck / *Printing*
DZA Druckerei zu Altenburg GmbH

Erschienen im Verlag / *Published by*
Spector Books
Harkortstraße 10
04107 Leipzig
www.spectorbooks.com

Distribution

Germany, Austria:
GVA, Gemeinsame Verlagsauslieferung Göttingen GmbH & Co. KG, www.gva-verlage.de
Switzerland:
AVA Verlagsauslieferung AG, www.ava.ch
France, Belgium:
Interart Paris, www.interart.fr
UK:
Central Books Ltd, www.centralbooks.com
USA, Canada:
RAM Publications + Distribution Inc., www.rampub.com
Australia, New Zealand:
Perimeter Distribution, www.perimeterdistribution.com
Other countries:
Motto Distribution, www.mottodistribution.com

Printed in Germany

ISBN 978-3-95905-031-9

Credits

Backenbrecher
Kamera / *Cinematographer*:
Dimitri Hempel

Grauzone
Herstellung / *Production*:
Bildguss Ihle
Assistenz / *Assistence*:
Philip Pink

Drama Kit
basierend auf Setfotografien von / *based on set photographies from*
Nik Konietzny

Ausstellungsarchitektur / Exhibition Walls
Zimmerei Ronald Franke, Görlitz

Mit Dank an / *With thanks to*
Joachim Abrell
Amel Bourouina
Auerbach und Hahn GmbH
Elly Brose-Eiermann
Ralf Baptist Friedrich
Graf Baustoffe GmbH Berlin
Bernadette Grubner
Robert-Havemann-Gesellschaft e.V.
Dimitri Hempel
Heiko Kammler
Nik Konietzny
Mario Linke
Ingeburg Richter
Angi Welz-Rommel
Mathias Wagner
Kai Wenzel
Marius Winzeler
Bezirksamt Marzahn-Hellersdorf von Berlin
Stadtarchiv Eisenhüttenstadt
Stadtarchiv Frankfurt/Oder
Stadtarchiv Magdeburg
Stadtarchiv Neubrandenburg
Stadtarchiv Schwedt/Oder
Stadtarchiv Senftenberg

Die Ausstellung wurde unterstützt von / *The exhibition was supported by*

WÜSTENROT STIFTUNG

HYPO-KULTURSTIFTUNG

Stadtwerke Görlitz
Kommwohnen
Hornbach Görlitz
Infotech GmbH
Architekturbüro Weise
Malerwerkstätten Werner
Schmidt Drenhaus-Stiftung

Abbildungen „Zeitungsmeldungen"/ *Images "newspaper clips"*

Seite / page 56:
Im ersten Stock, 2015, 13 × 18,5 cm

Seite / page 62:
Am Montagabend, 2015, 37 × 26,5 cm

Seite / page 65:
Wahlhilfe, 2015, 35 × 44 cm

Seite / page 68:
Fast perfekte Tarnung, 2015, 40 × 54,5 cm

Alle: Pigmentdruck auf Bütten / *all: pigmented ink on rag paper*

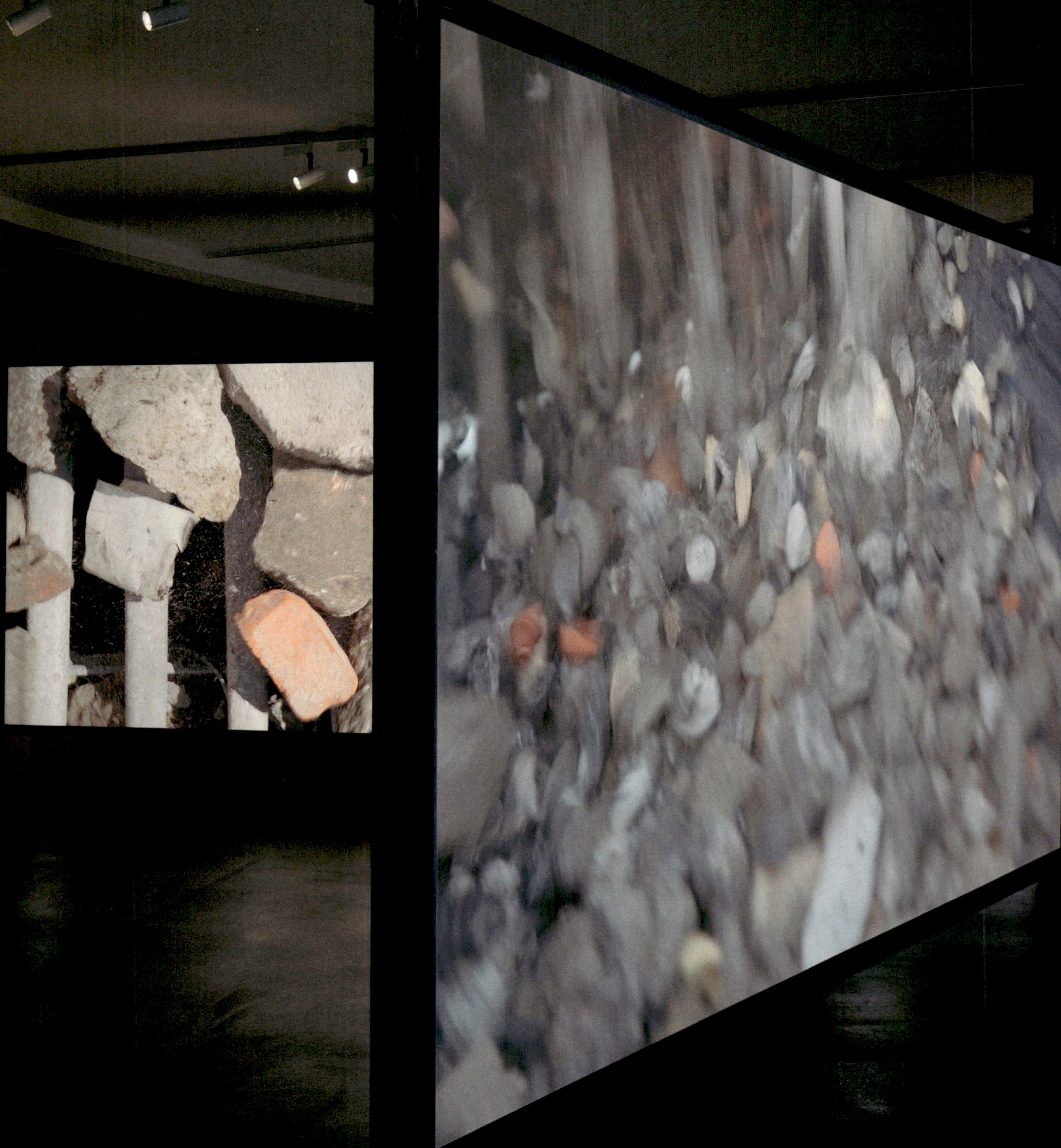

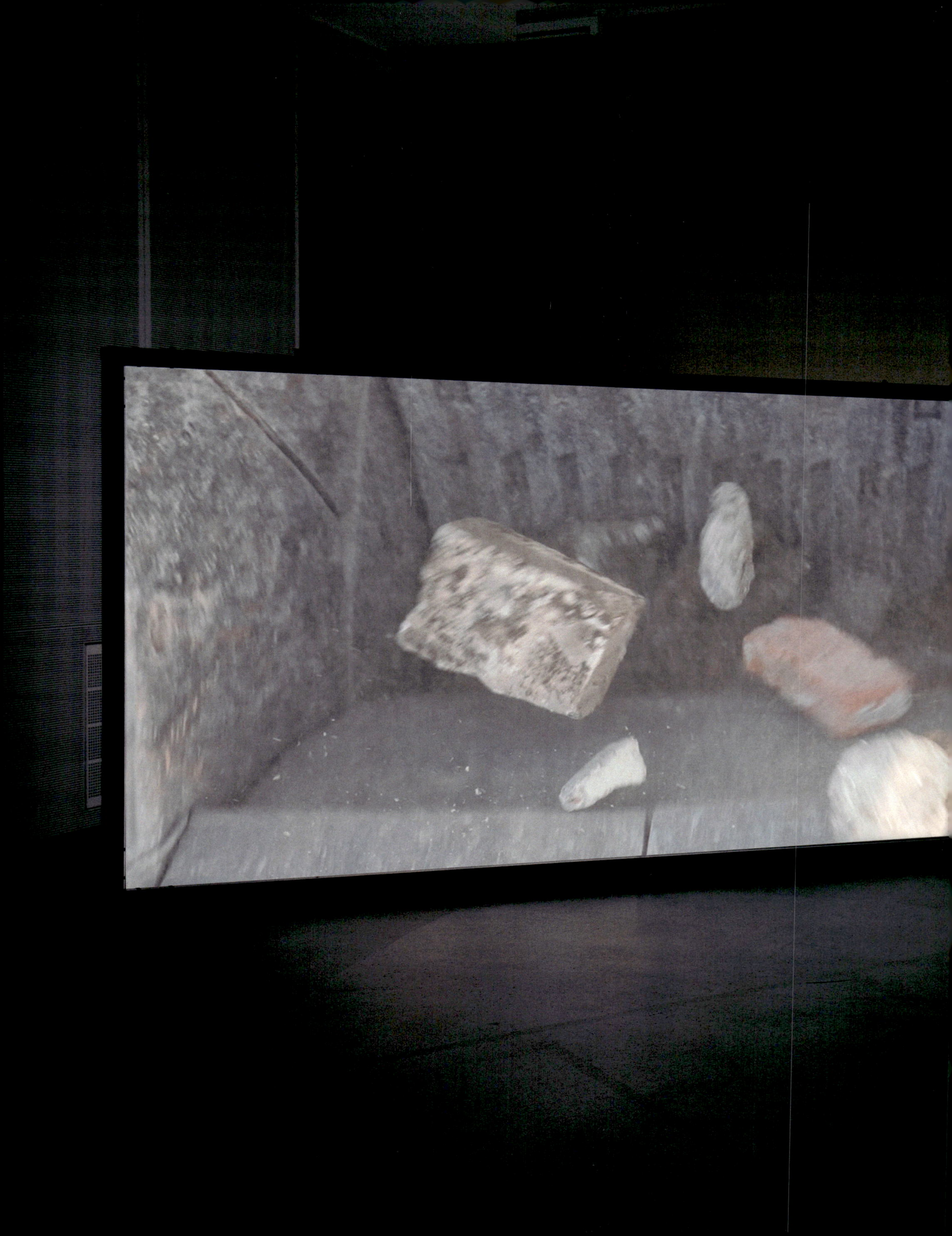

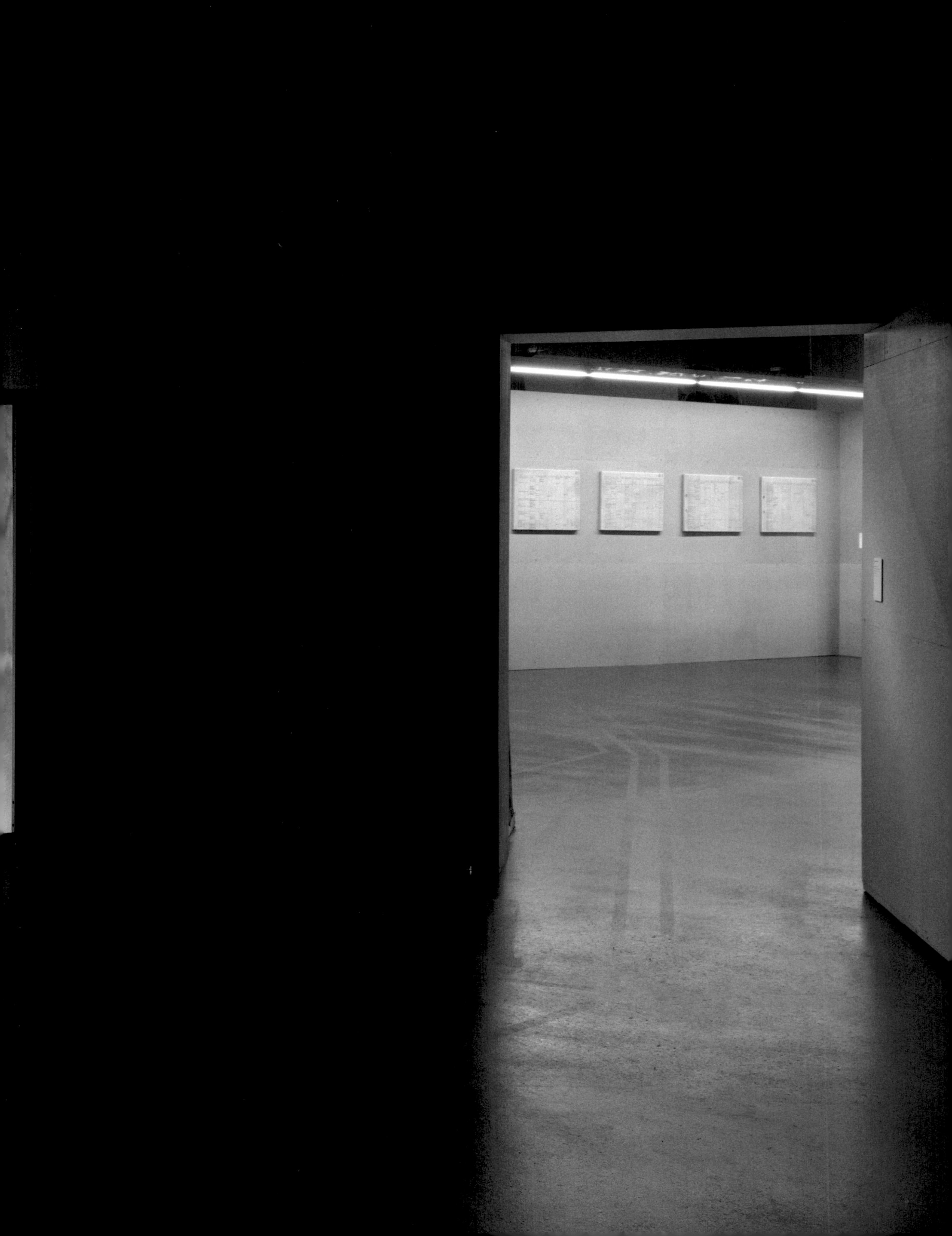

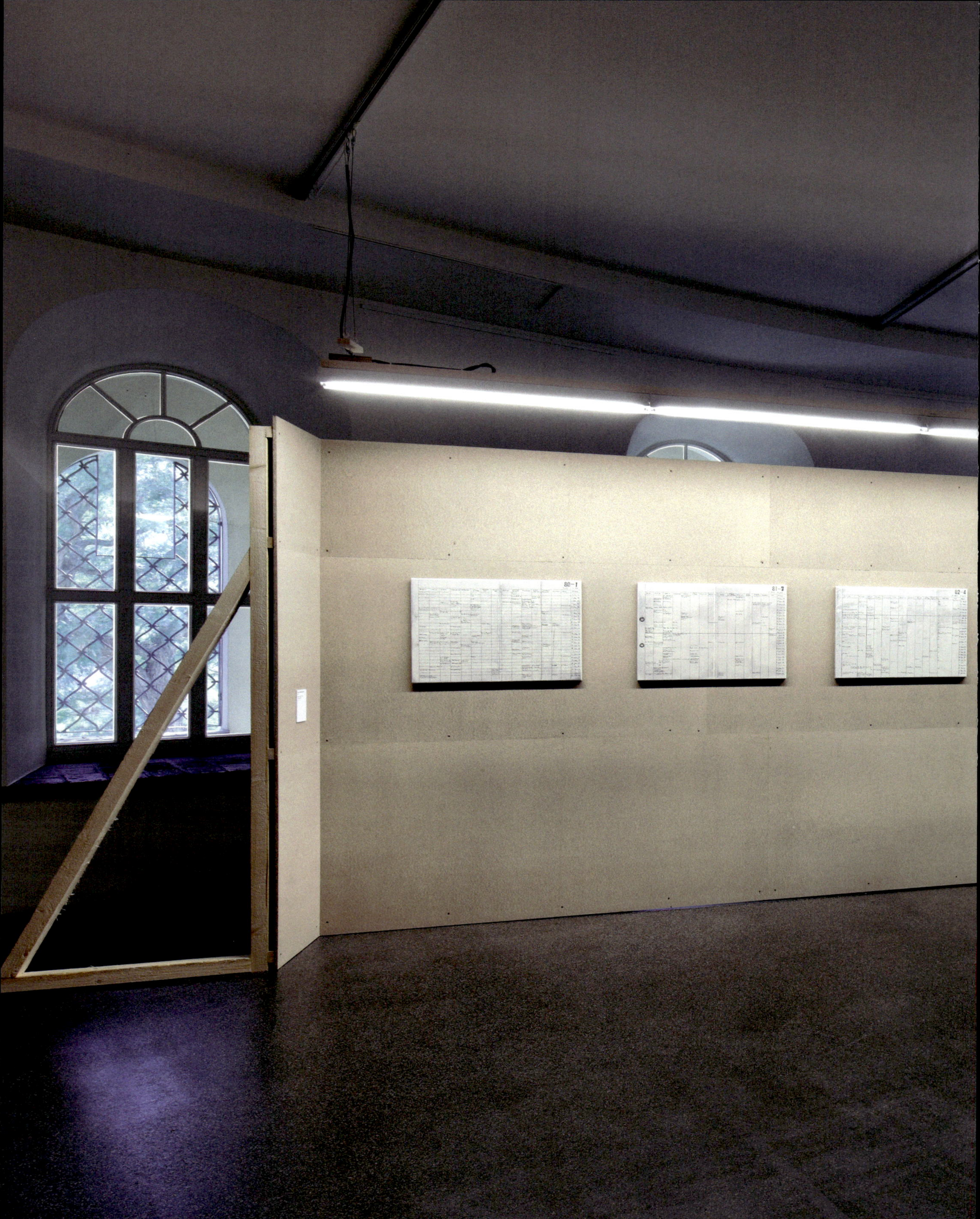

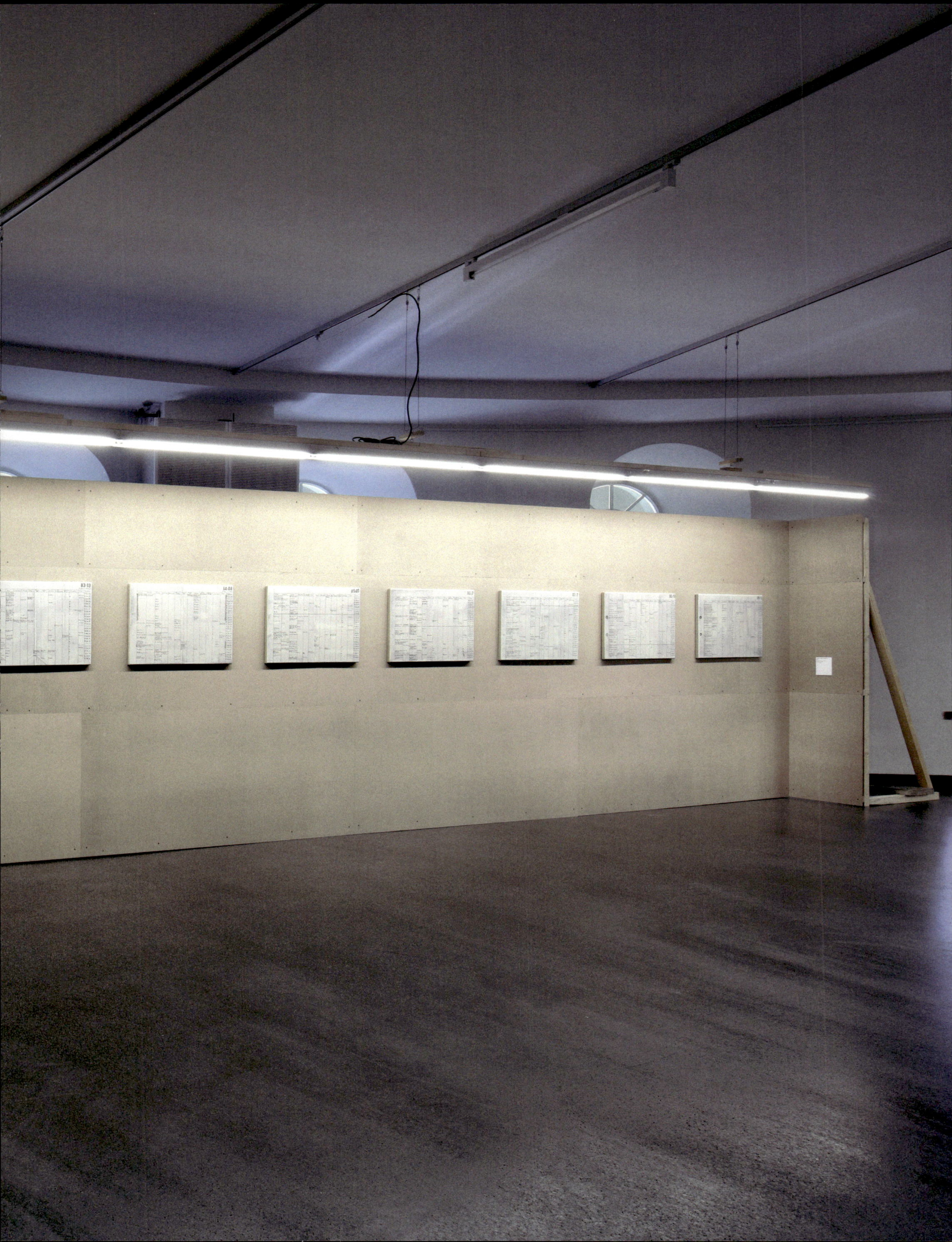

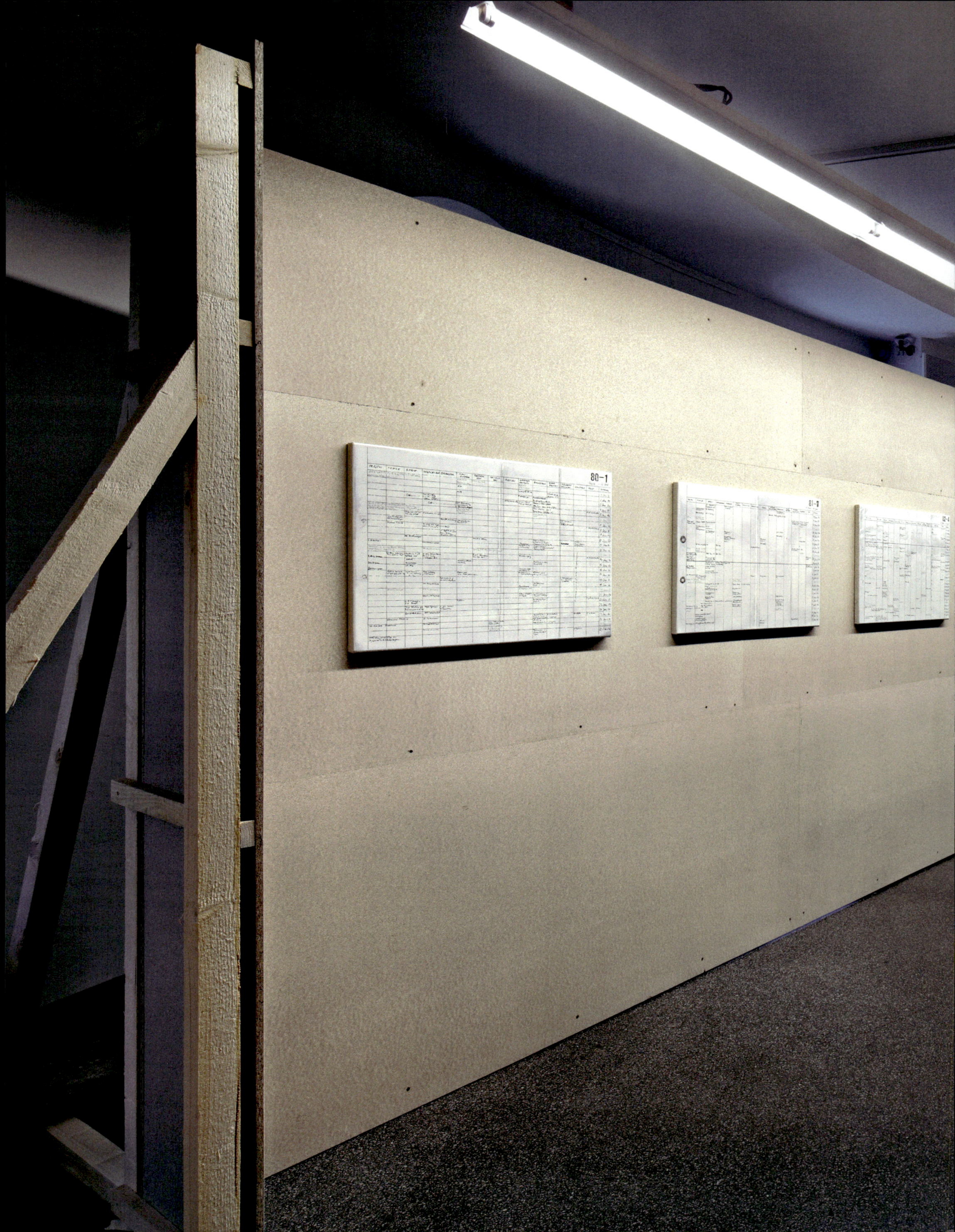
80-1
81-7

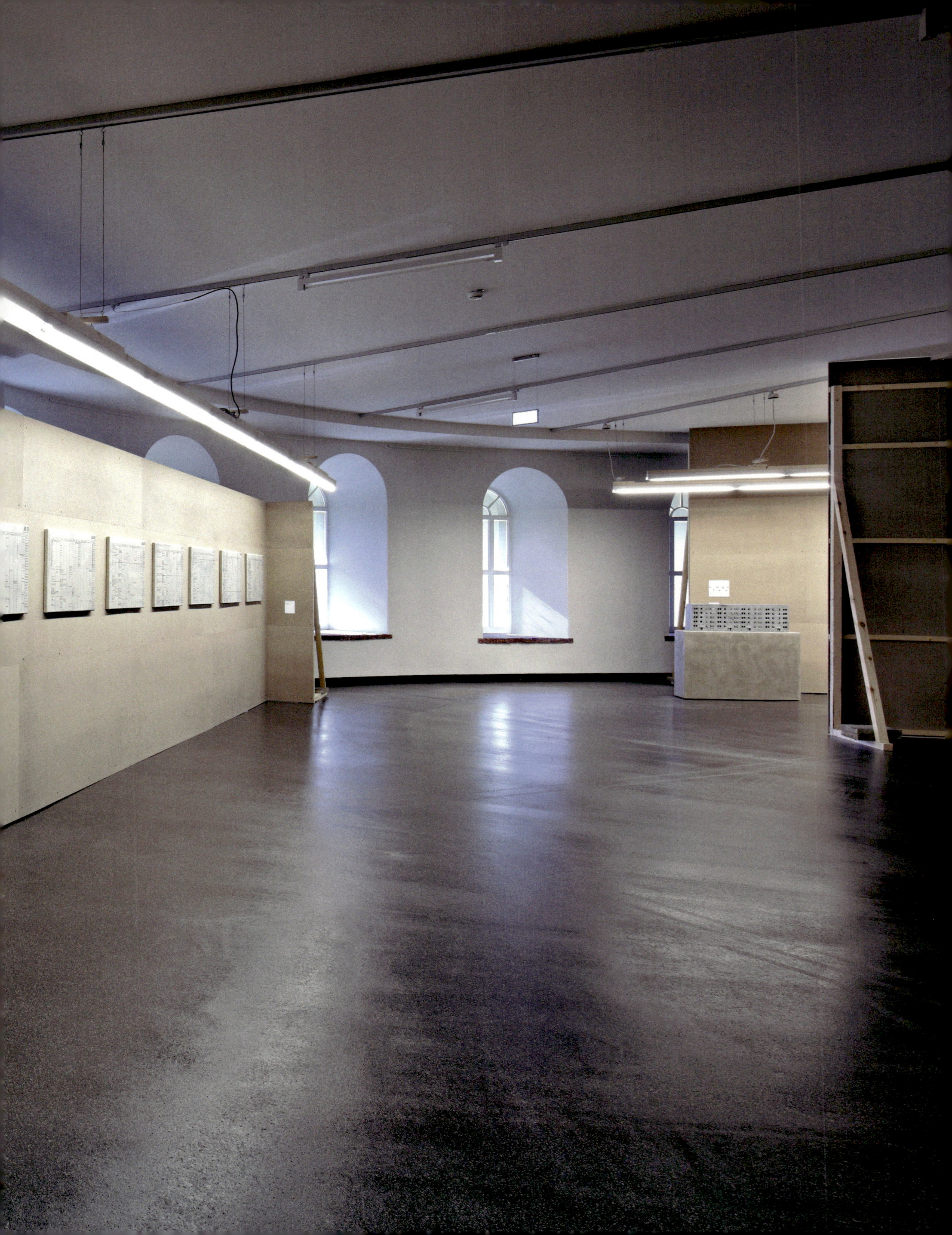

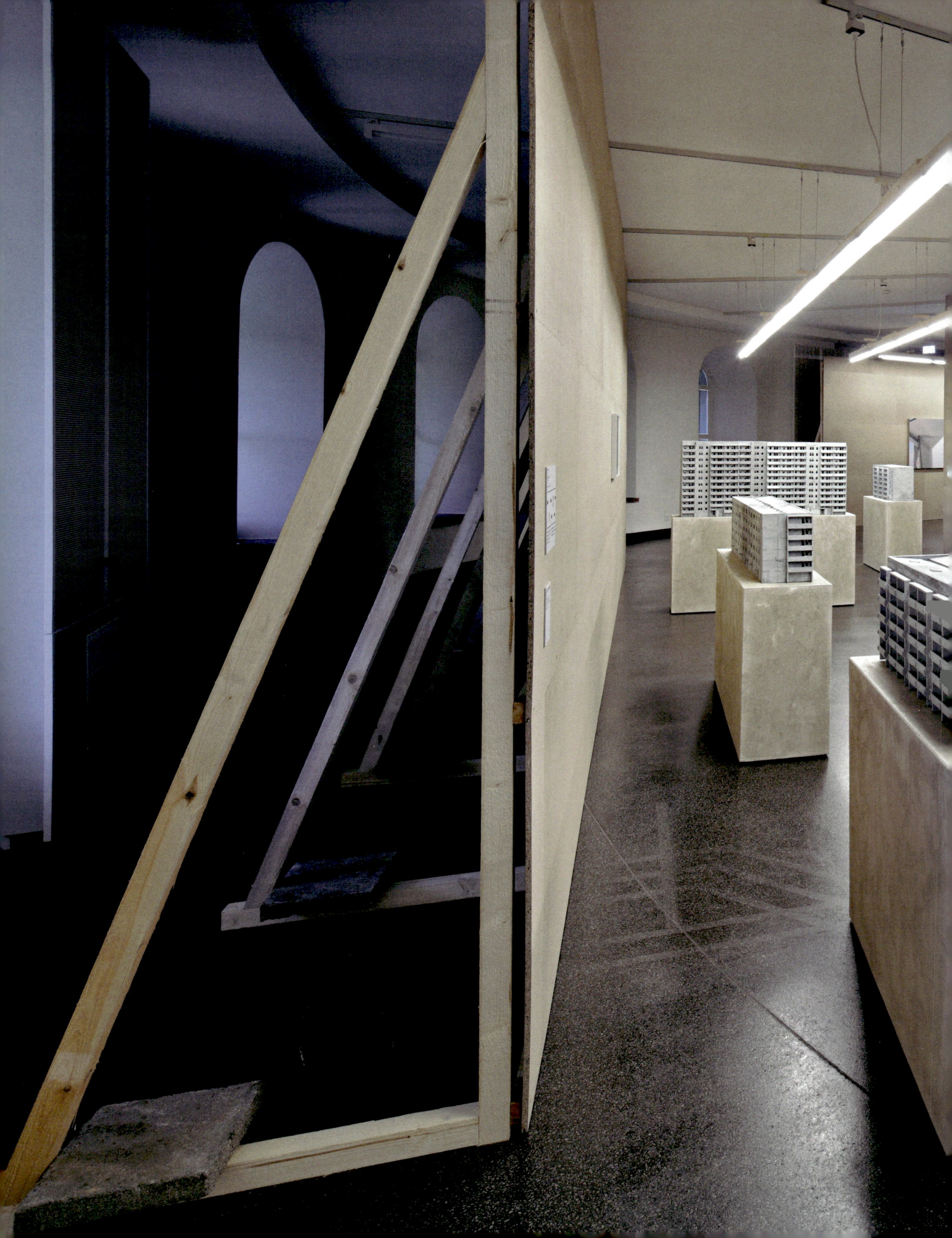

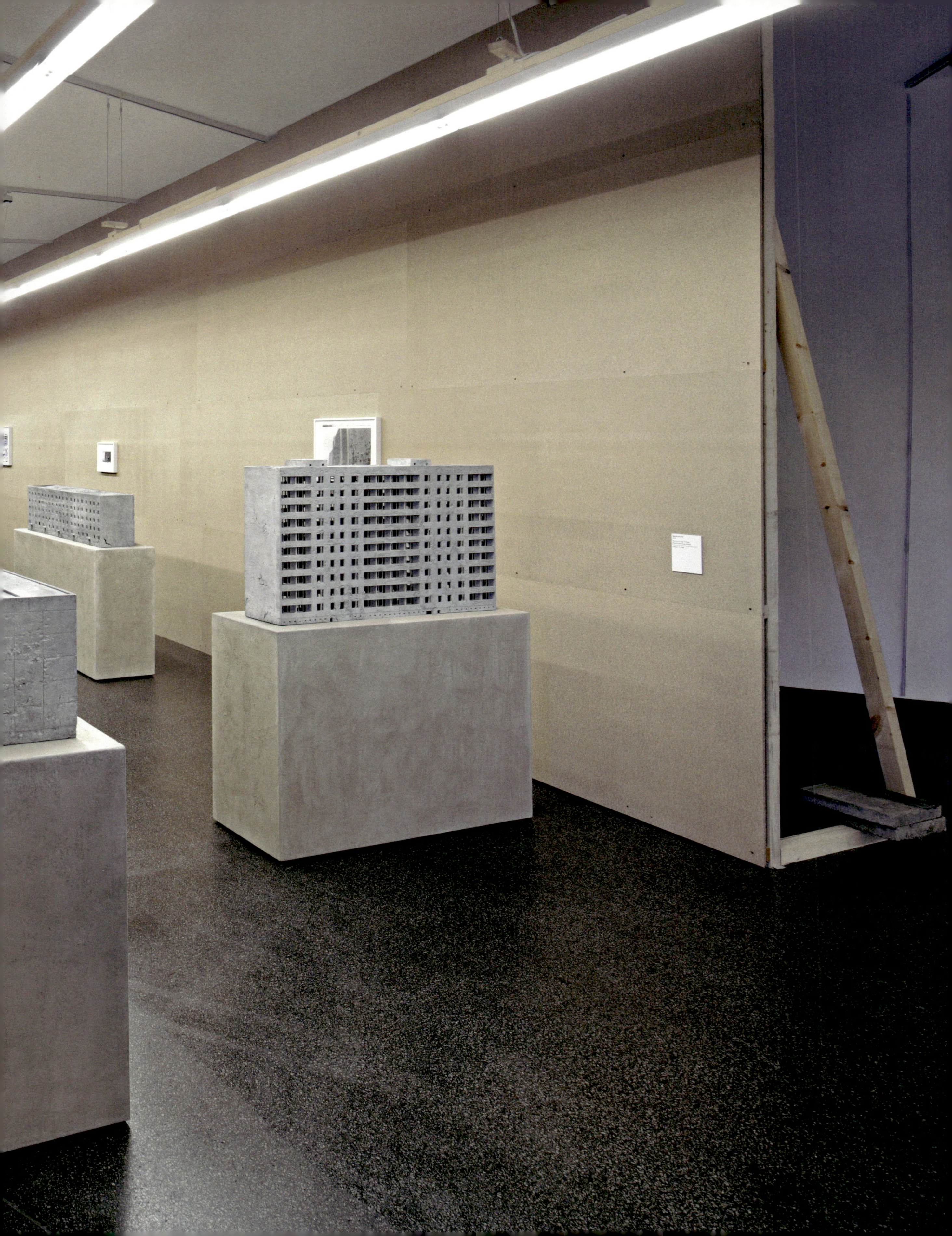

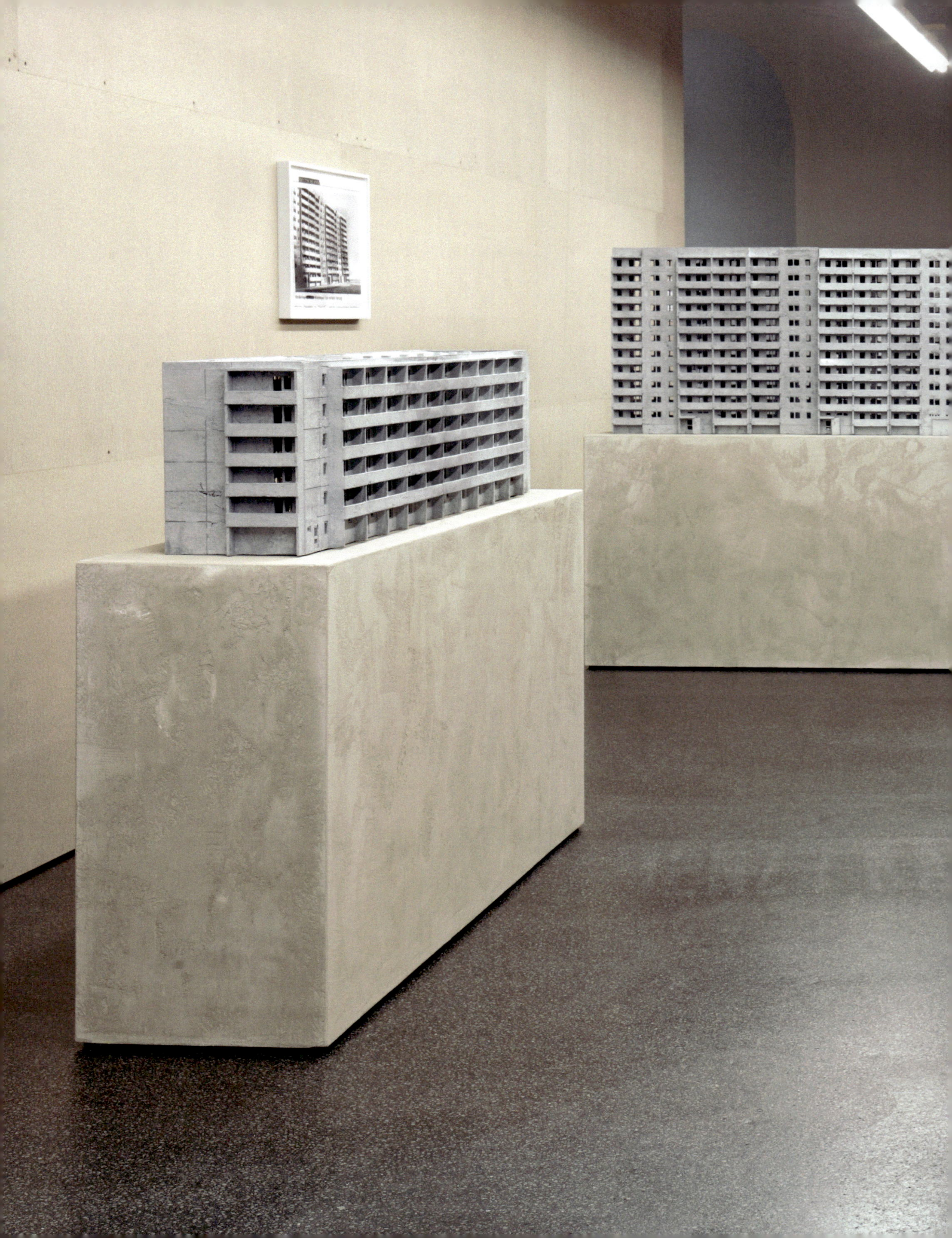

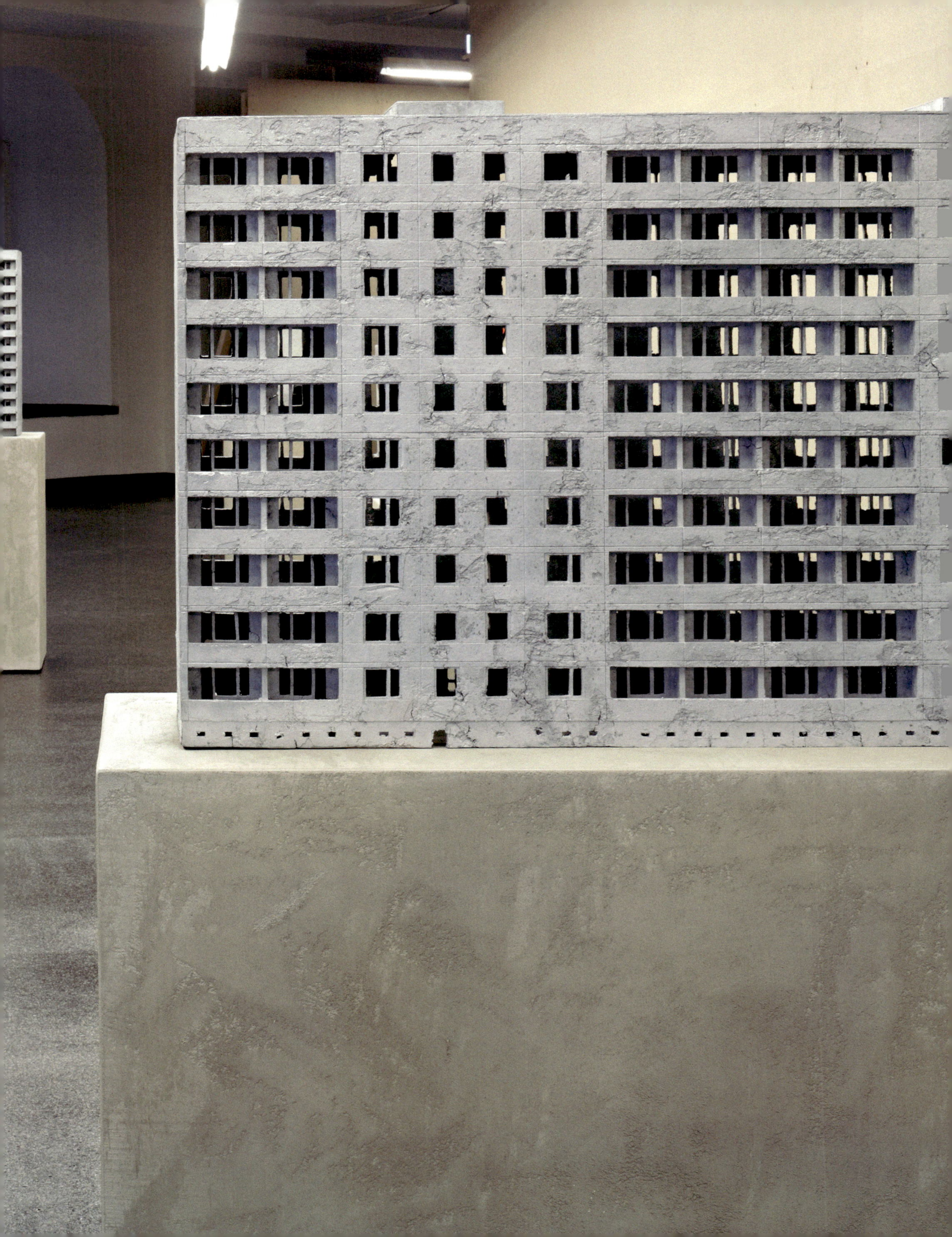

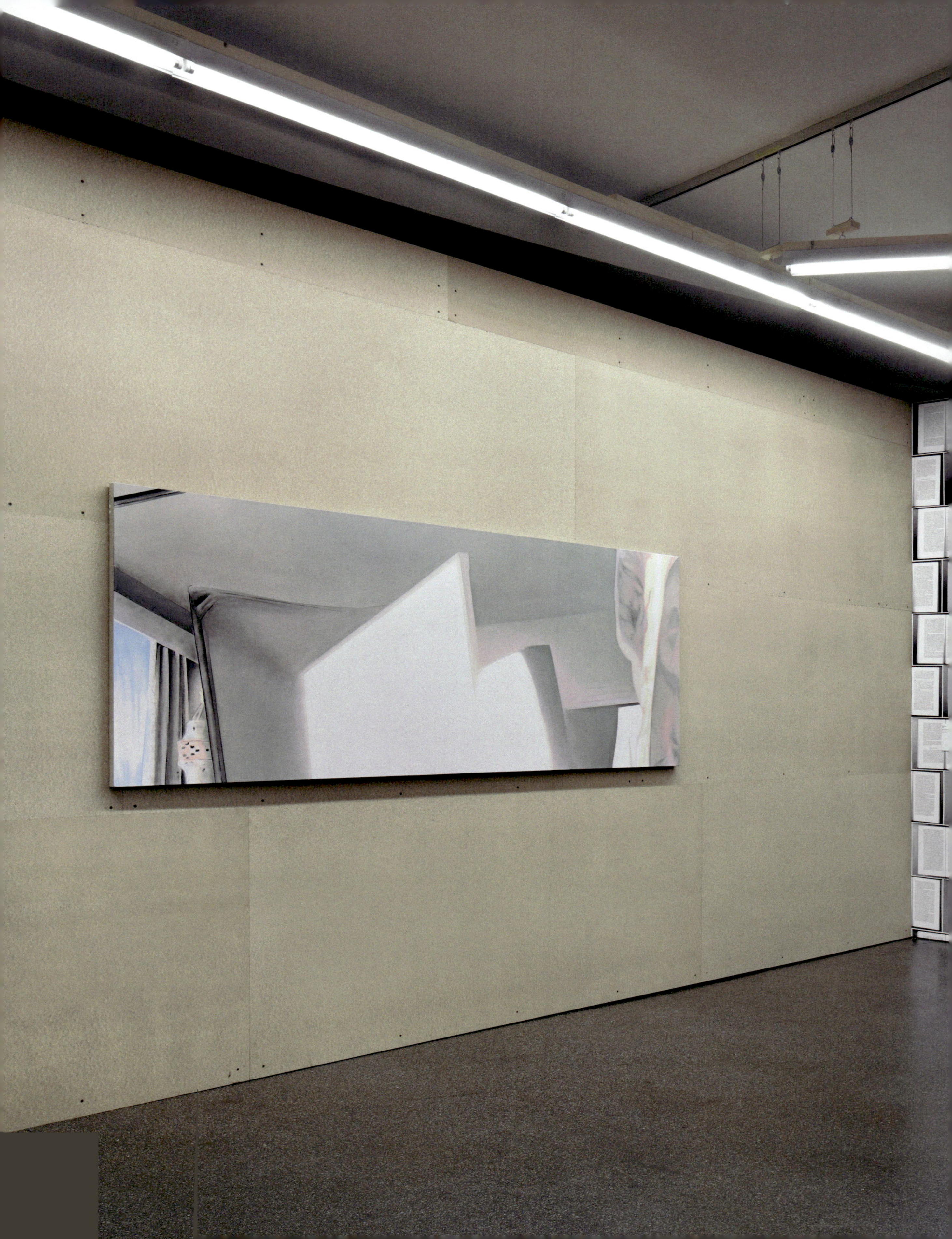

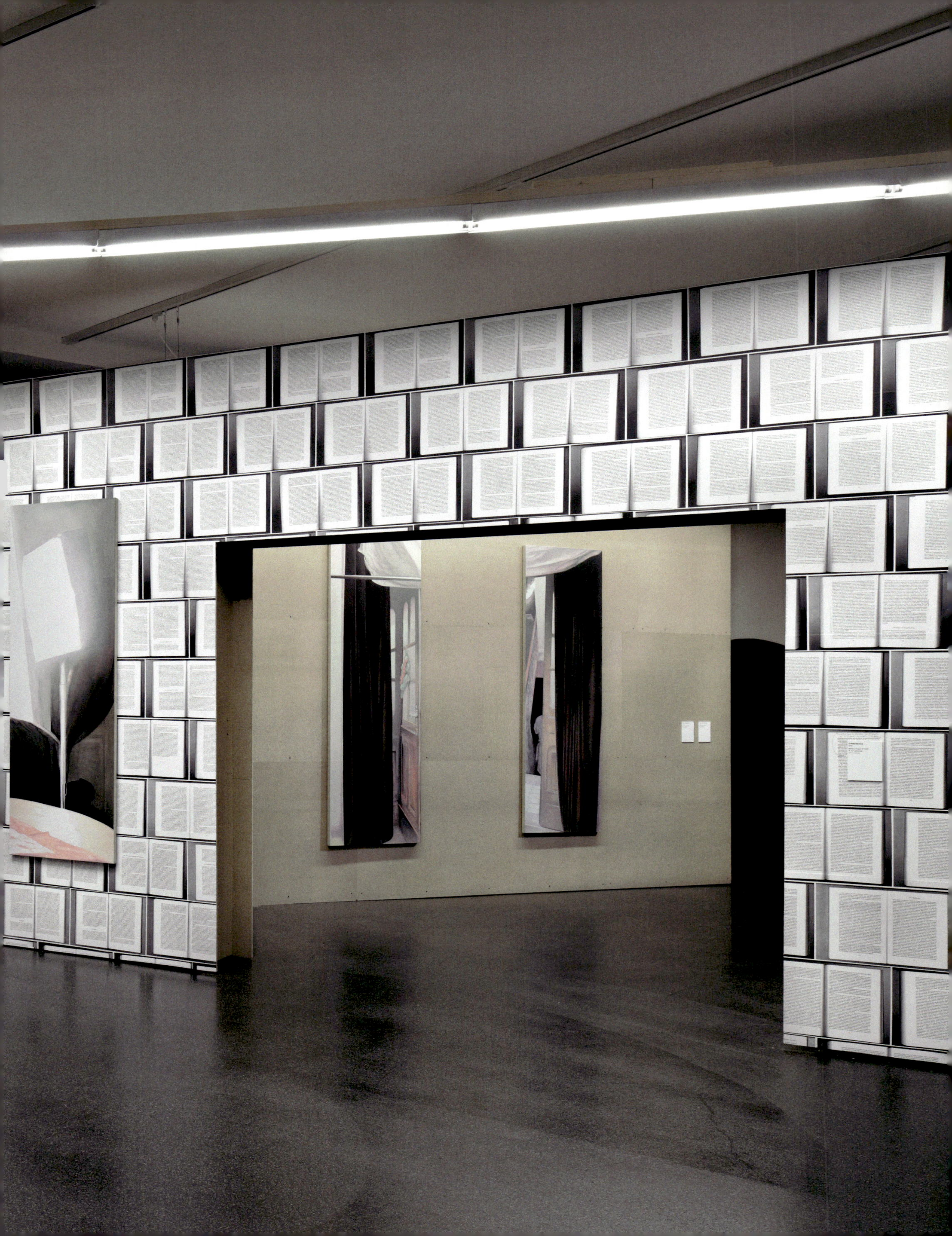

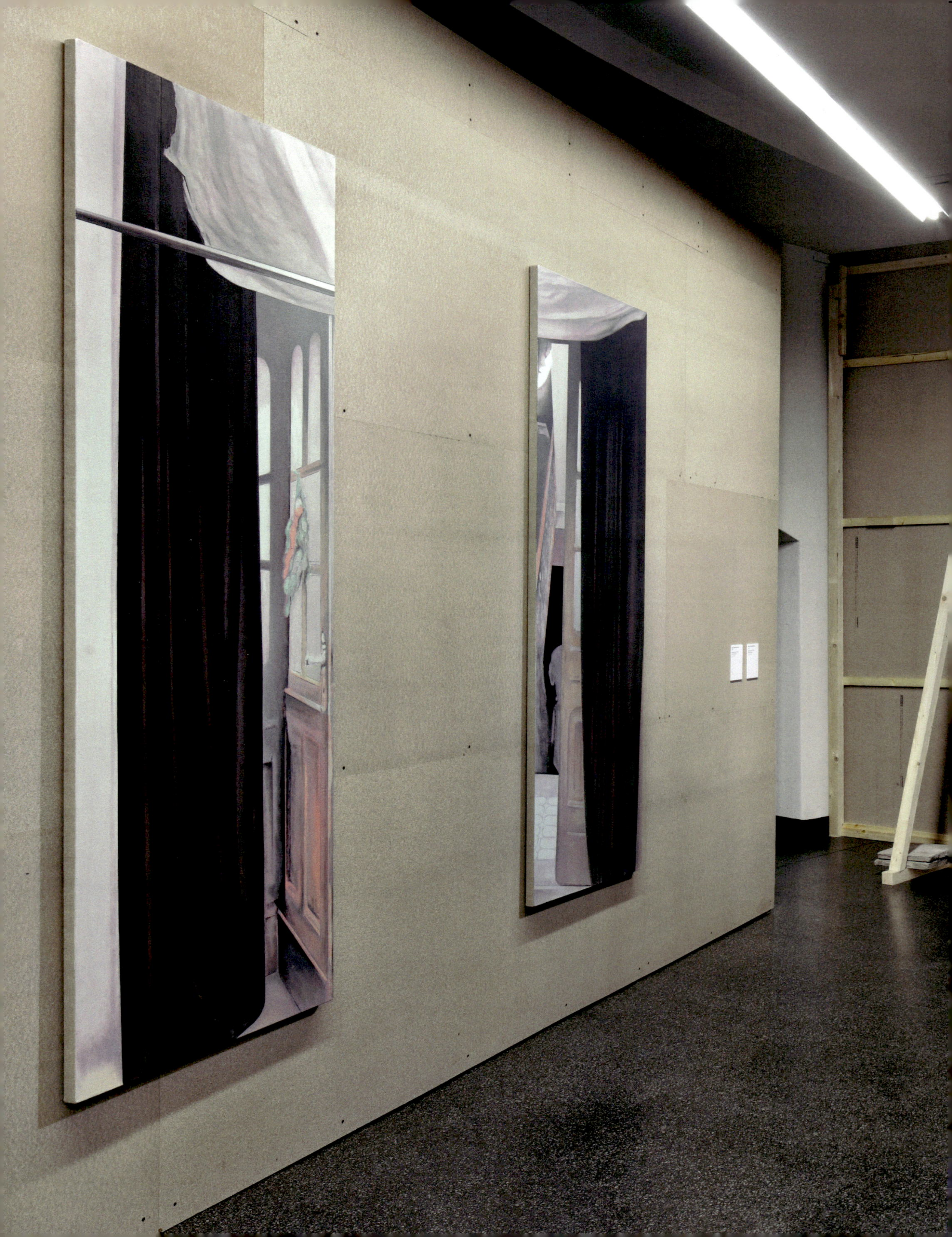

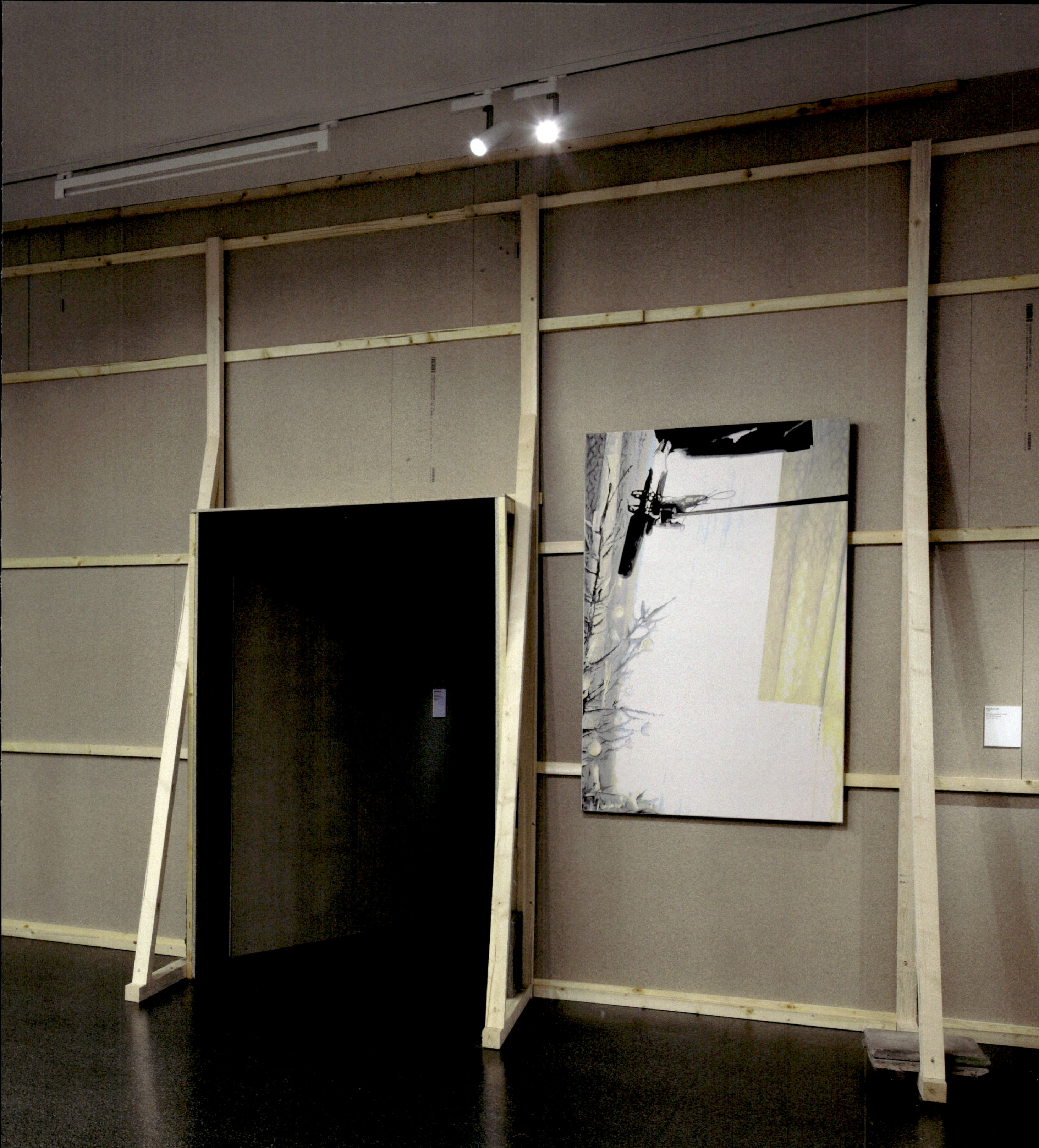

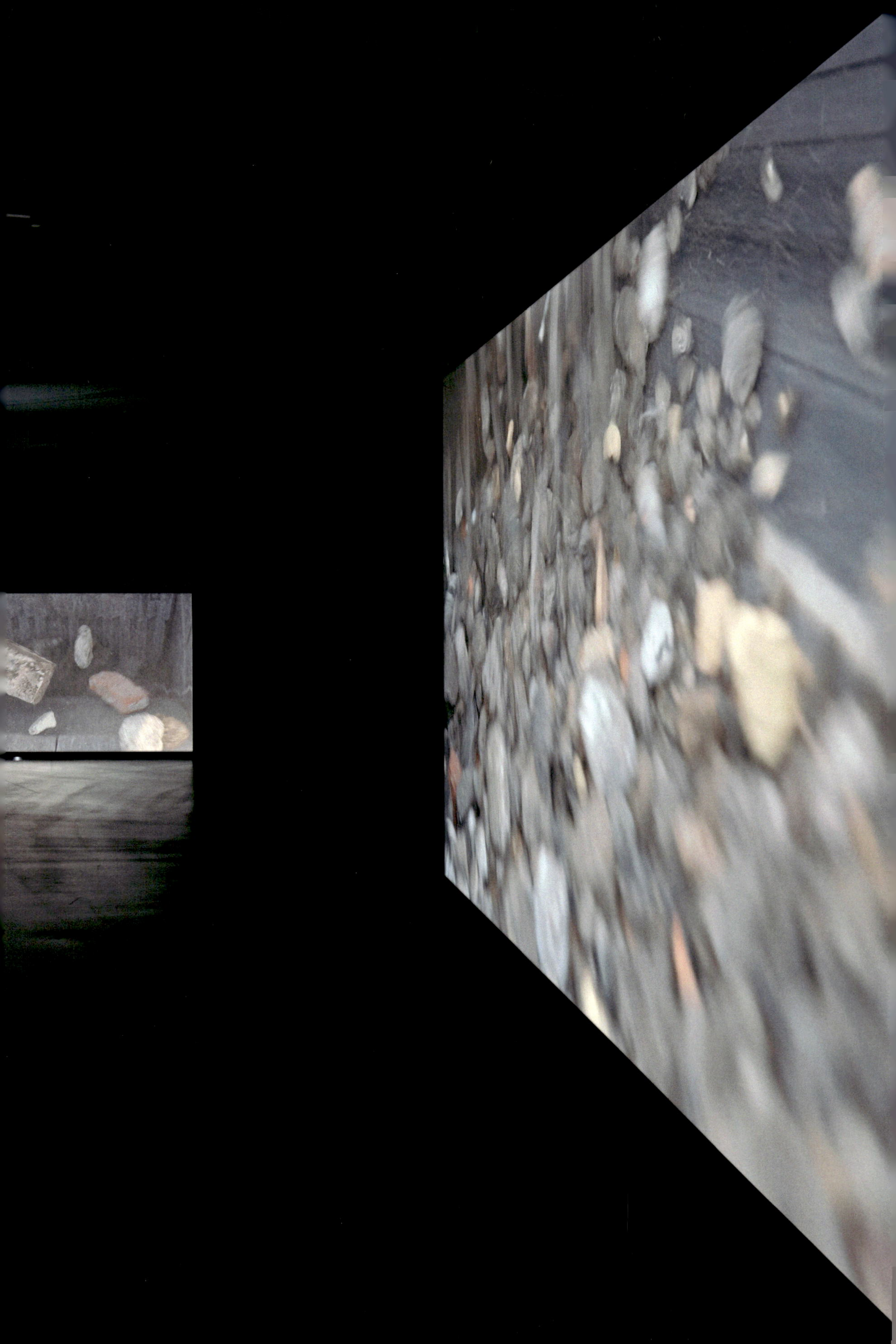

Markus Draper
Inge zu Fuß zur Arbeit

Spector Books

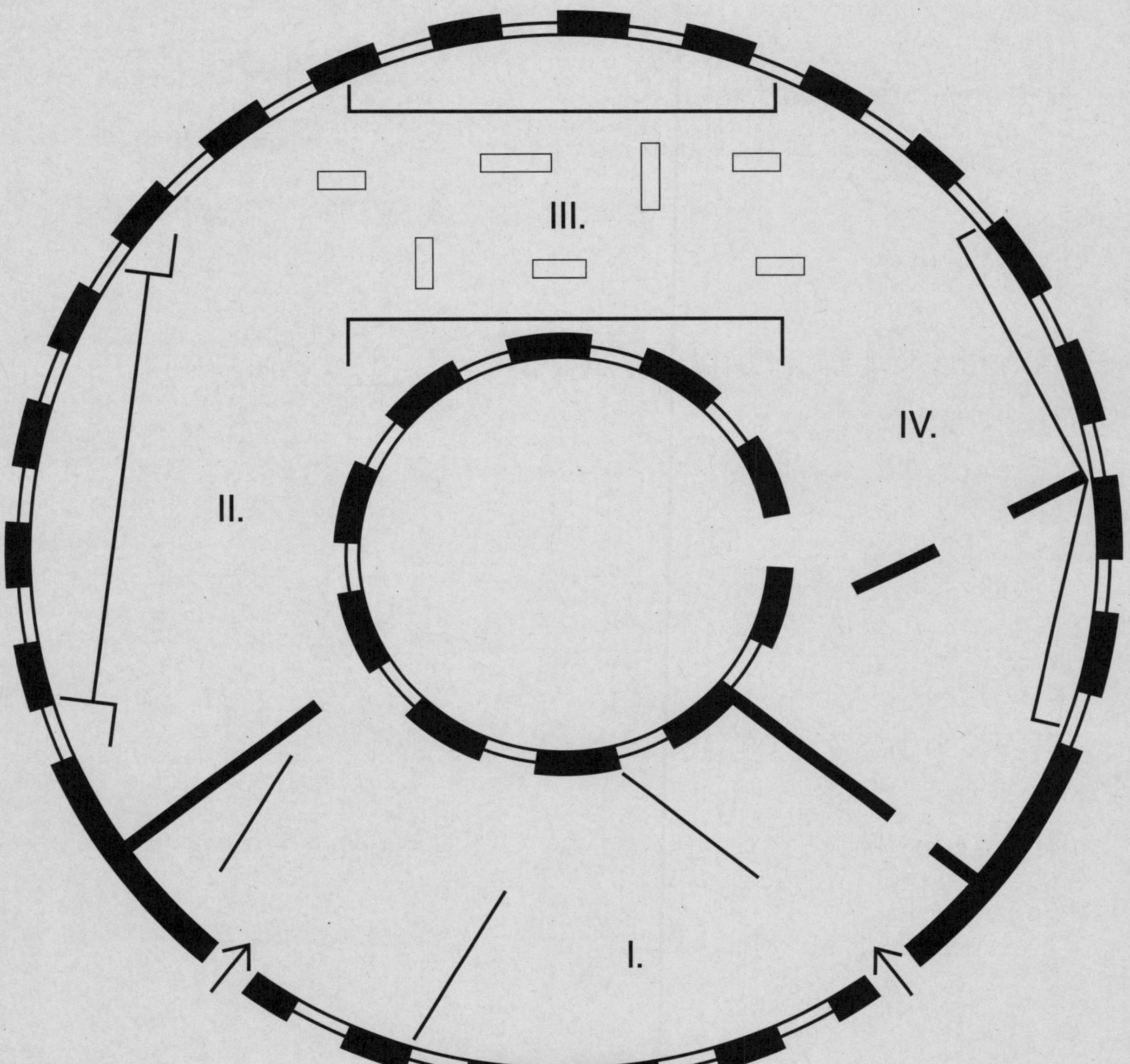
III.
II.
IV.
I.

Inhalt

Table of Content

Backenbrecher

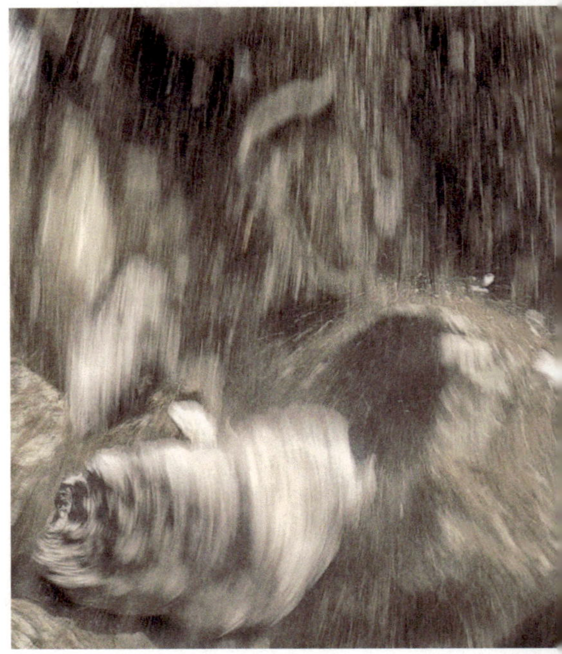

Backenbrecher, 2015, 3-Kanal-Projektion mit Ton / 3-channel projection with sound, HD, 24:44 min

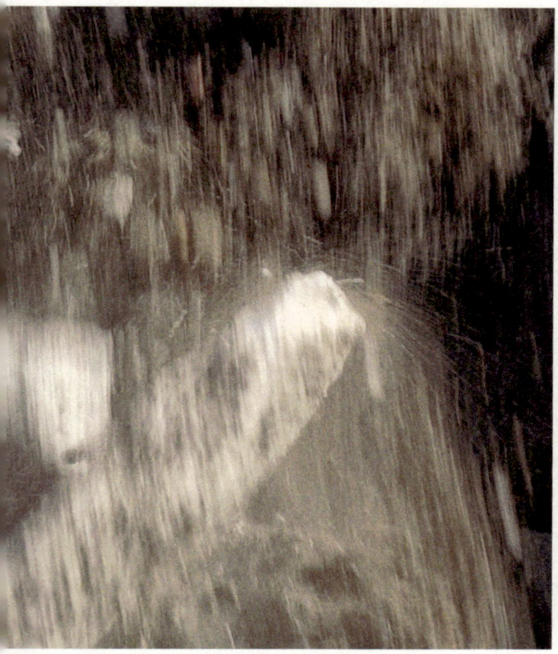

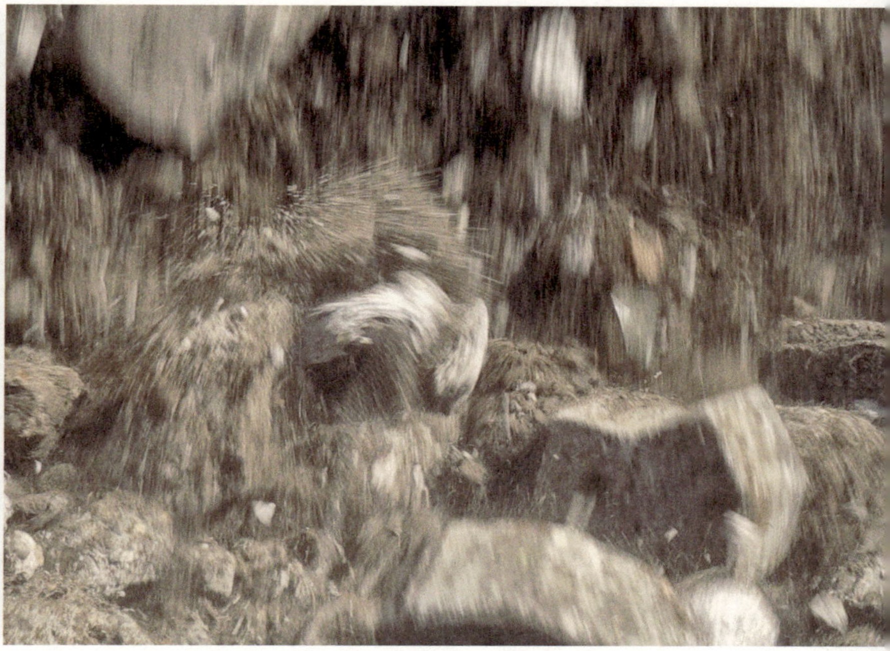

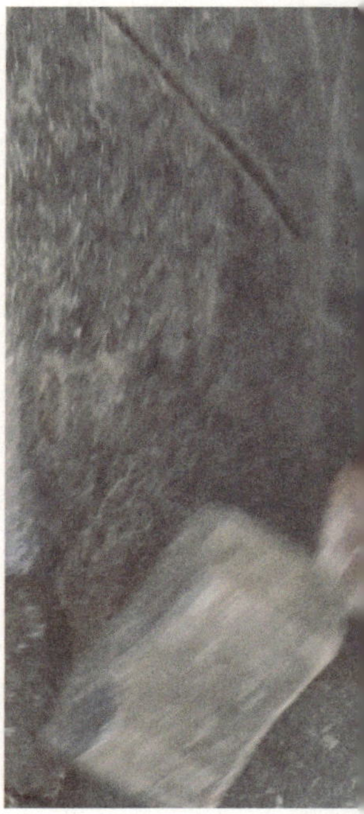

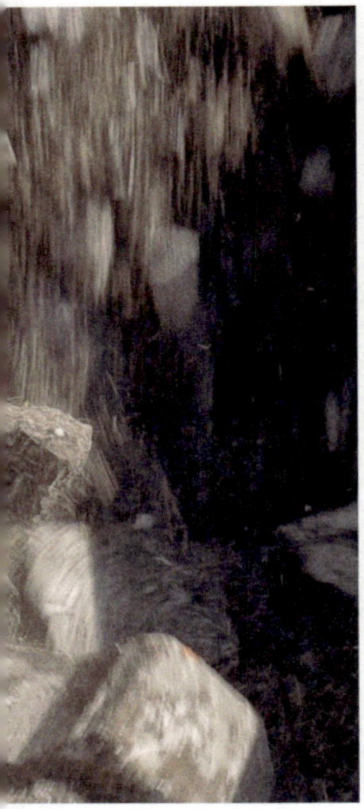
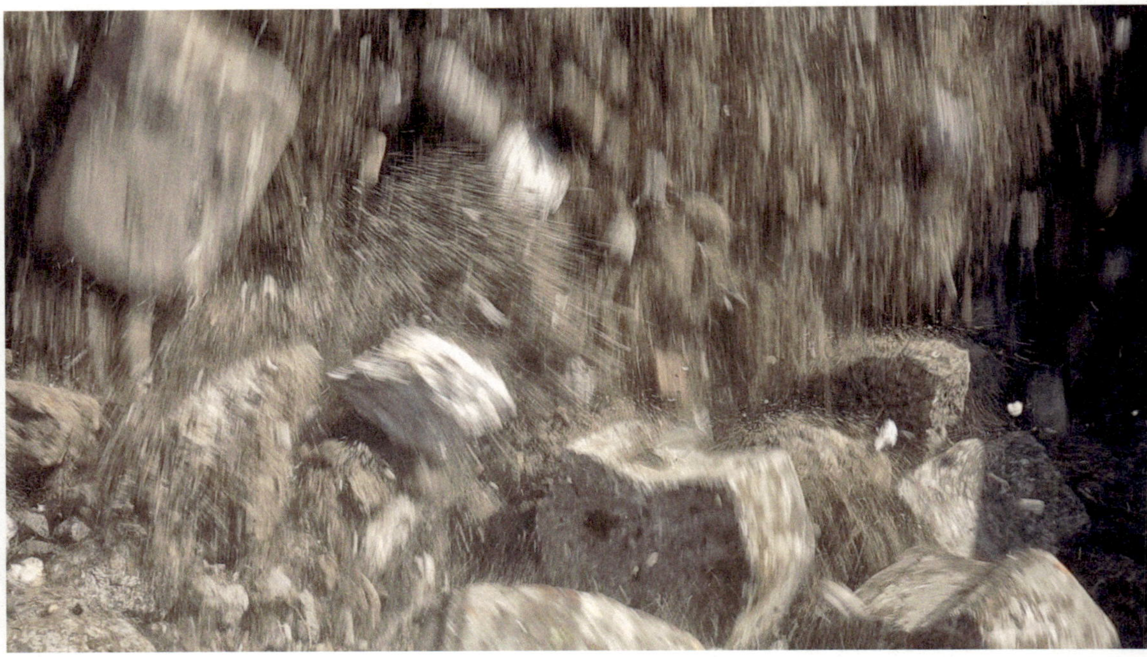
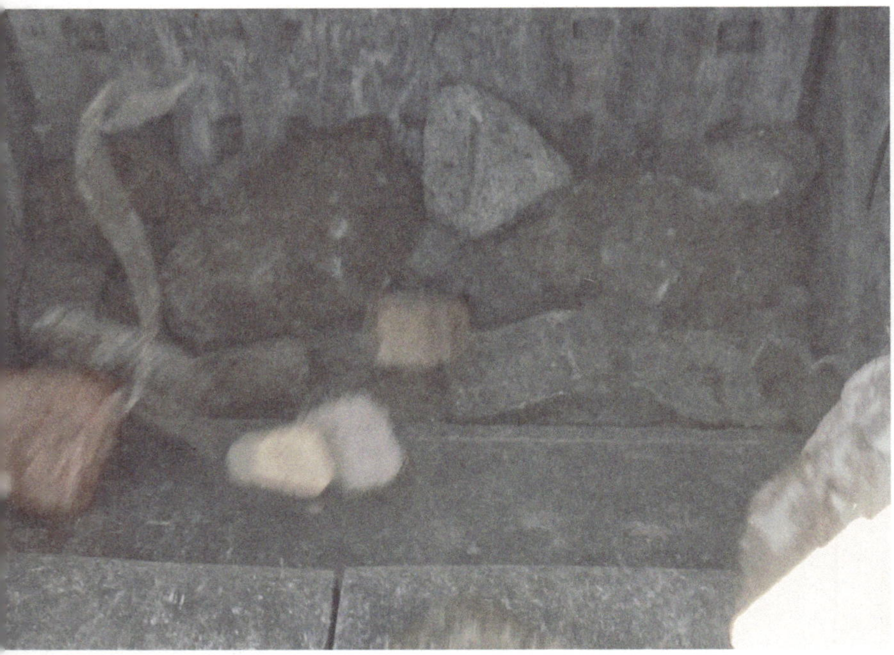
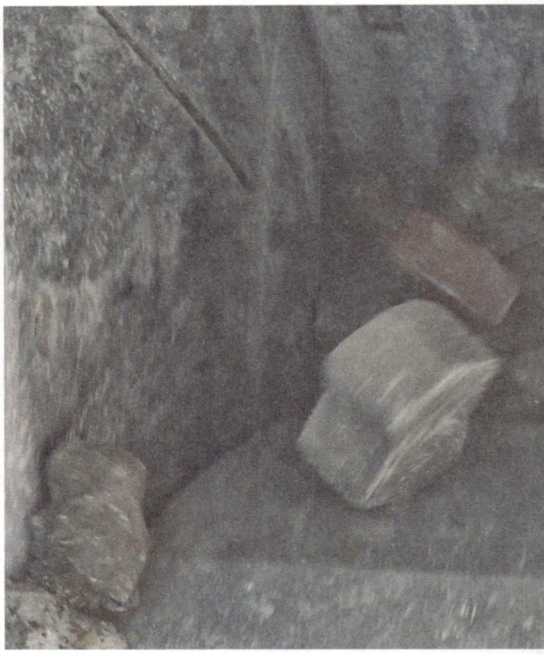

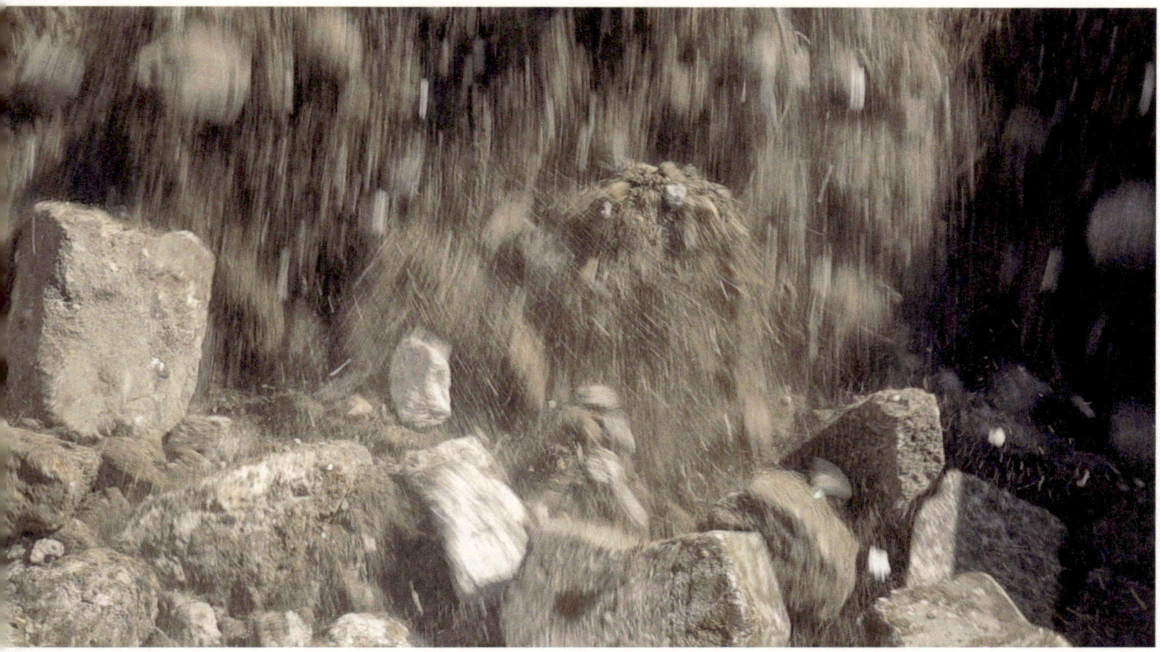

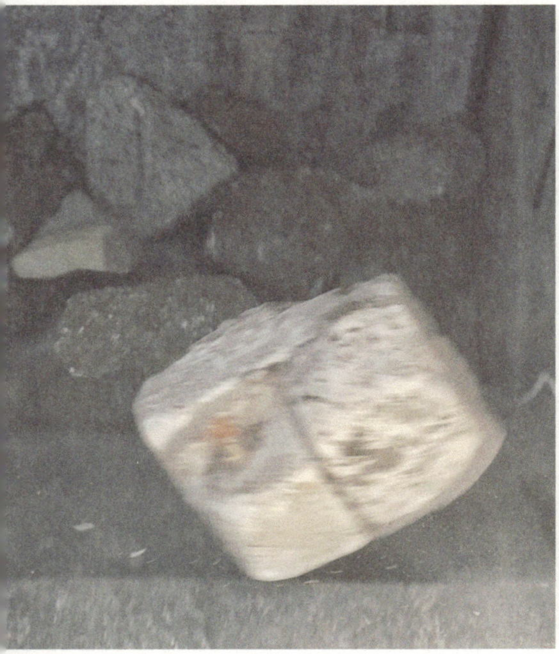

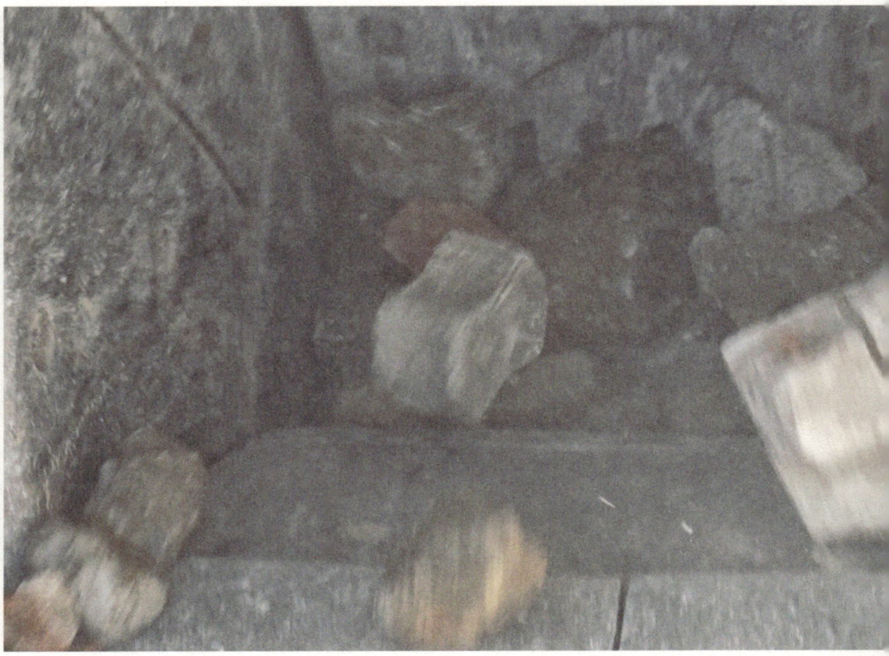

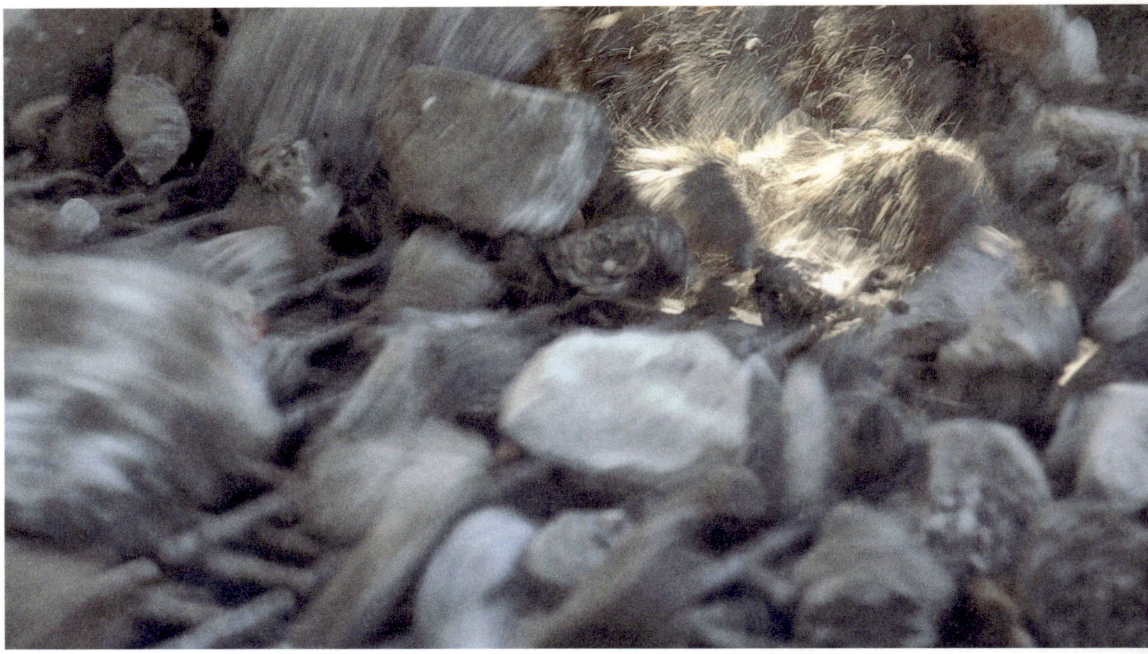

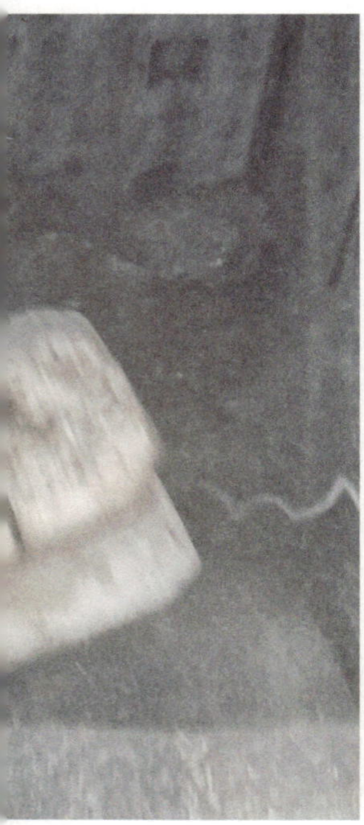

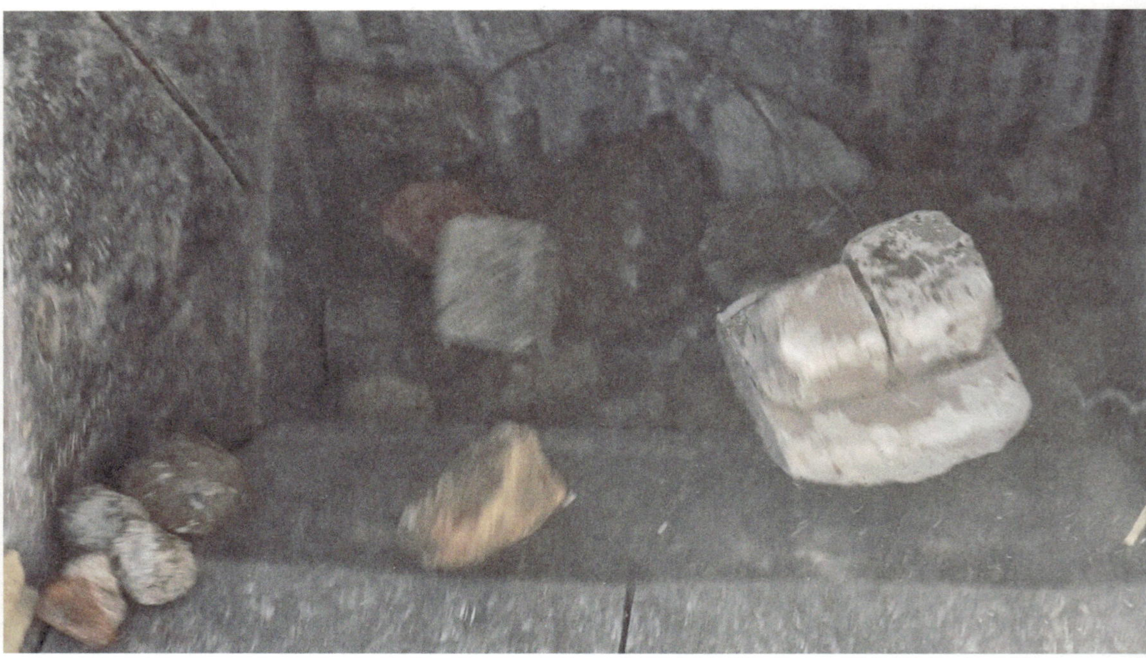

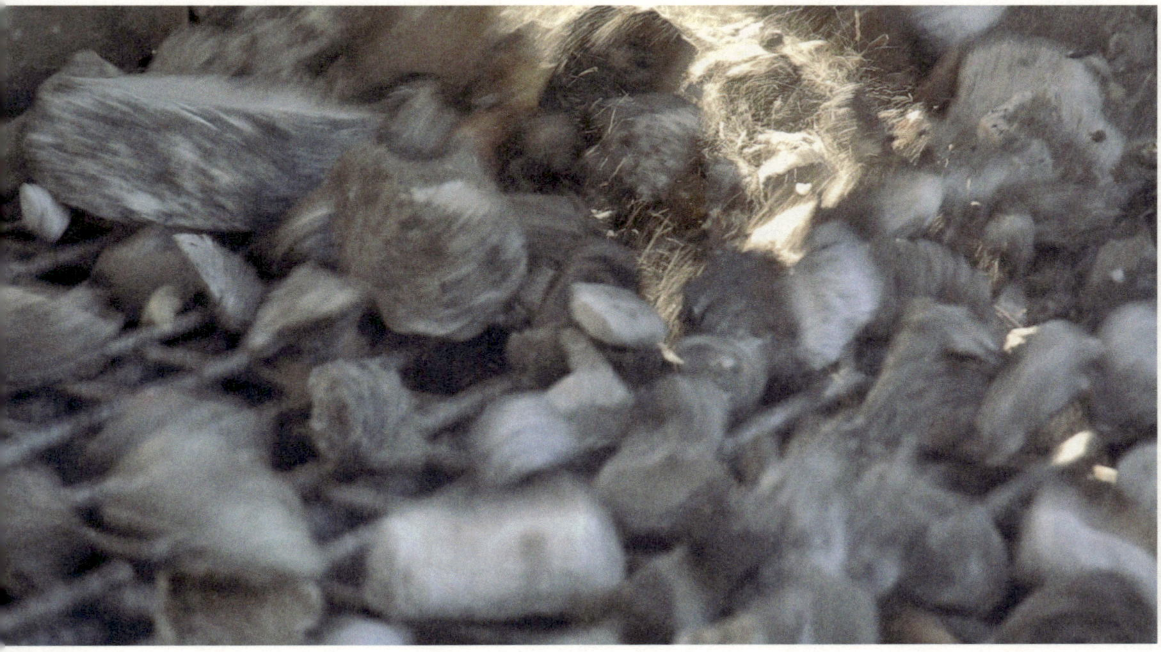

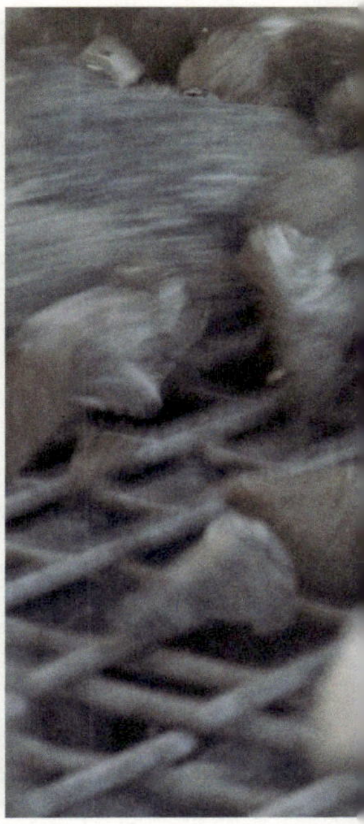

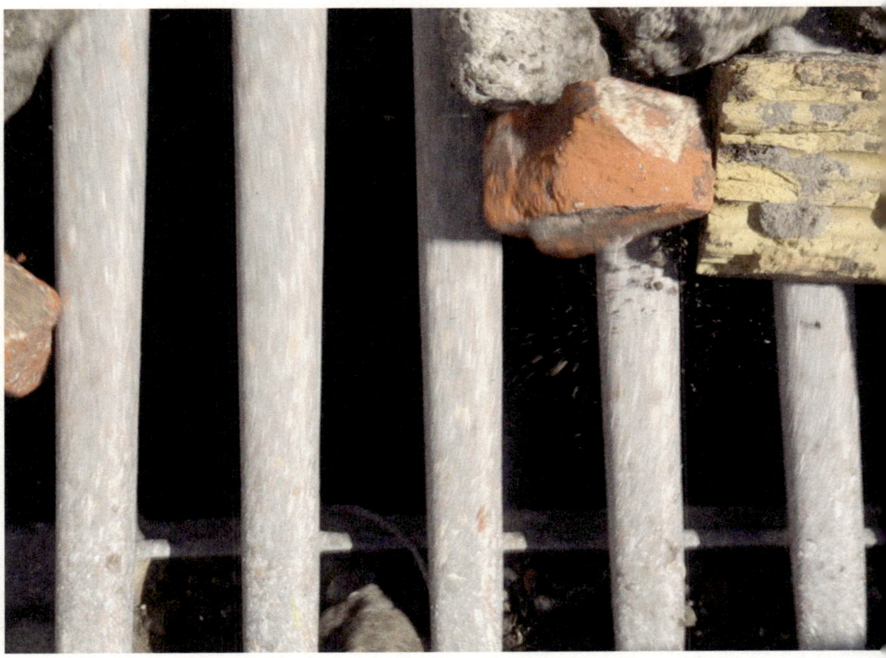

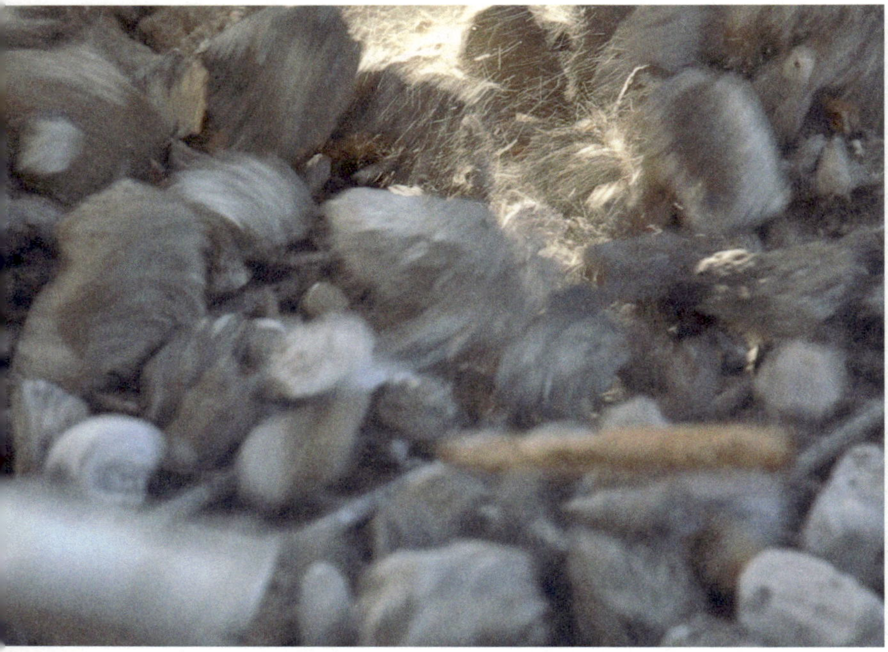
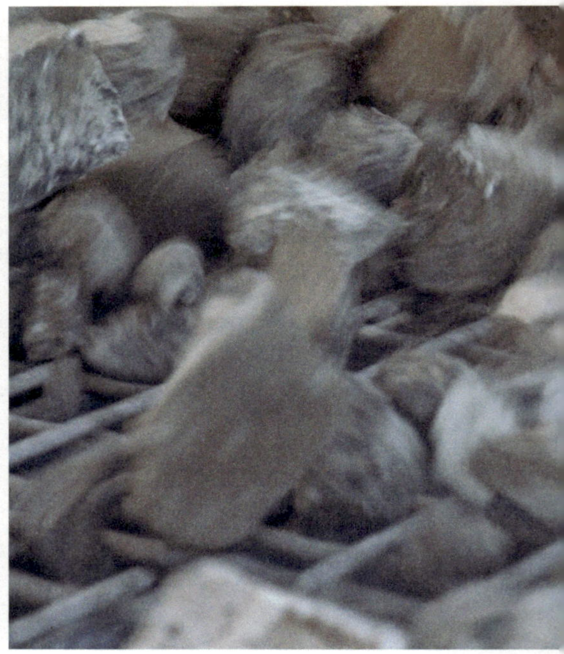
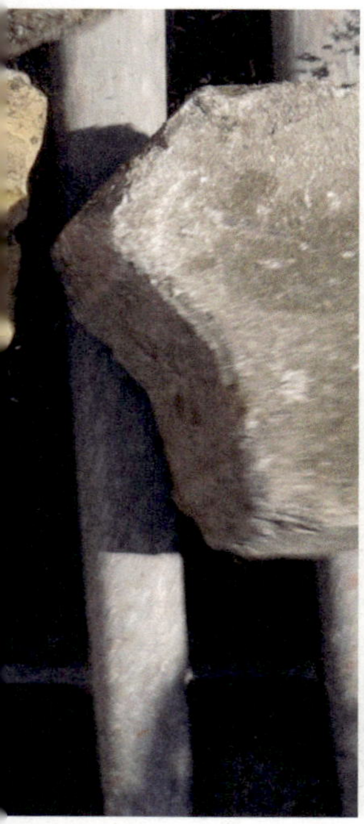
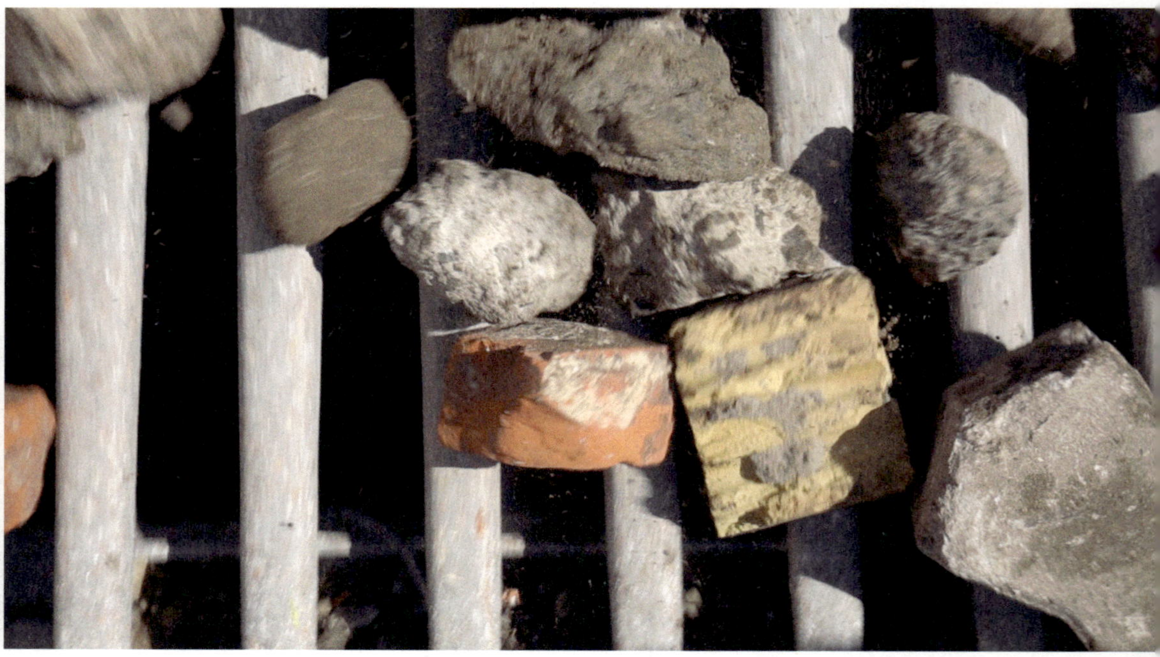

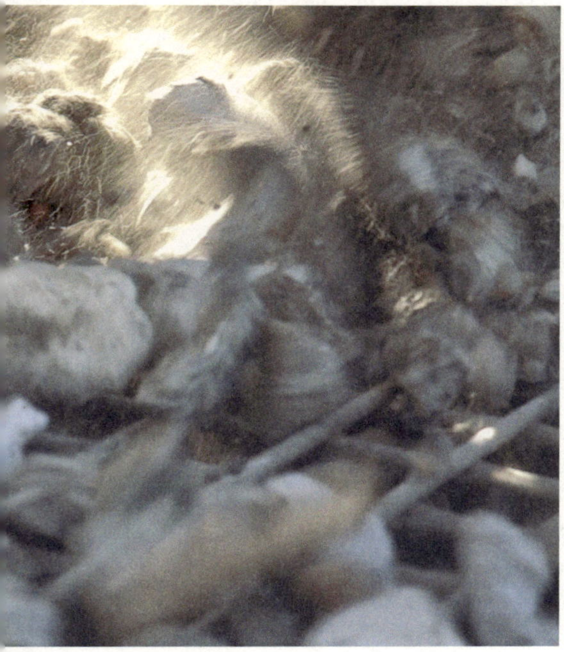

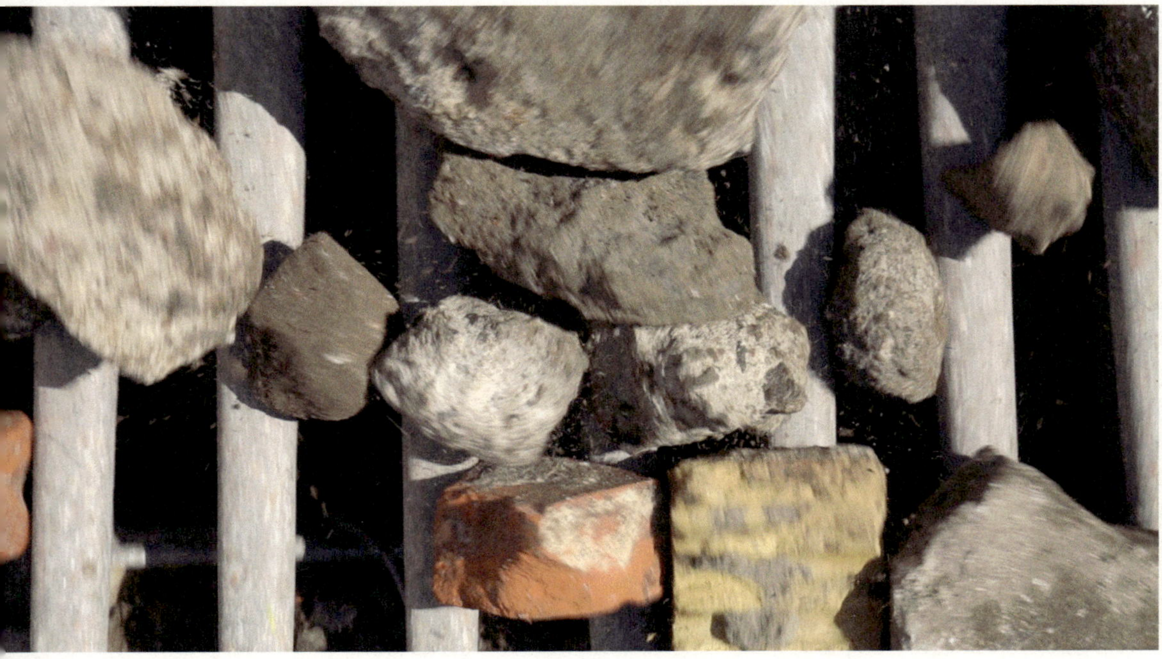

Das Einheitliche und das Andere: Ein Gespräch zwischen Jennifer Allen und Markus Draper

Jennifer Allen: Es ist für mich immer eigenartig zu sehen, dass es für ehemalige DDR-Bürger eine Art Verschiebung innerhalb Deutschlands gibt: Man lebt in gewisser Weise „im Exil", obwohl man das eigene Land nie verlassen hat. Es entsteht so etwas wie ein Doppelleben. Auch in Deiner Ausstellung wird diese Struktur der Verschiebung inszeniert. Deshalb lautet meine erste Frage: Ist das etwas, das zu deinem Alltag gehört? Du reist nach Görlitz, also in die Stadt, in der Du aufgewachsen bist. Doch das Land, in dem sie sich befand, ist längst verschwunden...

Markus Draper: Naja, wenn ich zurück nach Hause fahre, dann sehe ich die Häuser und die Straßen, die ich kenne. Doch mittlerweile stehen sie quasi unter anderen Vorzeichen da. Die Veränderung kam ja nicht urplötzlich, sondern war ein Transformationsprozess. Nach und nach verschwand das, was man kannte, und es kam etwas Neues. Nun kann man sagen: Das ist doch etwas ganz Normales; etwas, das überall passiert. Aber hier gab es einen Schnitt in der Geschichte, den man denjenigen, die es nicht erlebt haben, erst erklären muss. Das ist immer wieder ein Problem für mich, denn ich erzähle über etwas, das heute nur noch als äußere Hülle dasteht, zum Beispiel in Form von Gebäuden. Diejenigen, die das nicht erlebt haben, die das nicht von innen kennen, fragen immer: Wie war das da drin? Aber im Grunde kann man sich darüber nicht verständigen. Es ist schwierig zu erklären, was dieser Staat eigentlich gewesen ist, und manchmal nervt es auch einfach, es erklären zu müssen.
Ich stelle Leuten, die zum Beispiel in Westdeutschland aufgewachsen sind, diese Frage ja auch nicht. Sie scheint sich gar nicht zu stellen – die können einfach sagen: Schau dich um, so ist es. Man ist also immer in einer eigenartigen Erklärungsnot, und die ist mit der Enttäuschung und der Frustration gekoppelt, dass man es ohnehin nicht erklären kann.

Mich hat an diesem Projekt gereizt, bestimmte Dinge mit einem zeitlichen Abstand noch einmal auf den Tisch zu packen – Dinge, die so nur im Zusammenhang mit der DDR entstehen konnten. Dabei möchte ich aber eine Sprache finden, die auch über den DDR-Horizont hinaus verständlich ist, und allgemein relevante Probleme thematisieren. Das Ergebnis soll also nicht sein, dass dieses interne System DDR letztendlich nach außen nicht vermittelbar ist. Ich will mich nicht unverstanden oder ins Klischee gedrängt fühlen. Sondern ich versuche, etwas von den achtziger Jahren – also der Zeit, die mich als Teenager geprägt hat – allgemein verständlich zu vermitteln. Dafür muss ich mich leider mit vielen Dingen beschäftigen, die ziemlich uncool sind. Ich kann keine tollen *Bravo*-Poster malen, es gab keine Pop Art oder sonst etwas Fetziges. Ich versuche, dieses dröge, unangenehm enge Gefühl auszudrücken, das sich sowohl für mich als auch für andere mit dem Damals verbindet – neben den vielen Freiheiten, die es natürlich auch gab. Dafür Vermittlungen und Bilder zu finden, ist ganz schön schwierig. Ich möchte erklären, dass es zwar grau war, dass das aber nicht bedeutete, sich trotzig von der Buntheit abzuschotten. Das Grau entspricht einer Reduktion, die in der DDR existiert hat und aus der möchte ich etwas Interessantes entwickeln.

JA: Hat die Wiedervereinigung aus Dir zwei Menschen gemacht?

MD: Ich steckte damals in dem inneren Dilemma, dass ich die DDR als Oppositioneller verändern wollte. Ich wollte nicht, dass das Land verschwindet, ich wollte das Land verändern. Ich habe bestimmte Konsequenzen – auch die härtesten – in Kauf genommen, um meinem Ideal und meiner inneren Notwendigkeit zu folgen. Vielleicht auch nur, um so etwas wie Veränderungswillen und Oppositionsgeist als Lebensnerv oder -quell zu erhalten. Ich bin das Risiko eingegangen, für das, was ich tat, im Knast zu landen. Und dann war dieser Staat plötzlich weg. Über Nacht. Wenn ich eine Analogie mit dem persönlichen Verhältnis zum Vater herstelle, könnte man sagen: Ich habe den Vater Staat aufs Äußerste gereizt und riskiert, dafür ordentlich verprügelt zu werden, und dann ist der plötzlich über Nacht verschwunden! Das war sehr irritierend, denn ich hatte ja mein ganzes Leben auf Opposition ausgerichtet. Und nun war das alles hinfällig. Der ganze Verzicht, das war alles hinfällig. Da brauchte es eine gewisse Zeit der Frustration, um darüber hinwegzukommen und dann zu sehen, dass nun ein offenes, weites Land vor uns liegt und dass ich es entdecken möchte. Ich bin von meiner Frustration weggekommen, indem ich mich entschieden habe, Kunst zu machen. Nicht mehr für gesellschaftliche Veränderungen und gegen Umweltzerstörung zu protestieren, sondern einfach nur Kunst zu machen. Das war für mich wirklich ein emanzipatorischer Prozess. Und als ich dann endlich so weit war, fand ich das super.

JA: Der Künstler ist ja im Westen – ich spreche nicht nur von Westdeutschland, sondern vom Westen allgemein – eine Figur der Rebellion. Aber ist der Künstler frei von Ideologie?

MD: Er muss sich inhaltlich nicht an einer bestimmten Ideologie orientieren, wie es offiziell die Situation eines Künstlers in der DDR war. Wohlgemerkt: offiziell. Inoffiziell sah es so aus, dass man sich Nischen suchte. Das hatte eine eigenartige Auswirkung, denn das musste alles versteckt ablaufen. Wenn ich das noch einmal mit dem Verhältnis zum Vater vergleiche, bedeutet das: Man wollte eigentlich alles herausschreien und wünschte sich, dass der Vater es hört – der durfte es aber nicht bemerken. Im Grunde ging es um den Schrei, wie zum Beispiel auch beim Punk. Das führte zu komisch wattierten Gesten. Im Verhältnis zu dieser Situation waren die Künstler im Westen ideologiefrei. Aber dass sie Rebellen sind, würde ich zumindest heute kaum noch sagen. Sie sind mehrheitlich Dienstleister geworden – und das, obwohl wir keine autoritäre Regierung haben. Wir haben vielleicht einen harten, autoritären Kapitalismus, aber die Künstler haben eine enorm große Bereitschaft, flexible Dienstleister zu sein.

Ein wenig bin ich auch stolz, sagen zu können, dass ich aus zwei Gesellschaftssystemen komme und der Wechsel vom einen zum anderen genau in der Mitte meines Lebens liegt. In der ersten Hälfte meines Lebens habe ich einen sozialistischen Staat kennengelernt und in der zweiten Hälfte einen kapitalistischen. Ich kann die Dinge also vergleichen. Diese Möglichkeit zu vergleichen war unmittelbar nach der Wende, also in meiner Studienzeit, sehr wichtig für mich. Für uns alle eigentlich. Das war ein Privileg.

JA: Haben dein Vater und die Erinnerung an ihn irgendwie die DDR als „Vater Staat" ersetzt? Ist es schwieriger – oder vielleicht einfacher – für Dich, auf seine Geschichte zurückzugreifen als auf Deine eigene?

MD: Wahrscheinlich war es eher andersherum. Die Auseinandersetzung mit dem Vater Staat hat die Auseinandersetzung mit dem eigenen Vater hinausgezögert oder verlagert. Diese Verlagerung ist mir erst sehr, sehr viel später bewusst geworden. Unter anderem waren meine politischen Aktivitäten auch *fights*, die man normalerweise mit den Eltern führt. Bloß habe ich sie eben mit dem Staat geführt. Auch das war ein Problem am plötzlichen Verschwinden dieses Staates: Nun konnte man die Dinge nicht mehr ausdiskutieren.

JA: Du hast gesagt, dass es Dir in der Ausstellung darum geht, etwas von Deiner Jugend zu vermitteln. Was war Deine eigene Teenager-Kultur? Deine Popkultur?

MD (lacht): Also das waren ein paar Amiga-Schallplatten, ein paar Lizenz-Schallplatten und ein paar aufgenommene Radiosendungen... Ich erinnere mich, dass ich mit meinem Bruder zusammen immer Altstoffe – also alte Zeitungen – gesammelt habe, für die wir die Häuser abklapperten. Und bevor wir die für ein paar Pfennige zum Altstoffhändler geschafft haben, haben wir uns die Zeitschriften alle angesehen. Das waren meistens DDR-Zeitschriften, nur manchmal waren auch welche aus dem Westen dabei. Dort haben wir bunte Bilder ausgeschnitten und an unsere Wand geklebt. Das konnte alles Mögliche sein. Es gab ein paar ganz besondere darunter, zum Beispiel aus der *Urania*, einer naturwissenschaftlichen Zeitschrift, in der öfter Zukunftsvisionen und ähnliches visualisiert waren.

Wenn ich in der Erinnerung zurückgehe und überlege, was war eigentlich meine Kultur, woher komme ich, was war meine Prägung, dann fällt mir auf, dass es da etwas Einzigartiges gibt. Daran hatte ich kein Zutun, es handelt sich um einige besondere Konstellationen im Leben meines Vaters, eigentümliche Situationen in meinem eigenen Leben, Fluchtpunkte, durch die etwas Seltsames entstand – das ist das Besondere. Man könnte es so erklären: Wenn etwas autoritär unterdrückt wird, sucht es sich einen anderen Weg, wie Pflanzen, die bizarre Formen annehmen, um Hindernisse zu überwinden und ans Licht zu gelangen. Davon versuche ich möglichst unvoreingenommen zu erzählen. Ob das jetzt bessere oder schlechtere Pflanzen sind, ist völlig egal, jedenfalls sind sie bizarr und einzigartig und aus einer bestimmten Konstellation heraus entstanden, die ich untersuche. Es geht mir also nicht um die Frage, wer die bunteren Bildchen hatte, es geht nicht um Minderwertigkeitsgefühle. Die paar *Bravo*-Heftchen, die in unser Haus kamen, mussten ja auch noch unter den Geschwistern geteilt werden...

JA: In der Ausstellung werden aber die Geschichten von anderen Leuten inszeniert: der Backenbrecher, der den Bauschutt und damit die Geschichte der Architektur zerkleinert, die Tagebücher deines Vaters, die Plattenbauten, in denen die RAF-Aussteiger versteckt wurden, und *Der Turm* von Uwe Tellkamp bzw. die Verfilmung des Romans. Wo befindet sich Deine eigene Geschichte? Oder wird sie in diesen Räumen gespiegelt?

MD: Ja, das stimmt, ich bediene mich aus vier verschiedenen Töpfen. Wie und was ich davon zusammenführe, das bin ich. Das bringe ich zusammen und stelle es auf eine Bühne. Schon die Ausstellungsfläche ist kreisrund angelegt und man bewegt sich auch im Kreis. Und ich nutze Einbauten – Stellwände –, die ganz deutlich eine Vorder- und Rückseite haben, also einen gewissen Bühnencharakter. In der Ausstellung bewegt man sich wie auf einer Drehbühne. Man könnte sagen, dass ich ein Theaterstück aufführe, indem ich vier verschiedene Geschichten erzähle, um damit eine – vielleicht sogar meine – Geschichte zu erzählen. In meinen Arbeiten versuche ich, durch extreme Genauigkeit die Dinge nach nun bereits über zwanzig Jahren von ihren gängigen Interpretationen zu befreien. Mit dieser Genauigkeit hole ich das Ding, die Fakten zurück, um sie zur Diskussion zu stellen. Wenn man sich mit Geschichte beschäftigt, ist diese stets mit Interpretationen beladen, das habe ich auch bei anderen Arbeiten bemerkt. Dabei werden die Dinge vereinfacht und verfälscht. Deshalb versuche ich, den Ursprung wieder freizulegen. Man muss fast kriminalistisch vorgehen, um dann eine künstlerische Form zu finden, die den Anfang der Sache zeigt. Die Interpretation steht dann jedem frei, aber es soll in dieser reduzierten, von Deutungen befreiten Form als Kunstwerk funktionieren. Es soll für Interpretationen offen sein.

JA: Der Ausstellungsort hat eigentlich die Struktur einer Uhr, die Räume sind im Uhrzeigersinn angeordnet. Dazu gibt es die Idee einer Bühne. Man denkt auch an eine Zeitkapsel, insofern als ein Theaterstück zum Beispiel jeden Abend von sieben bis neun aufgeführt wird. Was ist die Verbindung zwischen der Uhr als Struktur und diesem Bühnencharakter?

MD: Das Görlitzer Ausstellungshaus ist eine mittelalterliche Festung. Der Grundriss der Ausstellungsfläche ist ein kreisrundes Rad mit einem nicht begehbaren Kern in der Mitte. Im Prinzip ist das wie ein Mühlstein. Und die Ausstellung beginnt auch mit einer Mühle, einem Mahlwerk, in dem Bauschutt zermahlen wird, in dem aber auch Steine geordnet werden. Alles, was zu groß und unförmig ist, wird klein gemahlen und bis ins Kleinste selektiert und formatiert. Und Formatierung ist auch das Thema, das der Ausstellung zugrunde liegt. Der Uhrzeigersinn bietet sich auch aufgrund der Leserichtung an. Aber wichtiger ist, dass wir im Kreis laufen, wie auf einem Mühlrad oder in einer Mühle, und dass die Räume sich wie ein Mühlstein bewegen. Ich bin von früher her ganz gut mit dem Theater vertraut. Für mich sind diese vier Räume eigentlich vier Bilder. Denn ich hatte von Anfang an das Gefühl, dass das Görlitzer Projekt wie eine Oper oder ein Theaterstück wird – vielleicht gerade, weil die Geschichten, die ich hier zusammenbringe, nicht meine Geschichten sind. Man kann den ersten Raum, den Video-Raum als Intro nehmen und zugleich auch als Outro, denn man muss dort auch wieder hinaus. Der Raum musste also so angelegt werden, dass er auch funktioniert, wenn man nochmal durchgeht. Überhaupt kann man die Runde mehrfach machen, immer wieder, und kommt so in gewisser Weise selbst in ein Mahlwerk hinein. Man geht im Kreis und zugleich in der Geschichte, durch vier sehr unterschiedliche Facetten dieser Gesellschaft, des Alltags in der DDR in den achtziger Jahren.

JA: Und warum beginnst Du mit dem Backenbrecher? Du hättest ja viele andere Bilder nehmen können, die Zerstörung zeigen.

MD: Mein Vater war lange Zeit leitender Stadtplaner in Görlitz. Die Stadt Görlitz und der Beruf meines Vaters waren für mich immer stark mit Abriss verbunden. Das war bei uns zu Hause ein stetig wiederkehrendes Thema – dass Bausubstanz verloren geht und vernichtet wird. Deshalb habe ich bei den Ausstellungsplanungen für Görlitz überlegt, wie ich diesen Abbruch verbildlichen könnte. Und dann entdeckte ich, dass es in der Bau-Recycling-Industrie eine Maschine gibt, die wirklich Backenbrecher heißt. Für den Fachmann bezeichnet das einfach nur eine technische Art und Weise, Gestein und Bauschutt zu zermahlen, aber für mich als Laie ist das ein unglaublicher Name. Das erschien mir eine gute Setzung als Eingangsbild.

Dieses Zermalmen und Selektieren verbildlicht in meinen Augen etwas sehr Autoritäres – wie der Staat und das autoritäre System. Ein starker Staat ist so, denke ich. Auch das gehört zu den Fragen dieser Ausstellung, wie passiert in einem starken Staat eine Formatierung, durch die die Gesellschaft gewissermaßen plan eingeebnet wird, damit der Staat funktionieren und sich durchsetzen kann.

JA: Hat nicht auch Dein Vater mit seiner Chronik den Tag in kleine Stücke zerhackt: Was passiert mit der Familie, Besuch bei, Besuch von...? Jeder Tag wird auf diese Bestandteile reduziert.

MD: Genau. Kommt man aus dem *Backenbrecher*-Raum heraus, steht man einer ganz anderen Form von Selektion gegenüber. Plötzlich ist man mit einer extremen Reduktion und Nüchternheit konfrontiert. Am Anfang war ich sehr irritiert oder auch betroffen über diese Chronik- oder Tagebuchlisten meines Vaters wegen des Aufwands und der unendlichen Zeit, die darin steckt. Und wegen der Brutalität, mit der er das durchgezogen hat. Diese Listen sind ja nur ein Teil seines damaligen Sammel- und Ordnungssystems für den Alltag.

Als ich begann, mich mit den Listen zu beschäftigen und mich zu fragen, wie ich das als Kunstwerk umsetzen kann, bemerkte ich, dass es eine enorme Leistung ist, das alles so stark zu reduzieren – wie immer man das bewerten möchte. Es ist eine enorme Leistung, zehn Jahre des eigenen Lebens so nüchtern und minimalistisch aufzuzeichnen und eine Übersicht darüber herzustellen. In gewöhnlichen Tagebüchern fängt man einfach an zu schreiben und folgt lose dem Tagesverlauf. Das Konzept meines Vaters war aber ein ganz anderes. Es sollte alles ganz gleichmäßig behandelt werden, in seiner vielgestaltigen Verästelung. Deshalb hat er die Spalten eingeführt und an jedem Tag jedes einzelne Ereignis dort eingetragen. Dem lag eine merkwürdige Sehnsucht nach Übersichtlichkeit zugrunde. Ich denke ja, dass so eine Reduktion nur in einem autoritären Staat möglich war. Es ist bestimmt kein Zufall, dass das Projekt kurz nach der Wende abgebrochen wurde. Ich denke, das hat etwas mit der plötzlich einsetzenden Informationsflut zu tun. Schon 1990 wurde die Chronik in ihrem Umfang stark heruntergefahren, und zwei Jahre später gab er sie ganz auf.

JA: Was hat Dich in seinen Tagebücher am meisten getroffen? Es ist ja auffällig, dass die Einträge in Deinen Bildern nicht lesbar sind. Warum war es wichtig für Dich, dass sie in der künstlerischen Gestaltung ihre Lesbarkeit verlieren?

MD: Der Inhalt ist für eine öffentliche Ausstellung zu privat. Außer meinem Vater leben ja noch viele, die darin vorkommen. Dennoch wollte ich nicht so weit abstrahieren, dass nur Spalten zu sehen sind, ich wollte schon, dass immer noch Bruchstücke lesbar sind. Beim Malen ist mir aufgefallen, dass ich nicht anfangen durfte, die Wörter als Wörter zu schreiben, sondern dass ich sie nachempfinden musste. In den großen Spalten kann man noch einzelne Wörter lesen, aber in den kleinen habe ich mich streng an die Struktur gehalten. Ich nahm es nur grafisch auf – vielleicht könnte man sagen: psychografisch, mit allen Fehlern, schief gezogenen Linien, mit den Schreibfehlern oder den Pfeilen, die er gemacht hat, wenn etwas in die falsche Spalte geraten ist... Das alles wollte ich möglichst nah darstellen. Außerdem habe ich mich dafür entschieden, die Farbe herauszunehmen. Die rot gehaltenen Sonn- und Feiertage habe ich in hellgrau übersetzt. Über diese farbliche Zurücknahme habe ich lange nachgedacht und dann wurde mir klar, dass so die Struktur besser zu sehen ist – und die ist ja letztlich das Spannende. Ich möchte nicht konkrete Eintragungen hervorheben, sondern zeigen, wie sich über zehn Jahre eine Struktur hält. Die Verschiebungen, die sich aufgrund einschneidender Erlebnisse ergaben – wie zum Beispiel, dass er wegen eines Herzinfarkts aus seinem Beruf ausscheiden musste – hat er regelrecht abgewehrt, genauso, wie er die Ereignisse selbst in der Realität abgewehrt hat. Das wollte ich zeigen und zugleich die Frage stellen, wie es möglich ist, dass man über zehn Jahre des eigenen Lebens eine mehr oder weniger unveränderte Struktur anlegen kann. Geht es vielleicht nur darum, streng daran festzuhalten, ist das der Lustgewinn? Oder hielt er es für das perfekte System, das unendlich fortgeführt werden könnte? Das sind so Fragen, die ich weitergebe.

JA: Der nächste Raum in der Ausstellung widmet sich den Wohnblöcken, in denen die RAF-Aussteiger in der DDR versteckt worden sind. Man sieht die Modelle der Gebäude, die dieses Kapitel in Architekturgeschichte umwandeln.

MD: Man sieht vor allem den Gebäudetyp WBS 70, der mit leichten Abwandlungen in der gesamten DDR gebaut wurde. Ich musste genau recherchieren, weil jedes Wohnungsbaukombinat doch ein paar Unterschiede in der Ausführung machte. Ähnlich wie in der Chronik gibt es hier diese kleinen, wichtigen Akzente. Und auch hier sind wir mit einem System konfrontiert, das sich über alles legt.

Während der Recherche für frühere Arbeiten erfuhr ich von der Unterbringung von RAF-Aussteigern in der DDR und mir fiel auf, dass sie alle ohne Ausnahme in Neubauten gewohnt haben. Das hat mich erstaunt. Ich wusste, dass die RAF im Westen Neubauten für ihre strategischen Operationen genutzt hat, weil sie anonym waren und verkehrstechnisch – mit Tiefgarage usw. – gut funktionierten. Das war ein krasser Widerspruch zum DDR-Neubau, in dem jeder genau wusste, was der Nachbar macht, in dem es keinerlei Anonymität gab. Da begriff ich: Hier ging es nicht um Tarnung, sondern darum, dass die RAF-Aussteiger auch im Privaten die offizielle Ideologie leben sollten. So muss das die Stasi gesehen haben, die ja all diese Wohnungen organisiert hat. Der Plattenbau steht für die Wohnungsbaupolitik der DDR, die dahin ging, dass jeder eine für ihn passende und im Wesentlichen gleich ausgestattete Wohnung bekommen sollte. Und dann kamen die zehn Aussteiger aus dem Westen in den Arbeiter- und Bauernstaat, und die sollten dort eben auch so leben. Die meisten von ihnen hatten einen bürgerlichen Hintergrund. Aber in der DDR sollten sie so leben, wie ein Arbeiter dort im besten Fall gelebt hat, also im Plattenbau. Für die Allgemeinheit war das die begehrenswerteste Wohnform. Der Plattenbau war modern, warm und praktisch – im Gegensatz zu einer ästhetisch individuellen aber alten, verrotteten, und schwer heizbaren großbürgerlichen Wohnung, die man dem „Erbe des Kapitalismus" zuschlug.

Die RAF-Aussteiger waren selbst entsetzt, als sie begriffen, dass sie in der DDR gelandet waren. Sie wussten nur, dass sie über Inge Viett, die den Deal eingefädelt hatte, rausgelotst werden sollten. Als sie dann in der DDR angekommen waren, war es für sie unendlich schwierig, sich in den Alltag zu integrieren. Wenn man den die Ausstellung durchziehenden Begriff der „Formatierung" noch einmal bemüht, kann man sagen, dass die zehn Aussteiger im Zeitraffer „formatiert" wurden. Darüber gewinnen diese Haus-Modelle eine ganz andere Bedeutung.

Die Wohnblöcke, die ich nachgebaut habe, sind die Gebäude, in denen sie zum Zeitpunkt ihrer Festnahme – das war im Juni 1990 – wohnten. Von den Zeitungen wurde das damals in einer hoch tendenziösen Weise dargestellt. Für mich war der Ausgangspunkt aber eine Dokumentation von 1997, in der der Stasi-Offizier, der für die RAF-Aussteiger zuständig war, meinte, wenn die DDR noch ein bisschen länger existiert hätte, dann wären die völlig in der Masse untergegangen, es hätte keine Unterschiede mehr zu den anderen gegeben. Da habe ich mir gesagt, Moment mal, hier geht es doch um Menschen, um Biografien! Und da stellt sich einer hin und sagt: Ich kriege die so plan, dass all ihre Besonderheiten ausgelöscht sind. Auch wenn die eigentlichen Aussteiger natürlich in ihrer Individualität „überlebt" haben, zeigt das doch die allgemeine Intention des Staates. Dahinter wird eine Wahnvorstellung von absoluter Autorität sichtbar, und das fand ich spannend, näher zu untersuchen.

Die DDR-Platte ist natürlich ein Klischee. Im Westen lächelt man über Berlin-Marzahn und Hellersdorf und vergisst, dass es so etwas wie das Märkische Viertel im früheren West-Berlin gibt. Aber die RAF ist ebenfalls sehr klischeemäßig beladen. Man kann also sagen, dass ich ein West-Klischee hergenommen habe, um ein Ost-Klischee zu beleuchten. Das war für mich ein wichtiger Dreh. Hinzu kommt, dass mein Vater sich als Teil seiner Planungsarbeit mit Plattenbauten beschäftigt hat. Zugleich kümmerte er sich um die Erhaltung der Altstadt – ideologisch zwei unvereinbare Dinge.

JA: Siehst Du Ähnlichkeiten zwischen dem Leben dieser ehemaligen Terroristen und dem Leben der DDR-Bürger? Man hat eine Geschichte hinter sich, ein verstecktes Leben, über das man nicht sprechen kann. Deine Vergangenheit ist zwar nicht terroristisch, aber Du kannst nicht wirklich darüber sprechen, ohne missverstanden zu werden und allgemeine Vorurteile zu provozieren.

MD: Ja, das trifft sich mit meiner Intention zu zeigen, wie Klischees die Wirklichkeit überfärben und ihre Wahrnehmung verhindern. Der RAF hängen Klischees an und dem Plattenbau ganz genauso. Bei der RAF kommt so ein Che-Guevara-mäßiges Klischee dazu, sie steht für das Aufbegehren gegen Autorität überhaupt. Spätestens seit ihrer Auflösung ist sie Teil der Popkultur. Wenn sich meine eigene Biografie mit der RAF an einem Punkt verbindet, ist es genau diese Schwierigkeit, sich darüber zu verständigen, ohne in Klischees zu verfallen. Aber die Klischees überlagern das eigene Leben, sodass es schwierig wird, das zu erzählen, was man erzählen möchte.

In den Gesprächen mit RAF-Aussteigern kam etwas zutage, das ich so überhaupt nicht erwartet hatte. Es war viel von Demütigungen die Rede, die sie erfahren hätten. Bei ihrer Eingliederung in die DDR durch die Stasi wurde immer gesagt, dass sie aus dem Westen kommen. Sie bekamen eine neue Identität, aber die Westherkunft wurde beibehalten. In ihrer näheren Umgebung, zum Beispiel am Arbeitsplatz, galten sie dann zunächst als Idioten. Man fragte sich: Wie kann jemand so blöd sein, aus dem Westen hierherzukommen? Und diese Demütigung, diese Abwertung hat die Aussteiger angestachelt, Leistung zu erbringen, sich nach oben zu arbeiten. Das ist ein spannender Punkt, der allen gemeinsam ist. Und das sagt viel aus.

JA: Warum gab es keine Terroristen in der DDR?

MD: Das habe ich mich auch schon gefragt. Ich weiß von Terroristen in Tschechoslowakei, die dort Ende der Achtziger aktiv waren – da gibt es auch einen Film darüber. Die haben aber eher absurde Sachen gemacht, zum Beispiel Plakatwände in die Luft gesprengt und Ähnliches. Ich glaube, es gab auch noch ein paar gezieltere Anschläge – wenn ich mich richtig erinnere, war das in Bulgarien –, die auf Menschenleben aus waren, bei denen aber nie etwas passiert ist. Aber in der DDR gab es das nicht. Da ist die Opposition mit dem Staat ganz anders umgegangen – und da komme ich ja her, das ist nun wirklich meine Vergangenheit. Es gab da zwar ein gewisses Verständnis dafür, dass Leute aus Verzweiflung Bomben schmeißen, aber das hat in der DDR keiner gemacht.

JA: Für mich ist das unglaublich. Die DDR nahm Terroristen auf und war sich sicher, dass diese den Staat nicht attackieren würden. Kein Staat will zum Beispiel die Häftlinge aus Guantánamo aufnehmen...

MD: Das lag an der politischen Situation des Kalten Krieges. Man wollte den sogenannten Klassenfeind schwächen, indem man dessen Gegner stärkt. Wahrscheinlich hatte die DDR auch mitgeholfen, Terroristen auszubilden, die dann im Westen Anschläge gemacht haben. Auf jeden Fall gab es eine Zeit lang sehr rege Verbindungen zwischen der Staatssicherheit und der RAF. Im Grunde ist das nichts anderes als das, was die CIA heute noch macht. Und für die DDR wurden die Aussteiger nicht gefährlich, es gab höchstens die Vermutung, dass sie weiter im Westen operiert haben. Aber an diesem Punkt habe ich mit der Recherche aufgehört, das wurde mir zu konspirativ.

JA: Im letzten Raum geht es um die Verfilmung von Uwe Tellkamps Roman *Der Turm.* Du konzentrierst Dich dabei aber nicht auf den Blick der Filmkamera, sondern – anhand des vom Setfotografen zur Verfügung gestellten Bildmaterials – auf den Raum zwischen Filmkamera und Filmhandlung, den Du dann gemalt hast.

MD: Genau. Die Fotos wurden so zurecht geschnitten, dass immer rechts und links die Schauspieler fehlen, schon aus rechtlichen Gründen. In der Regel nehme ich ohnehin die menschliche Figur heraus, hier wurde sie mir aus rechtlichen Gründen rausgeschnitten. Aber es hat auch eine bildnerische Reduktion gebracht, in die ich besser einsteigen konnte. Was mich daran besonders interessierte, ist der Zwischenraum zwischen Handlung und Aufnahmegerät. Im Bild haben wir einen visuellen Zwischenraum. Diesen aber auch zeitlich zu denken, finde ich bei dem Thema sehr spannend. Das Set selbst soll eine Illusion erzeugen, die Illusion der DDR der achtziger Jahre. Diesen geschaffenen Illusionen einer vergangenen Zeit entsprechend gibt es in den Fotografien Störungen durch Aufnahmegeräte, ein Mikrofon, einen Scheinwerfer... Auf diese Unvereinbarkeiten habe ich mich konzentriert. Es gibt die Requisite, die glauben machen will, die Situation wäre echt, und es gibt die Störung, die zeigt, es handelt sich um etwas Inszeniertes. Durch diese Fokussierung auf die Scheinwerfer und Mikrofone etc. bemerkte ich, dass man beim Betrachten der Bilder selbst in eine Set-Situation gerät. Das war wieder etwas, das ich nicht erwartet hatte. Man wird in gewisser Weise selbst auf die Bühne gestellt und setzt sich mit der eigenen Herkunft auseinander – ein spannender Twist.

Den *Turm* habe ich nicht nur gewählt, weil viele Szenen des Films in Görlitz gedreht wurden, sondern auch, weil er versucht, dreiundzwanzig Jahre nach dem Mauerfall möglichst authentisch die DDR zu bebildern. Da es darin um die Schwierigkeiten – die „Leiden" – des Bürgertums in der DDR geht, bringt es aber auch meine Biografie auf den Tisch. Zwischen dem Protagonisten und mir gibt es einige biografische Parallelen. Das betrifft nicht nur die soziale Herkunft, sondern auch das Alter. Zugleich war es wichtig, dass ich mich auf ein aktuelles, kulturell vermitteltes Kunstgebilde beziehen konnte. Wenn ich schon so tief in die DDR einsteige, wollte ich das auch mit einer zeitgemäßen Reflexion verbinden, sodass man irgendwie eine Drehung höher kommt.

JA: Eine gewisse Vitalität steigert sich durch die Medialisierung eines Geschehens, es wirkt dadurch echter. Komischerweise ist jemand präsenter, wenn er zwei Mal dargestellt wird. Die Aura ist nicht mehr singulär, sondern wird größer, indem man seine digitale Reproduzierbarkeit manifestiert.

MD: Die Idee einer Verdopplung, einer Multiplikation von ein- und demselben hat ja auch die erläuterte Drehung drin. Für den Kreislauf der Ausstellung werden unterschiedliche Biografien zusammengefasst. In den Räumen davor hat man das Leben anderer betrachtet, aber in diesen Raum mit den Set-Malereien soll man als Besucher hineingezogen werden. Der Blick soll auf den Betrachter und dessen Leben zurückgeführt werden. Deshalb sind diese *Turm*-Bilder so wichtig für die Ausstellung.

JA: Mir scheint dabei die Farbe Grau ein Indiz der Vergangenheit zu sein...

MD: Es wird ja häufig gesagt, in der DDR sei alles so grau gewesen. Wenn ich das in meiner Arbeit über die DDR-Vergangenheit übernehme, dann mache ich das mit einem Augenzwinkern. Aber eigentlich habe ich das Grau in einem ganz anderen Kontext zum ersten Mal bewusst eingesetzt, nämlich als ich eine Arbeit über den Westen in den achtziger Jahren gemacht habe. Diesen Westen habe ich komplett grau angestrichen.

Unsere heutigen Städte sind durch Dissonanzen geprägt: neue Architektur gegen alte, Werbetafeln usw. In der DDR hingegen besaß alles eine eigentümliche, morbide Homogenität. Und die hat wiederum eine eigentümliche visuelle Romantik hervorgeholt. In meinen ersten zeichnerischen Versuchen habe ich genau das festgehalten, dieses Ruinöse...

JA: Vor der Wende?

MD: Vor der Wende, natürlich. Wenn man eine starke Persönlichkeit hatte, konnte man diese Freiräume, die durch das Fehlen der Dissonanzen entstanden, gut ausnutzen. Das hatte auch etwas mit Unschärfe zu tun, mit weicheren Konturen. Die alten Gebäude, deren Renovierung zu teuer war, wurden von Pflanzen überwuchert. Die Grenze zwischen Natur und Gebäude verschwamm, alles bröselte vor sich hin und die Silhouetten wurden weicher. Man kann auch sagen, dass sich die Gebäude mit der Natur angefreundet haben, eins wurden mit ihr, aber der behauene Ornamentstein, der zerbröselte und war dann eben weg – für immer. Am Ende sah ich so etwas immer als Verlust, denn das Alte, Andersartige ging verloren. Es war eben nicht der Plattenbau, der Einheitsplattenbau, der überwachsen wurde, sondern der Altbau. Es war also ambivalent: Einerseits siegte die Natur, andererseits aber auch das Einheitliche, deshalb waren die städtischen Ruinen für mich nicht mit Nostalgie verbunden – auch wenn ich natürlich das Romantische darin sah. Diese Verlusterfahrung war auch ein Kernthema bei uns zu Hause, immer ging es darum, dass das Alte immer weniger wird, dass das Besondere verloren geht und das Einheitliche sich durchsetzt.

Uniformity and the Other:
Markus Draper in Conversation
with Jennifer Allen

Jennifer Allen: It's always strange for me to see how former East Germans are displaced in Germany today. People are exiled in a way, without ever having left their own country, and so they live a kind of double life. This structure of displacement is performed in your show as well. Which is why I want to start out by asking: is this displacement normal for you, part of your everyday life? You're heading to Görlitz, the city where you grew up; but the country that city was in is long gone...

Markus Draper: Well, whenever I return home I still see the same houses and streets I grew up with. But nowadays it's as if they were there under very different auspices. The change didn't happen all at once; it was a process of transformation. The familiar world disappeared in increments, and something new came in its place. Of course you can say: this is normal, it happens everywhere. But there was a rupture in history here that always has to be explained to people who didn't experience it themselves. That's often a problem for me because I'm trying to talk about something that exists now only as an outer shell – as buildings, for instance. Those who didn't live through it, who don't know it from the inside, always ask: what was it like inside? But ultimately it's impossible to describe. It's hard to explain what this country really was, and sometimes it's annoying to have to. It's not like I go around asking people who grew up in West Germany to tell me about *their* country. It's not even a question; they can simply say: Look around you, there it is. So you're always confronted with a strange lack of explanations – and with the disappointment and frustration that come with it, which can't be explained either.

This project was an exciting opportunity for me to unpack certain things after a certain period of time had passed, things that could only have existed in the GDR. But I also wanted to find a language that was comprehensible beyond the horizon of the GDR and to engage issues that are universally relevant. I wasn't trying to say that the inner workings of the GDR are impossible to communicate to the outside world. I'm not interested in the experience of feeling misunderstood or being turned into a cliché. Instead I've attempted to represent something of the 1980s – a time when my teenaged self was being shaped – in terms that are universally comprehensible. To do this, unfortunately, I need to deal with a lot of things that are pretty uncool. I'm not about to paint some trendy *Bravo* magazine poster; we didn't have pop art or hip things like that. I can only try to express this anodyne, uncomfortable feeling of being confined – and I'm not the only who feels this way about that time – along with the many liberties we had as well, of course. But to find means of communication and images for something like that is incredibly difficult. I just want to say that even though things were grey, that doesn't mean we should discount the color that *was* there. The greyness was informed by a kind of radical reduction specific to the GDR; and it's out of that reduction that I'm trying to create something interesting.

JA: Did the reunification make two people out of you?

MD: As someone in the opposition, I wanted nothing more back then than to transform the GDR. I did not want the country to disappear; I wanted to change it. I was prepared to face certain consequences – even the bitterest – in pursuing this ideal, this deep-seated sense of necessity. Perhaps simply in order to acquire the courage to change, to tap into the oppositional spirit as a life source. I risked going to prison for what I was doing. Then suddenly the state was gone. Overnight. If you want to make an analogy to my relationship with my father, you could say that I pushed the boundaries of the Father-State to the extreme, and risked being soundly beaten for it – then all of a sudden it was gone! That was a huge upset. I mean, there I was planning for a life in the opposition, and then the whole thing just collapsed. All my ideas about opting out – they no longer mattered. It took a while, a period of frustration, before I got over it and realized that here was this whole country open to us now that I really wanted to discover. I overcame my frustration by deciding to make art. No more demonstrating for social change or against the destruction of the environment; now I would simply make art. That was hugely liberating for me. And once I made the decision, I was happy with it.

JA: In the West – and I'm not just talking about West Germany, but about the West in general – artists are generally viewed as rebels. But can an artist ever be free of ideology?

MD: Artists don't have to subscribe to a particular ideology in their work the way they officially had to in the GDR. The operative word here is 'officially,' since unofficially there were niches that artists could seek out. This had some odd ramifications, since everything had to happen under the radar. Comparing this situation with the father-child relationship, I would say that what everyone wanted was to say everything out loud – to scream it – and for the father to hear it, but not to notice it. Ultimately it was all about screaming, the way it is with punk music. This led to some oddly padded gestures. In contrast to this situation, artists in the West were free of ideology. But I wouldn't say, today at least, that they were rebels. The majority have become service providers – and this despite the fact that we don't have an authoritarian government. It may be that the capitalism we have is harsh and authoritarian, but artists bend over backward to provide service.

I'm also pretty proud to say that I come from two different social systems, and that the shift from one to the other happened at the midpoint of my life. I came of age in a socialist state, and in the second half of my life I got to know a capitalist one. So I can compare the two. And being able to do that – especially right after the Wall came down, when I was going to university – was very important to me. It was for all of us, actually. It was a privilege.

JA: Did your father and your memory of him somehow serve as substitutes for the GDR as the 'Father-State'? Is it harder for you – or perhaps easier – to access his history than your own?

MD: I suspect it was the other way around. Coming to terms with the Father-State postponed or displaced my coming to terms with my own father. I only became aware of this displacement much, much later. Among other things, my political activities were like the fights you have with your parents. Only I was fighting the state. That was another problem with the sudden disappearance of the GDR: there was no longer any way to thrash these things out.

JA: You've mentioned that you were interested in communicating something of your teenage years in this show. What, for you, was the culture of that time? Your popular culture?

MD: (laughs) Basically it was just a few Amiga-label records, a few Western records that Amiga had the license for, and a few recordings of radio programs... I remember how my brother and I would do the rounds of the neighborhood collecting salvage, basically old newspapers, and how we would rifle through them before taking them to the salvage dealer for a few pennies. Mostly they were GDR newspapers, but now and then we'd find a Western magazine. We'd cut out the color pictures and stick them up on our wall – pictures of all sorts of things. There were a few really special ones that we found in *Urania*, a science magazine, where ideas about the future and things like that were illustrated.

When I delve back in my memory and think about the culture I grew up in, where I came from, what shaped me, etc., it occurs to me that there was something truly peculiar about it. I had nothing to do with it; it was simply a matter of a few odd circumstances in my father's life, strange situations in my own, vanishing points leading to strange things – that's what was so peculiar. One explanation for this might be that authoritarian repression forces things to take a different route, like plants that grow in bizarre shapes in order to access the light in spite of obstacles. This is what I'm trying to get at in my work, with as little bias as possible. Whether those plants are better or worse makes no difference. But they are bizarre and unique, and they originated in very specific circumstances, which is what I'm exploring. I'm not interested in who had the more colorful pictures; this isn't about inferiority complexes. Anyway, we had to share the handful of *Bravo* issues that found their way into our house with our siblings...

JA: The stories in the show have all been performed by other people: the *Backenbrecher*, in which building debris is pulverized and with it the history of architecture; your father's diaries; the prefab housing complexes where the RAF defectors were hidden; Uwe Tellkamp's *Der Turm*, or the film adaptation of it. Where in this show does your own story take place? Or is it reflected in these different pieces?

MD: It's true, I've cast four different nets at once. And I'm both the hauling and the haul. I take what I've caught and put it on stage. The exhibition space, for instance, is round, so viewers walk in a circle. And I've installed moveable partitions that very clearly have front and back sides and add a theatrical dimension to the show. It's like walking on a rotating stage. You could say that I'm staging a play in which I narrate four different stories in order to tell a single story – my own perhaps. My attempt at extreme precision in these works is also an attempt – now, after more than twenty years – to liberate things from their conventional interpretations. This precision allows me to recover the thing itself, the facts, in order to open them up again for discussion. When you work with history, you realize that history is always fraught with interpretations; this is something I've noticed in other work as well. But things get simplified and falsified in the process. This is why I've attempted to go to the source and lay it open. You practically have to be a forensic scientist to find an artistic form that shows the origin of the thing; but once you do, then the hermeneutic process is opened up. Even in this reduced form, though, the work needs to function as art. It needs to be open to interpretation.

JA: The show is actually structured like a clock, with the spaces arranged so that viewers progress through them clockwise. And then you have this concept of the stage. It makes me think of a time capsule, too, since plays are typically performed from seven to nine every evening. What is the connection between these two structures, the clock and the theater?

MD: The building in Görlitz where the exhibit is being held is a medieval fortress. The space itself is shaped like a wheel with an inaccessible core in the center. Basically it's like a millstone. And the show begins with a mill, a grinding machine for crushing building rubble and sorting out stones. Anything too large and bulky gets broken down, processed, sorted out, and 'formatted' into the tiniest particles. Formatting is actually the show's key principle. Clockwise movement goes from left to right, the same direction we read in. But what's more important is that we walk in a circle, as if we were on a mill wheel or in a mill, and that the spaces move like a millstone. I had a fair amount of experience with the theater back in the day, and for me these four spaces are actually four scenes. From the very start I thought of the Görlitz project as a kind of opera or theater piece – maybe precisely because the stories I'm assembling here are not my own. You can think of the first space, the video space, as a kind of introduction – and at the same time as an *out*-troduction, because that's the space you exit through as well. So it needs to be arranged so that it functions a second time around. In general the whole space invites visitors to repeat the circle, again and again, as if they were inside a mill. You walk in a circle and at the same time you're walking through history, through four very different aspects of everyday life in the GDR in the eighties.

JA: Why do you start the show with the *Backenbrecher* video? There are so many other things you could have used to represent destruction.

MD: My father was the chief city planner in Görlitz for a number of years, and I always associated the city of Görlitz and my father's job with demolition. That buildings deteriorated and were destroyed was a constant topic of conversation at home. And so when I was planning this project for Görlitz, I thought about how I could represent demolition in the show. Then I learned that the building and recycling industries have a machine that's actually called a *Backenbrecher*, a jaw crusher – literally 'cheek crusher.' For professionals the name simply refers to the mechanism by which the machines grind stone and rubble into particles. But as a layperson I think it's an incredible name, and it seemed like a good point of departure for the show.

The activities of crushing and sorting strike me as quintessentially authoritarian, like the system of the authoritarian state. They are part of what makes a strong state, I think. And the show raises this question as well: how does a strong state enact this kind of formatting, which serves to level out society so that the state can function and maintain its power?

JA: Didn't your father also use his diary in order to crush his day into little bits – family events, persons who came to visit him, persons he went to visit, etc.? Each day is broken down into these component parts.

MD: Exactly. When visitors exit the *Backenbrecher* space, they're confronted with a completely different form of sorting, of selection. Suddenly they're face to face with a radical reduction, with something serious. In the beginning I was quite irritated, even disturbed, by my father's chronological inventories not only because of the effort, the seemingly endless amount of time he put into them, but also because of the brutality with which he went about it. These daybooks were just one part of his system for cataloguing and organizing everyday life back then.

When I started working with the daybooks and trying to figure out how I could make art out of them, I realized what an achievement it was to have reduced everything so thoroughly, whatever one might think about it. It really is a huge achievement to document ten years of one's own life, to record every rudiment of it so dispassionately, and in that way produce an overview of it. Usually when people keep a diary they simply start writing and loosely record the events of the day. My father took a completely different approach. Each item and its various ramifications were to be treated uniformly. That's why he introduced the columns, so that every day every single event could be entered into it. There was a strange desire for clarity and tractability behind it. I think this sort of reduction was only possible in an authoritarian state. It's probably no coincidence that he ended the project shortly after the Wall came down. I think that has something to do with the flood of information we were suddenly subjected to. There are far fewer entries for 1990, and by 1992 he had given it up entirely.

JA: What affected you most in your father's diaries? One thing that stands out about the paintings is that the writing can't be read. Why was it important for you to render the entries illegible?

MD: The content is too private for public exhibition. Besides my father, many of the people mentioned are still alive. But I didn't want to go so far into abstraction that all that was left was the grid; I wanted fragments to be legible. In the process of painting it occurred to me that I couldn't just write the words as words, but that I needed to sense their traces. You can still read individual words in the wider columns, but in the narrower ones I just retained the form. I recorded the writing graphically – you might even say psychographically – with all its flaws, crooked lines, spelling mistakes, and the arrows he would draw when something had been put in the wrong column... I wanted to represent it all as precisely as possible. Besides that, I decided to remove all color, so I translated the red used for Sundays and holidays into light grey. I thought a long time about whether to take it out or not, but I realized that it was easier to see the form without it – and that's ultimately what I was after. I wasn't interested in highlighting specific entries, but in showing how the same form was reproduced over the course of a decade. He firmly resisted any slippages that certain intense experiences might generate – like having to leave his job due to a heart attack – just as he resisted the experiences themselves. That's what I wanted to show, and at the same time ask how it was possible to conform to the same practically unvarying structure for over ten years. Was it just a matter of holding on, was tenacity itself the goal? Or did he see it as a perfect system that could be sustained indefinitely? These are questions I'm interested in sharing.

JA: In the next exhibition space you deal with the housing blocks where RAF defectors were hidden. Viewers encounter models of buildings that transfigure this chapter in architectural history.

MD: Viewers mainly see models of the WBS 70 building, which with slight variations was built all over the GDR. I had to research this quite extensively because every combination of housing blocks ended up being slightly different. As with the daybooks, there were these minimal, but important, inflections. And here, too, we are confronted with a system that subsumed everything.

While I was doing research for a few earlier projects, I heard about the places where RAF defectors had lived in the GDR, and I realized at some point that without exception they had all lived in prefab housing. This surprised me. I mean, I knew that in the West the RAF had used new housing developments in their operations because they were both anonymous and, having underground garages, etc., were ideal for hiding cars. But this was the exact opposite of the GDR Plattenbau, where everyone knew what their neighbors were up to and there was no anonymity at all. Suddenly I realized that the point hadn't been to offer cover to the defectors, but for them to absorb the official ideology in their private lives as well. That must have been how the Stasi saw it; I mean, they're the ones who organized the housing for them. The Plattenbau, the prefab housing block, was the symbol of the GDR's housing policy, which was supposed to ensure that everybody was provided with a suitable and more or less identically furnished apartment. And then came the ten defectors from the West and they were asked to live that way, too. Most of them were from bourgeois backgrounds. But in the GDR they were supposed to live the way a worker would in the best of circumstances, in a Plattenbau. And for the average person these were the most desirable places to live. They were modern, well-heated, and practical – unlike the old bourgeois apartments, which were aesthetically unique, but dilapidated, hard to heat, and maligned as 'legacies of capitalism.' The RAF defectors were pretty upset when they realized where they'd landed. All they knew was that Inge Viett, who was negotiating the deal, was going to deliver them out of West Germany. Once they arrived in the East, though, it was incredibly difficult for them to assimilate into everyday life. To refer again to how the concept of formatting informs the show, one could say that the ten defectors underwent a kind of time-lapse formatting in the GDR. With that in mind, these Plattenbau models take on a very different significance.

The buildings I've reconstructed are the ones the defectors were living in at the time of their arrest in June 1990. The incident was reported in very biased terms in newspapers at the time. My point of departure, however, was a 1997 documentary in which the Stasi officer responsible for them suggested that if the GDR had continued to exist a little longer, these West German defectors would have been completely assimilated into the masses and become indistinguishable from the others. I said to myself: Wait a minute, we're talking about people's lives here! And here's this guy saying, I'm going to flatten all the individuality out of them. Even if the actual defectors did in fact 'survive' with their individuality intact, the statement demonstrates the overall intention of the state. It points to a paranoiac fantasy of absolute authority, something I find fascinating. I was interested in exploring this fantasy further.

The GDR Plattenbau is a cliché, of course. In the West people laugh about the massive housing developments of Marzahn and Hellersdorf in former East Berlin – but they forget that West Berlin had places like Märkisches Viertel, which is basically the same thing. But the Red Army Faction is equally cliché-ridden. You could say that I'm using a West-cliché to shed light on an East-cliché. This is an important move for me. Another thing is that planning housing developments was part of my father's job, even as he was involved with the preservation of the old town – two ideologically incompatible undertakings.

JA: Do you see similarities between the lives of these former terrorists and those of former East Germans? Both groups have a history, a secret life they can't talk about. You weren't a terrorist, of course, but you can't really talk about your past without being misunderstood and subject to prejudices.

MD: Yes, this has to do with my intention of showing how clichés paint over reality and impede our perception of it. The RAF is laden with clichés, just as the Plattenbau blocks are. With the RAF there's this Che-Guevara-cliché at play as well, a universal symbol of anti-authority rebelliousness. As soon as the reality of the RAF was no longer relevant, the cliché of them began circulating in popular culture. If my own life and the history of the RAF have anything in common then it is precisely this difficulty in saying anything about it without falling back on clichés; clichés hijack the narrative. In my conversations with the RAF defectors something came up that I wasn't expecting at all. They talked a lot about the humiliation they experienced. When they were being integrated into the GDR, the Stasi let everyone know that they were from the West. So at first people in their immediate environment, their new coworkers for instance, took them for idiots. They were thinking: How could anyone be so stupid as to move here from the West? It was this humiliation, this denigration, that actually spurred the RAF defectors to become high achievers in their new jobs in the GDR and to work their way up – a fascinating feature they all have in common. And it says a lot.

JA: Why didn't the GDR have terrorists?

MD: I've wondered that, too. I've heard of terrorists in Czechoslovakia, who were active in the late eighties; there's even a film about them. Their tactics were more absurdist, though – blowing up propaganda billboards and things like that. I think there were a few more targeted attacks as well – in Bulgaria, if I remember correctly – where the aim was to kill people; but no one actually died. But we didn't have that in the GDR. The opposition there took a very different approach to dealing with the state – and that's where I come from, that's my real past. We were certainly able to understand how people might resort to throwing bombs out of desperation, but no one in the GDR actually did it.

JA: It's incredible to me that the GDR took in terrorists and was convinced that it would not be attacked itself. Nowadays countries refuse to take in the Guantanamo detainees, for example...

MD: It had to do with the political dynamic of the Cold War. The aim was to weaken the class enemy by strengthening its opponents. The GDR probably had a hand in training terrorists who later carried out attacks in the West. At any rate, the Stasi and the RAF cooperated very closely for a time. In principle it's no different from what the CIA still does today. And for the GDR the defectors were not a threat; at most they were suspected of still operating in the West. But that's where I stopped my research; it started to feel too much like pursuing a conspiracy theory.

JA: The last space of the exhibition deals with the film adaptation of Uwe Tellkamp's novel *Der Turm* (The Tower). Here, rather than adopting the camera's perspective, your paintings are based on visuals provided by the still photographer, of the space between the camera and the action.

MD: That's right. The stills were cut in such a way that the actors on either side are missing. Generally I prefer to leave out human figures anyway, but here they were cut out for legal reasons even before I got them. But this brought with it a reduction in the visual dimension, which I was able to engage even more productively. I was especially interested in the liminal space between the action in the film and the device recording it. The image is of a visual interstice. To think of it as both interstice and interval, both spatially and temporally, is something else I find quite fascinating. The set itself was intended to create the illusion of a 1980s GDR. But this illusion of a bygone era is disrupted in the photographs by the presence of recording devices – a microphone, a spotlight – and it was these incongruities that I focused on. There are props, which are meant to make you believe in the authenticity of the situation, and there are these disruptions, which point to the fact that it's all a performance, it's all staged… By concentrating on the spotlights and microphones, etc., I realized that the act of viewing the images itself was a kind of performance. This was something else I didn't expect. I was transposed onto another kind of movie set and found myself coming to terms with my own history – a fascinating twist.

I chose *Der Turm* not only because many of the scenes were filmed in Görlitz, but because it attempts, twenty-five years after the Wall fell, to represent the GDR as authentically as possible. Inasmuch as it deals with the difficulties – the 'suffering' – of the East German upper middle class, it touches on my own life as well; and there are parallels in social background and age between me and the protagonist. At the same time, it was important for me to engage a work of art that was culturally germane. If I was going to delve that deeply into the GDR, I wanted to do it in connection with a contemporary work and raise the stakes that way, too.

JA: Mediatizing an event leads to a certain increase in vitality, so it seems more real. Oddly enough, people are more present when they are represented twice. The aura is no longer singular, but is magnified in an individual's digital reproducibility.

MD: The idea of doubling, of a multiplication of the self-same, is one of the stakes I'm referring to. The circulation system of the whole show involves the integration of various biographies. While the previous spaces involved viewing other people's lives, this space, with its paintings of sets from *Der Turm*, is meant to pull in the viewer, whose gaze should be directed back on himself and his own life. That's why these paintings are so important for the show.

JA: The grey color seems to index the past…

M.D: It's a commonplace that everything was grey in the GDR. So using it in my work on the GDR is a bit tongue in cheek. I actually first used grey in a conscious way in a completely different context, in a piece about the West in the 1980s. I painted my version of the West entirely grey.

The cities we live in today are shaped by dissonance: the clash of new architecture and old, advertising billboards, etc. By contrast, the GDR was strangely, morbidly homogeneous – which generated a peculiar visual romanticism. This is precisely what my first drawings captured, this atrophy…

JA: This was before 1989?

MD: Yes, of course. If you had a strong personality, you could make good use of those free spaces that the absence of dissonance led to. This had something to do with blurriness, with softer contours. The old buildings, which were too expensive to renovate, would be overgrown with plants. The boundary between nature and architecture became unclear; everything began to crumble, and the outlines lost their definition. You could also say that the buildings made friends with nature, became one with it, but the filigree stone of the facades disintegrated and was gone – forever. At the end this sort of thing always seemed like such a huge loss to me, the loss of what was old and unusual. Of course it wasn't the new housing blocks, the standardized GDR Plattenbau, that we were ceding to nature, but the old buildings. It was an ambivalent situation: on the one hand, nature scored a victory; on the other hand, so did uniformity. This is why I never viewed urban ruins nostalgically – even though I saw what was romantic about them. The experience of loss was also a key topic of conversation with my family, too – how there were fewer and fewer old things and what was unique was disappearing, while standardization and uniformity abounded.

Der Chronist

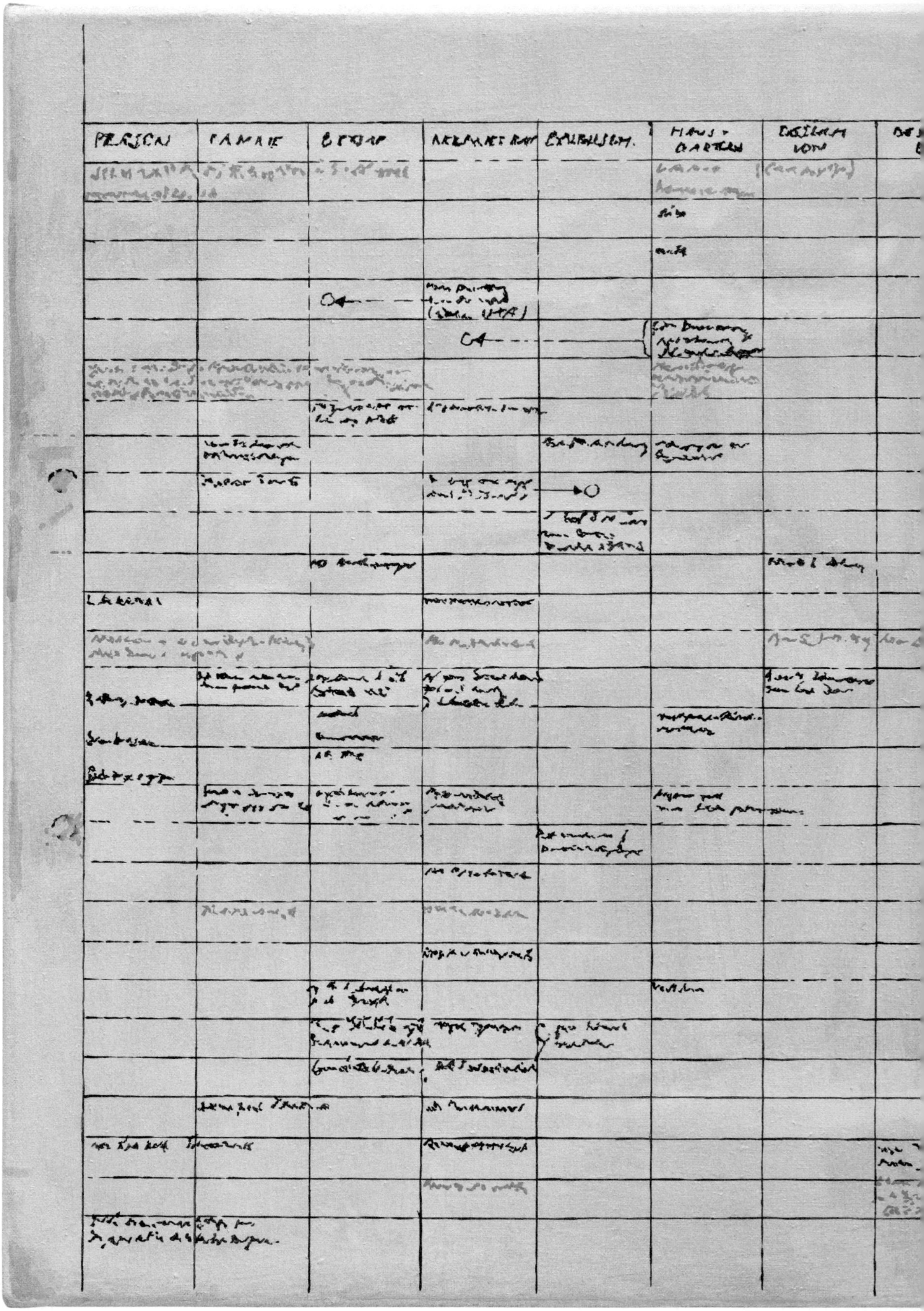

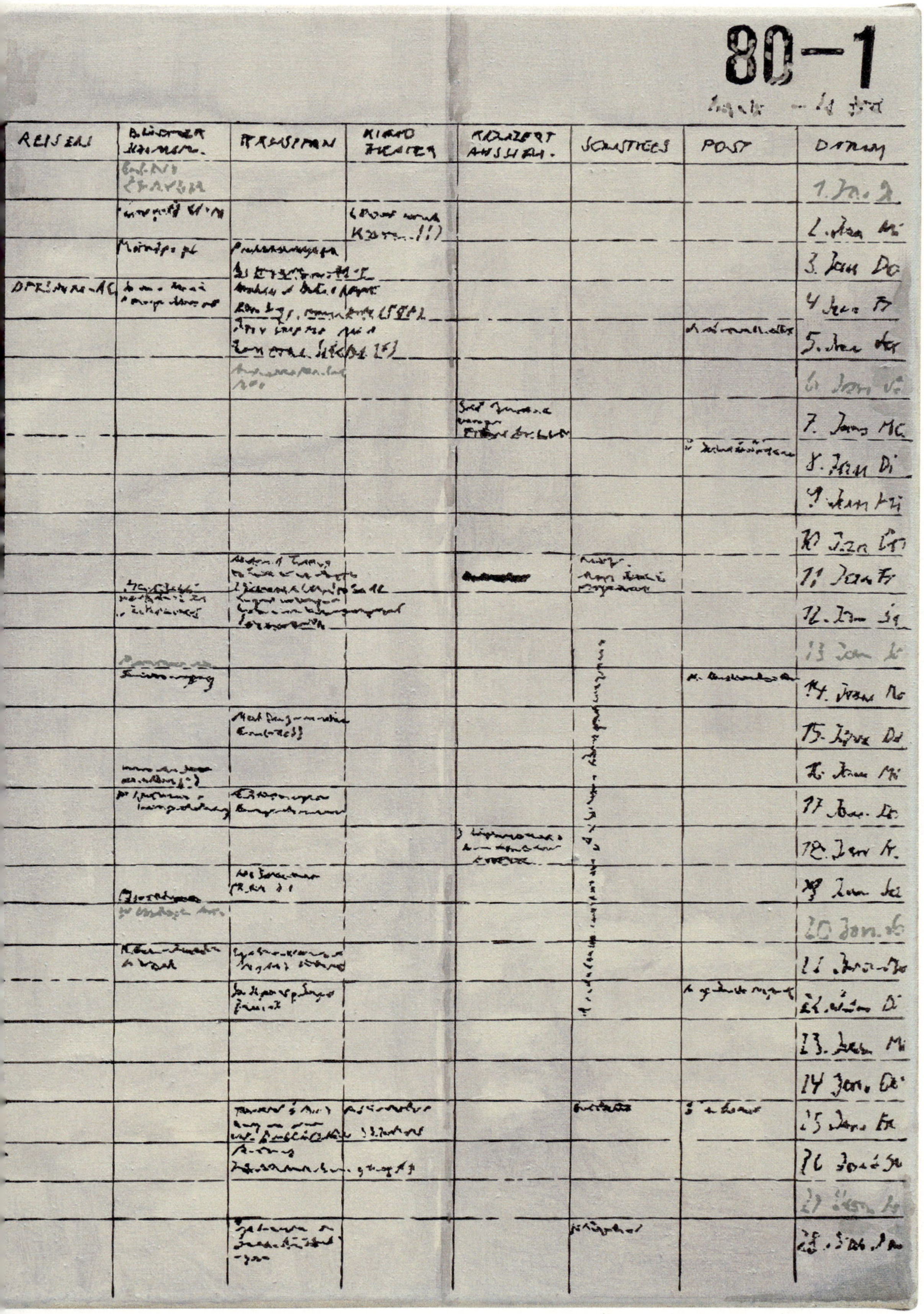

80–1, 2015, Öl auf Leinwand / Oil on canvas, 52 × 74 cm

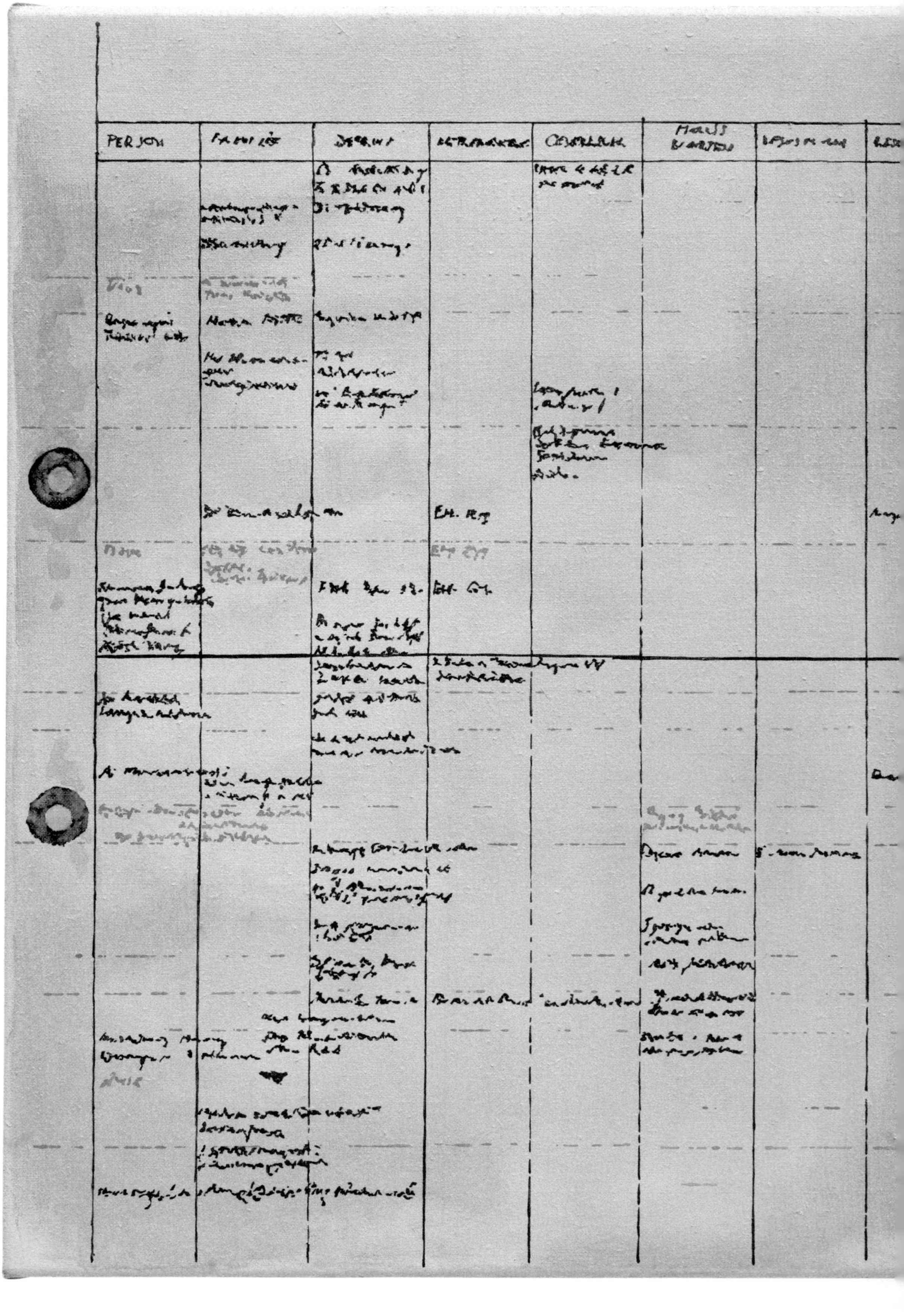
PERSON

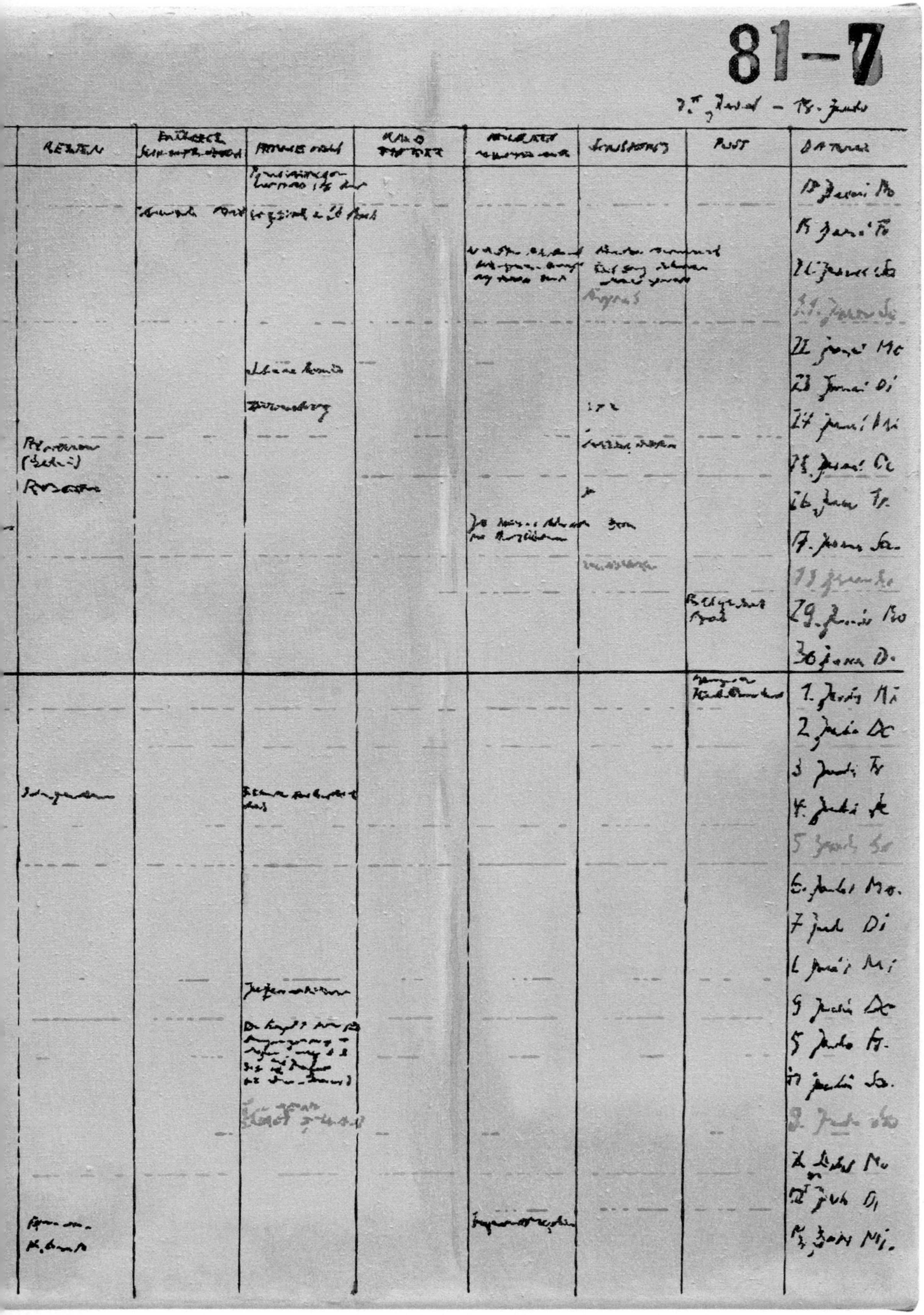

81–7, 2015, Öl auf Leinwand / Oil on canvas, 52 × 74 cm

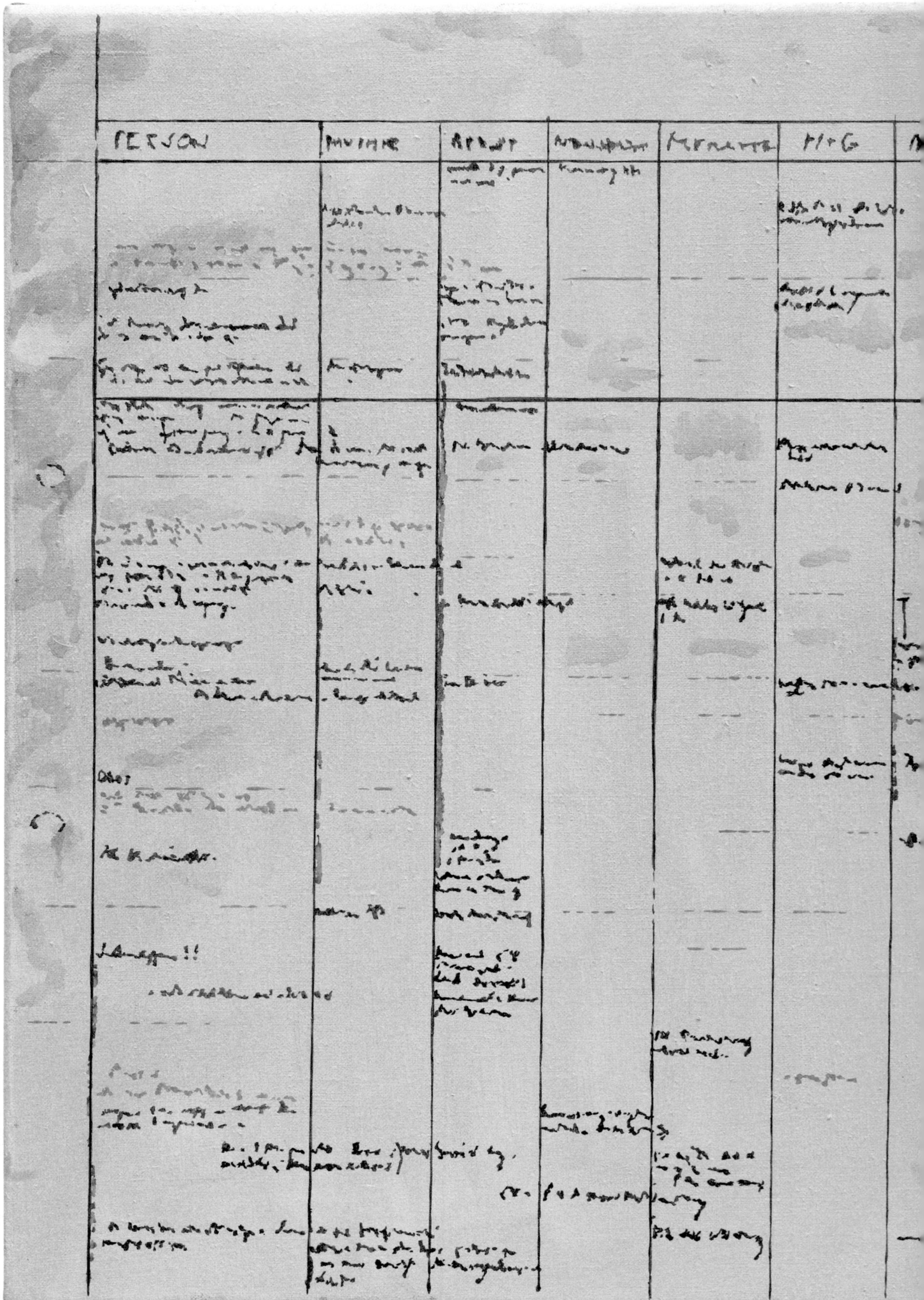
PERSON

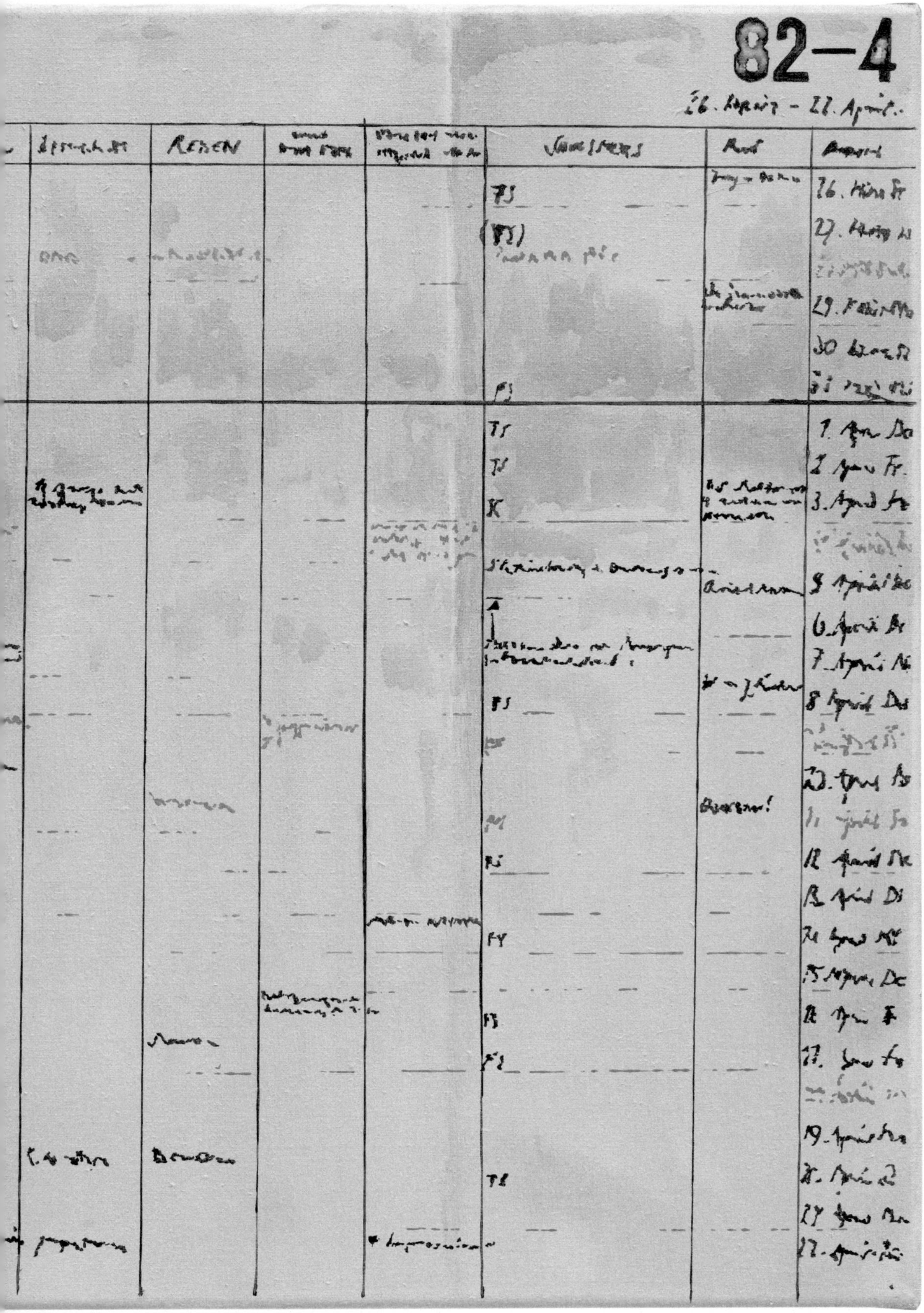

82 – 4, 2015, Öl auf Leinwand / Oil on canvas, 52 × 74 cm

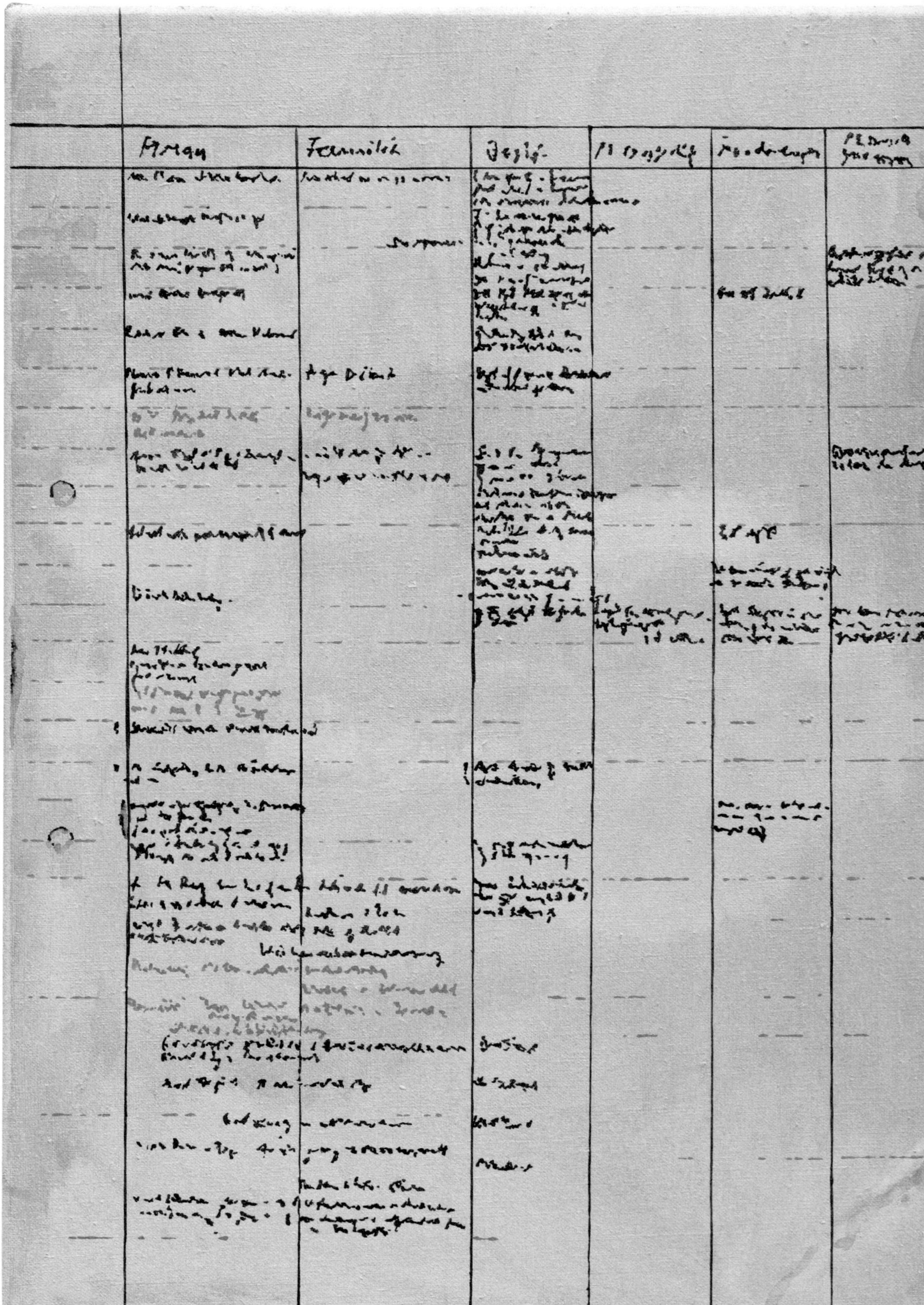

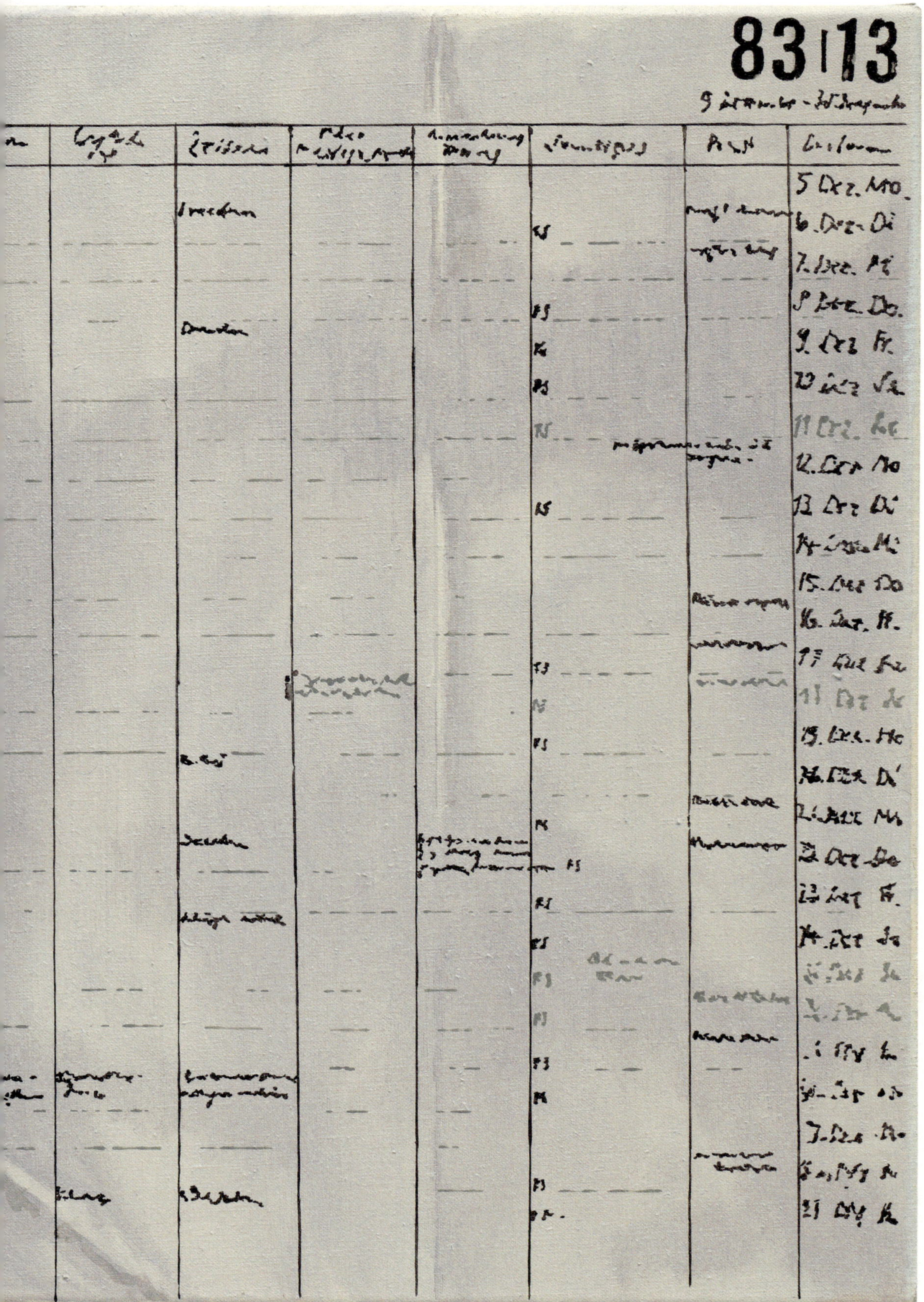

83 – 13, 2015, Öl auf Leinwand / Oil on canvas, 52 × 74 cm

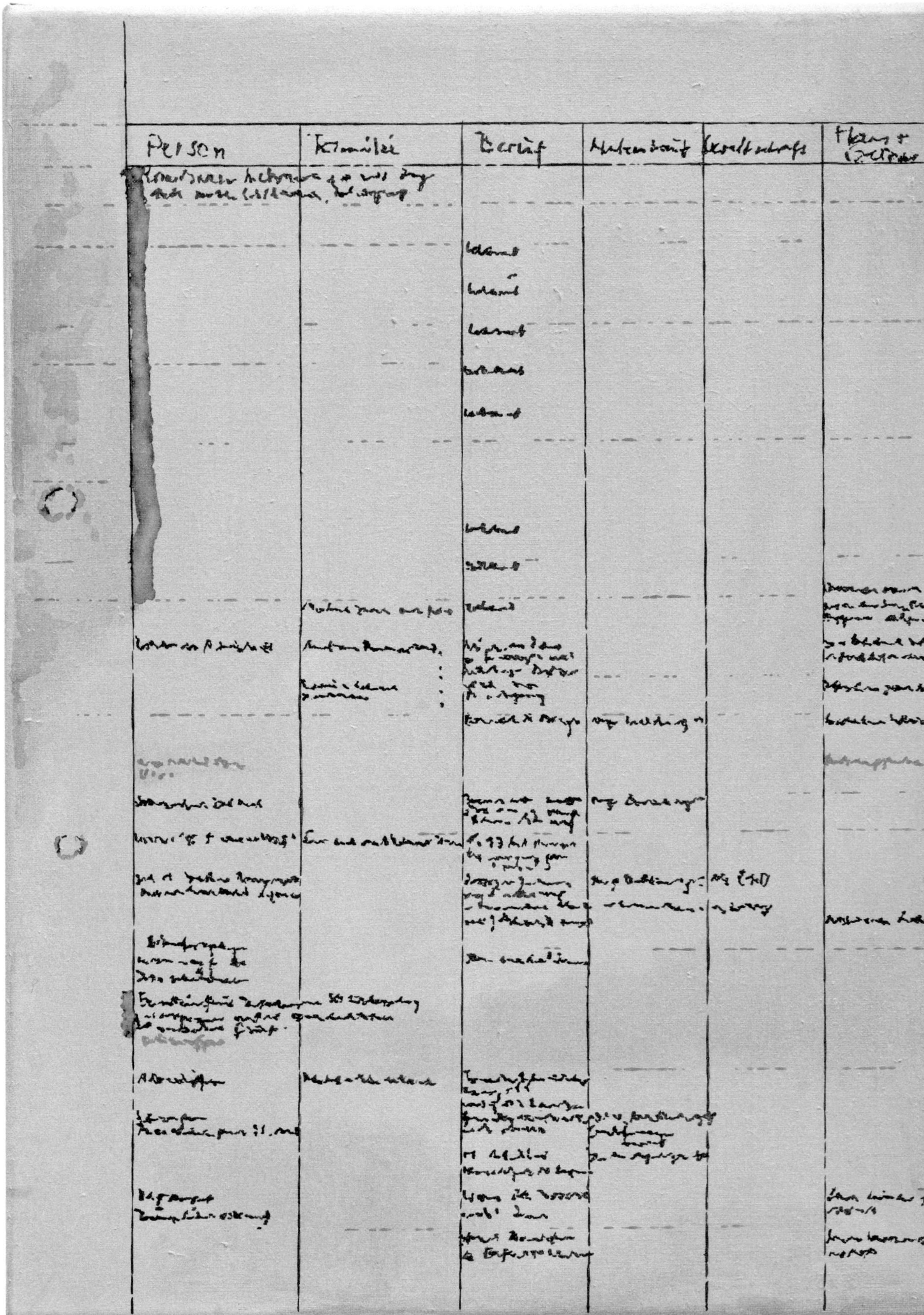
Person
Beruf

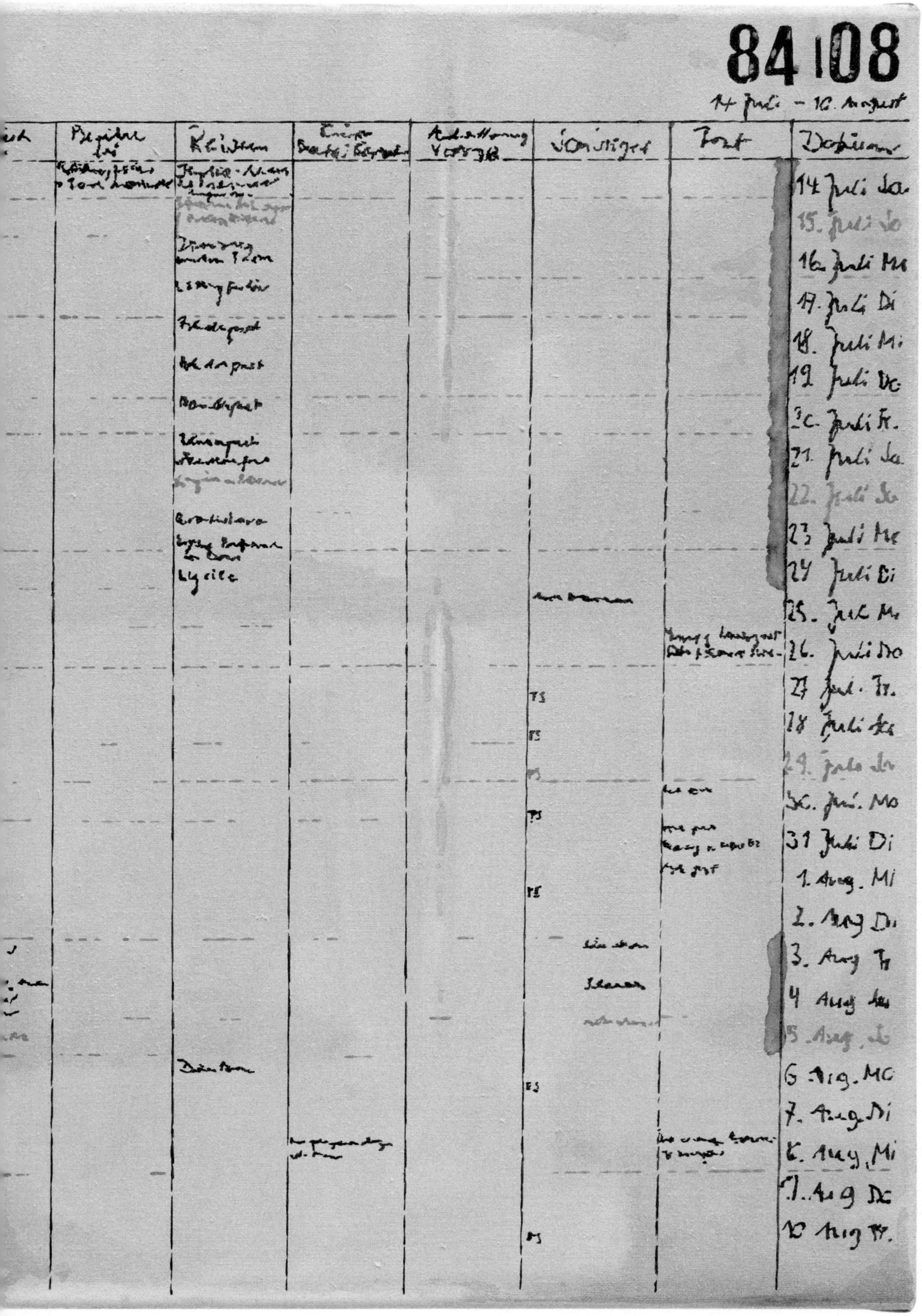

84 – 08, 2015, Öl auf Leinwand / Oil on canvas, 52 × 74 cm

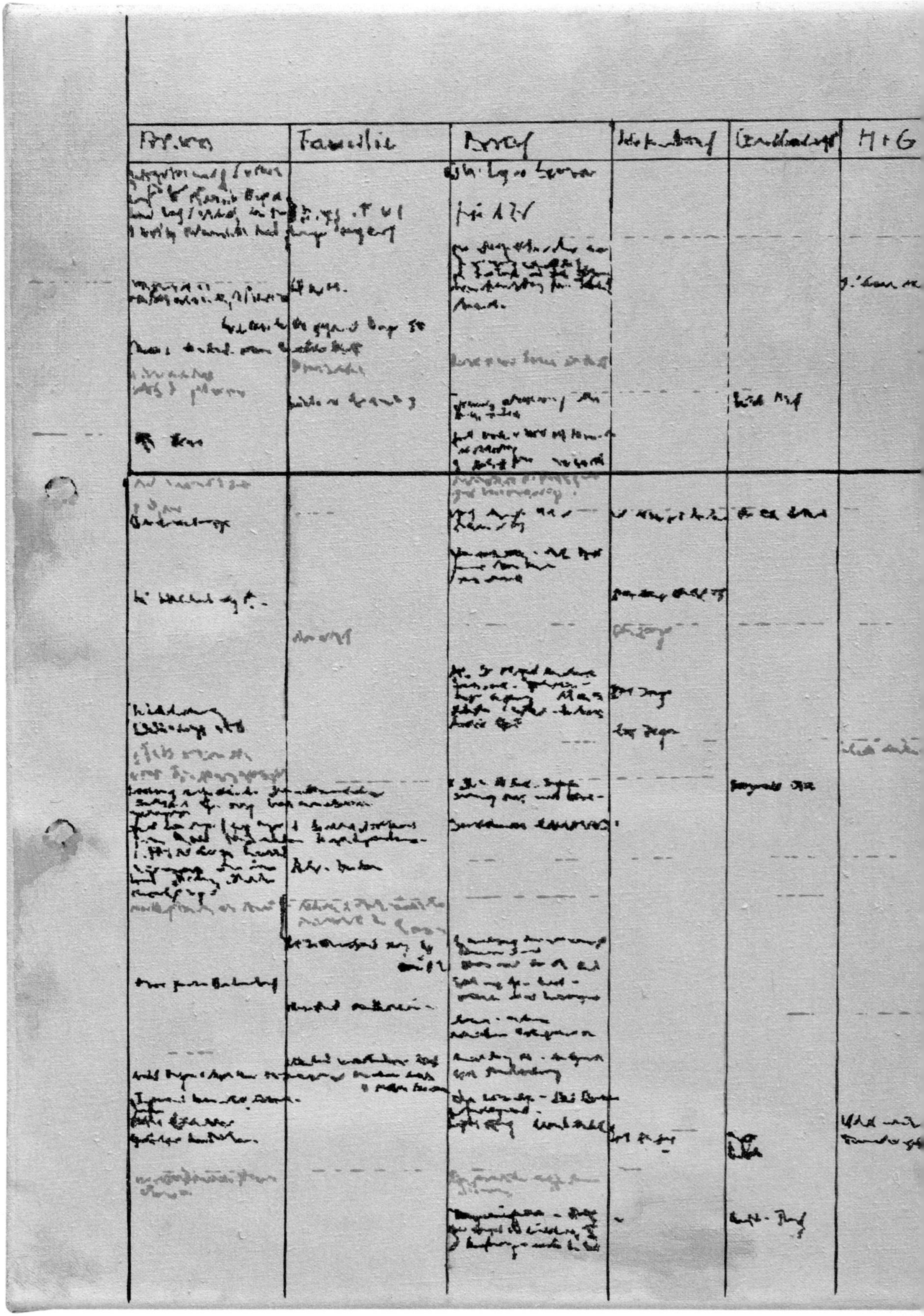
Familie
M+G

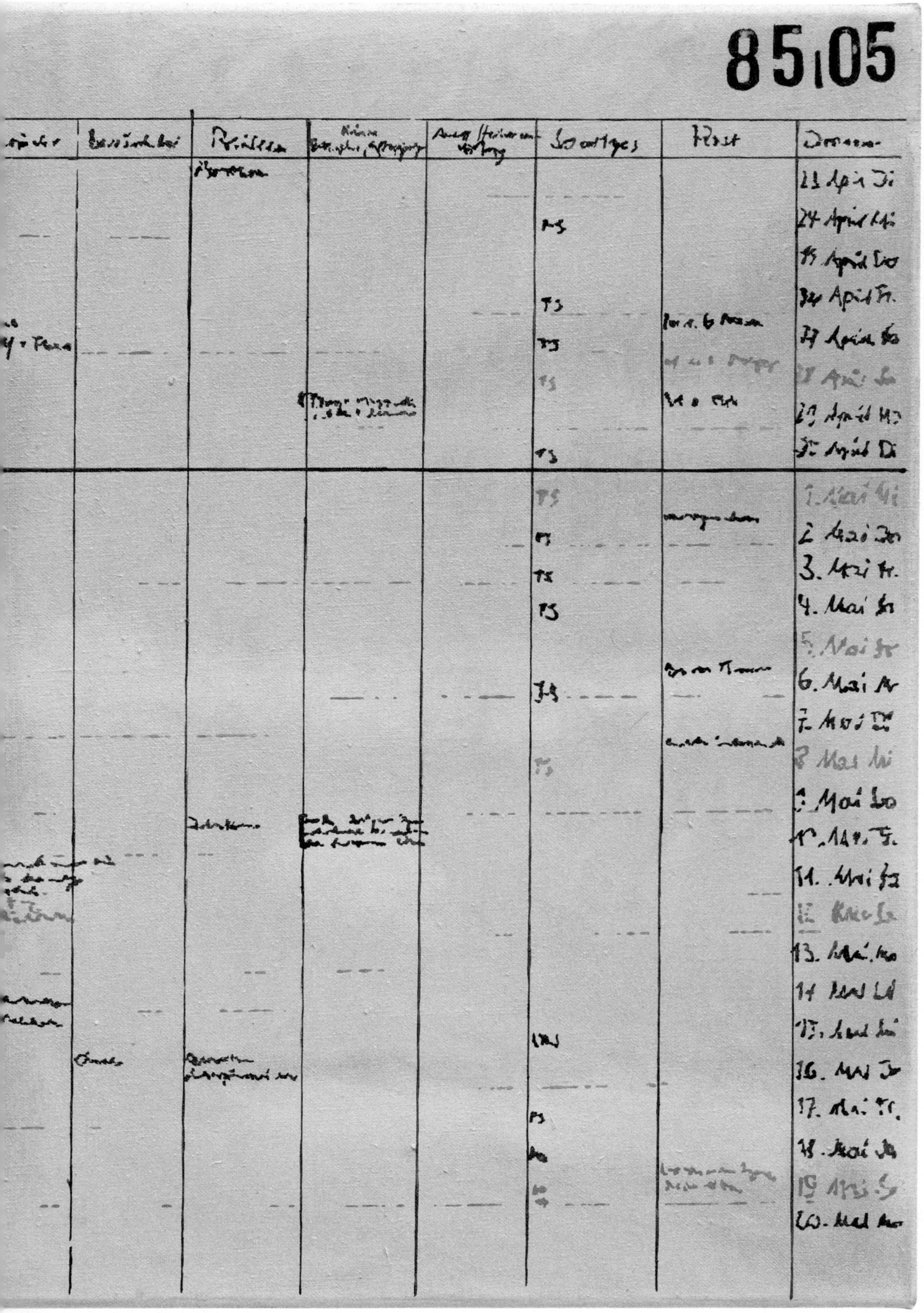

85 – 05, 2015, Öl auf Leinwand / Oil on canvas, 52 × 74 cm

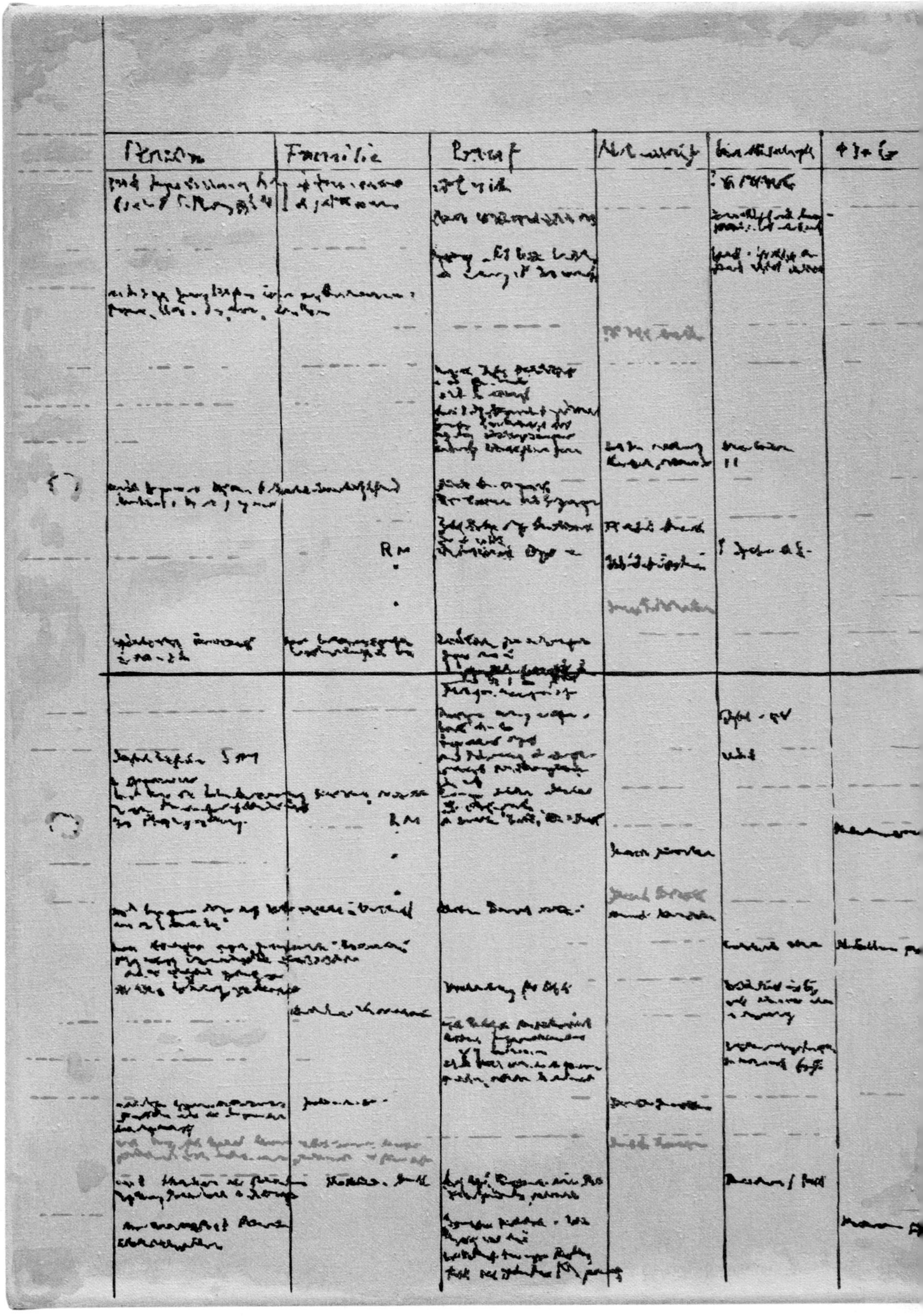
Familie
RM
RM

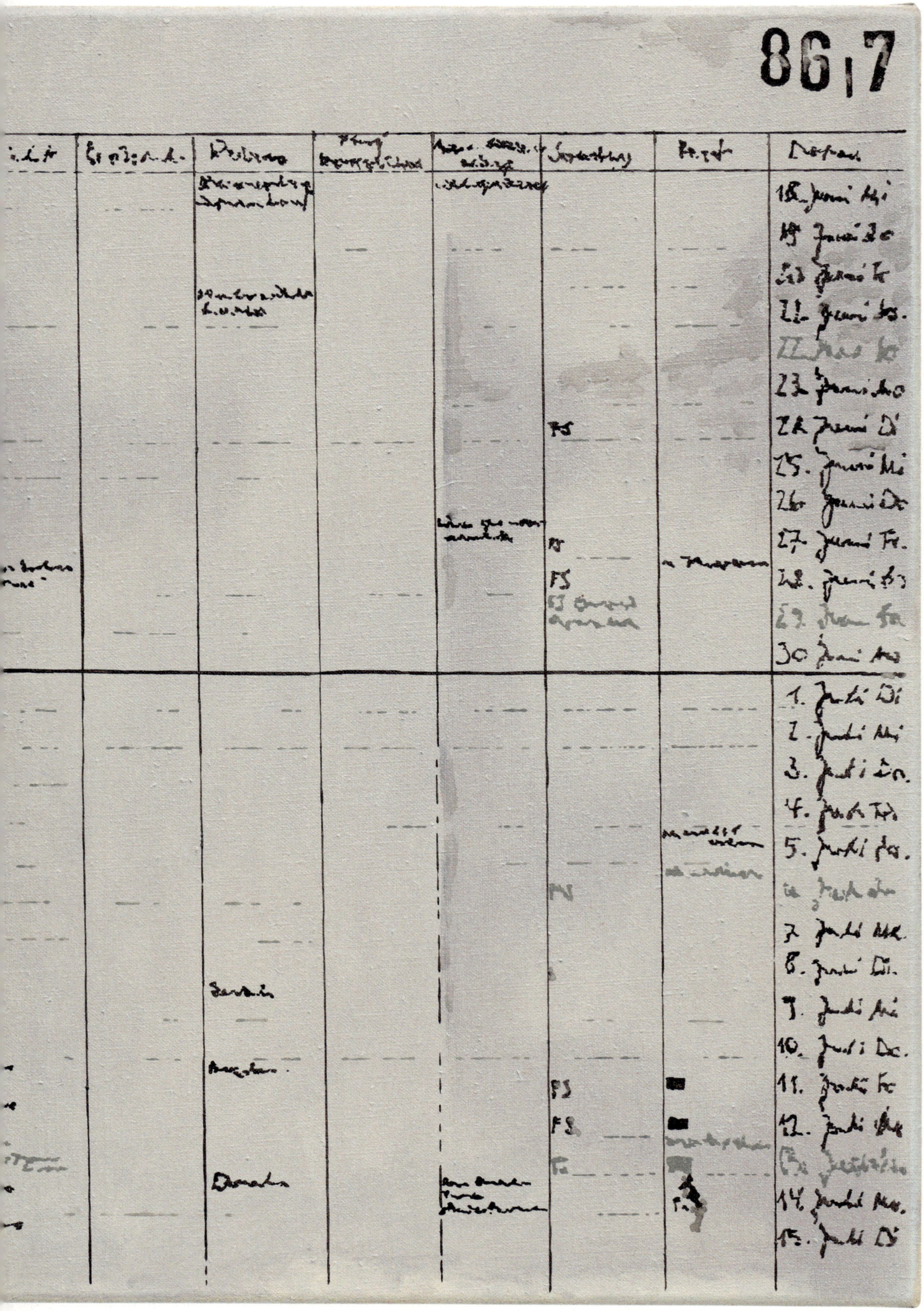

86 – 7, 2015, Öl auf Leinwand / Oil on canvas, 52 × 74 cm

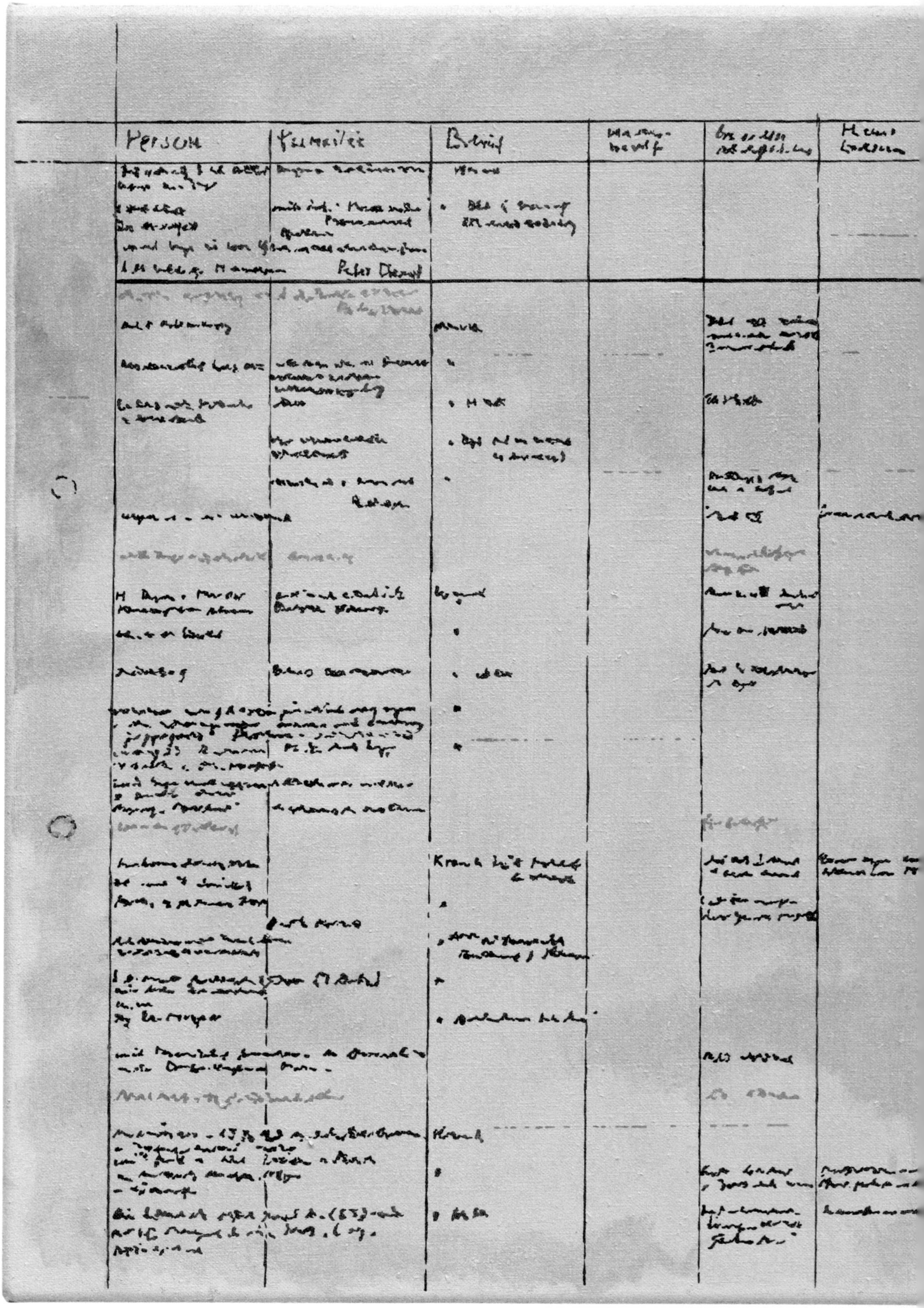

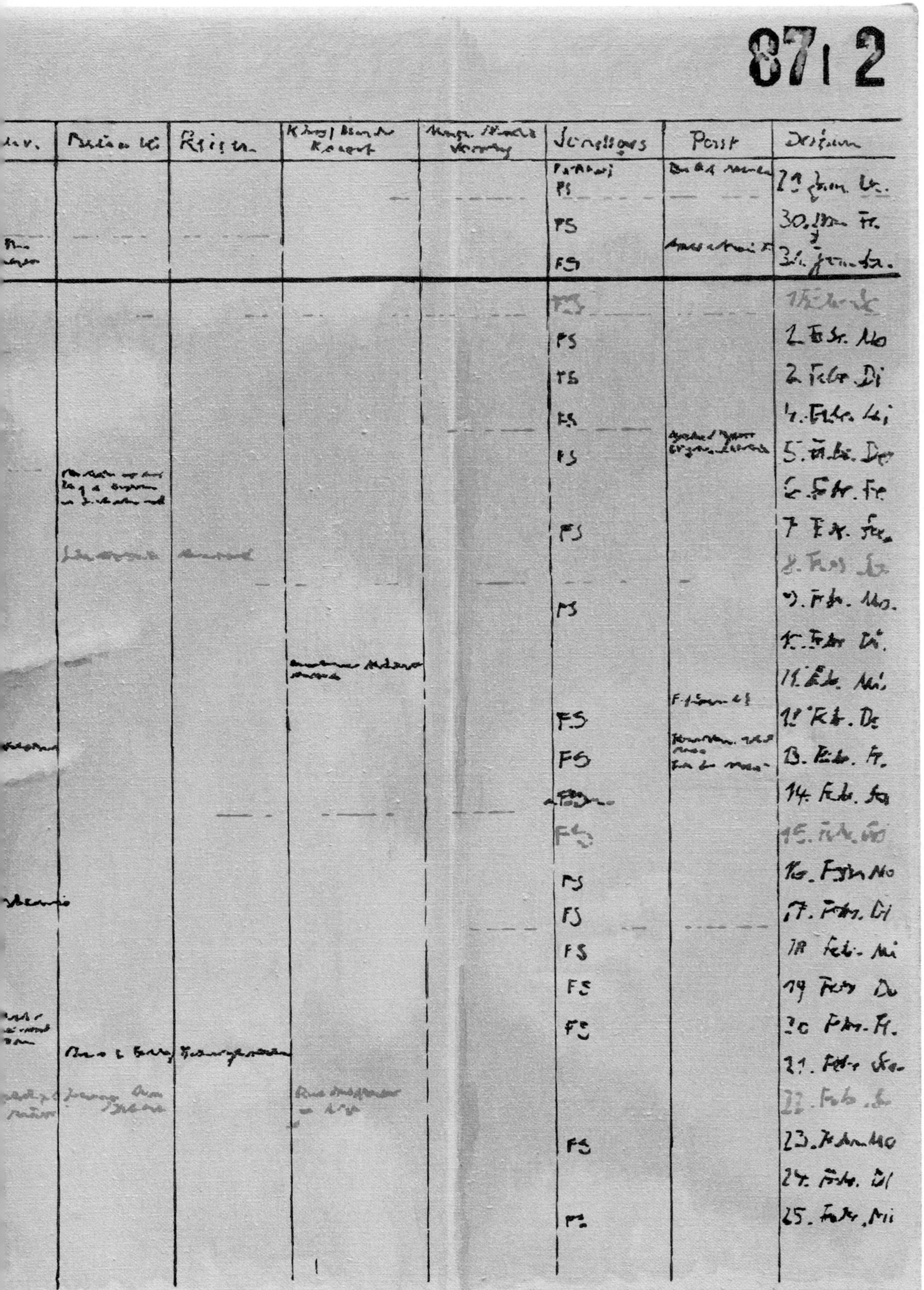

87 – 2, 2015, Öl auf Leinwand / Oil on canvas, 52 × 74 cm

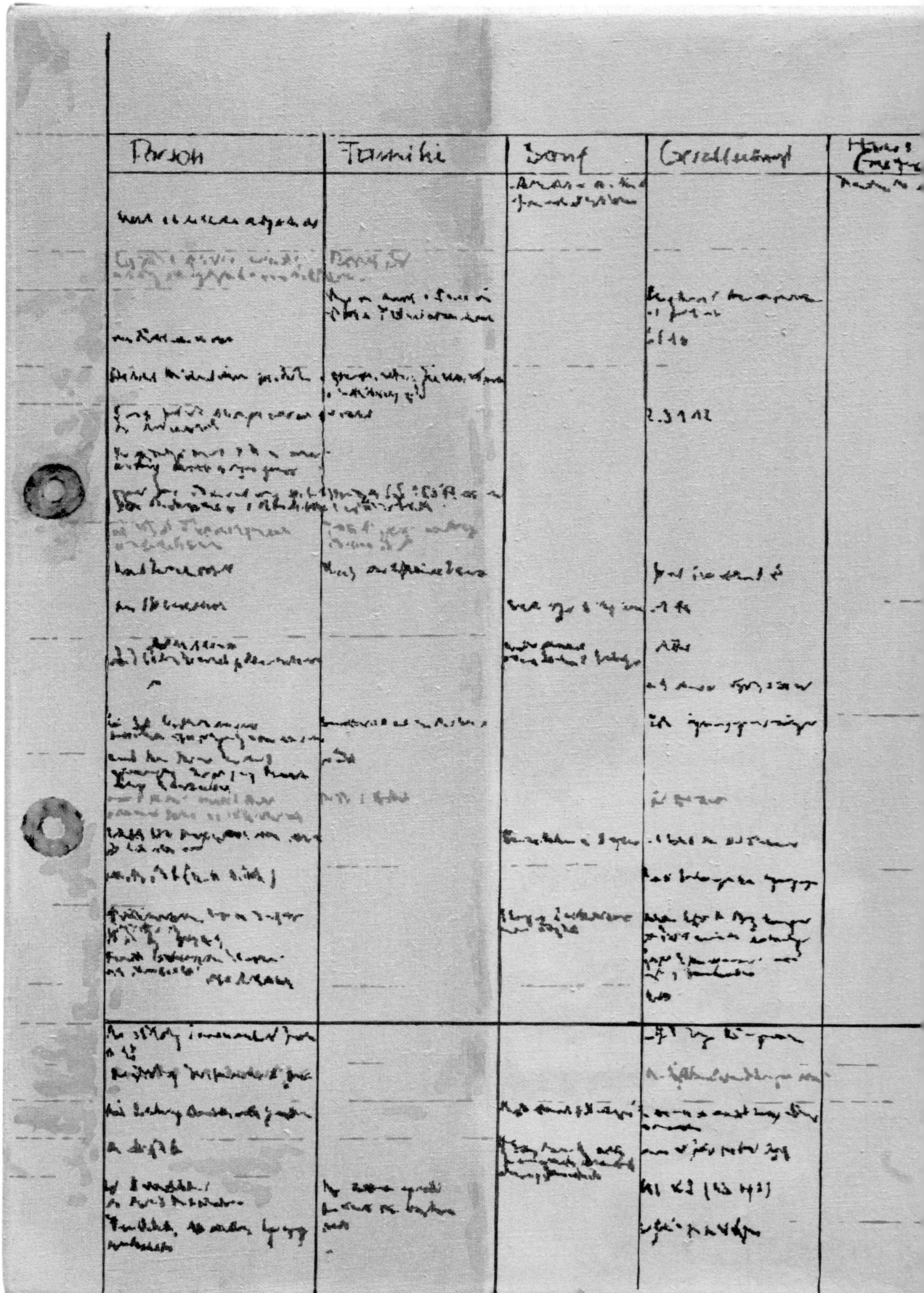
Person

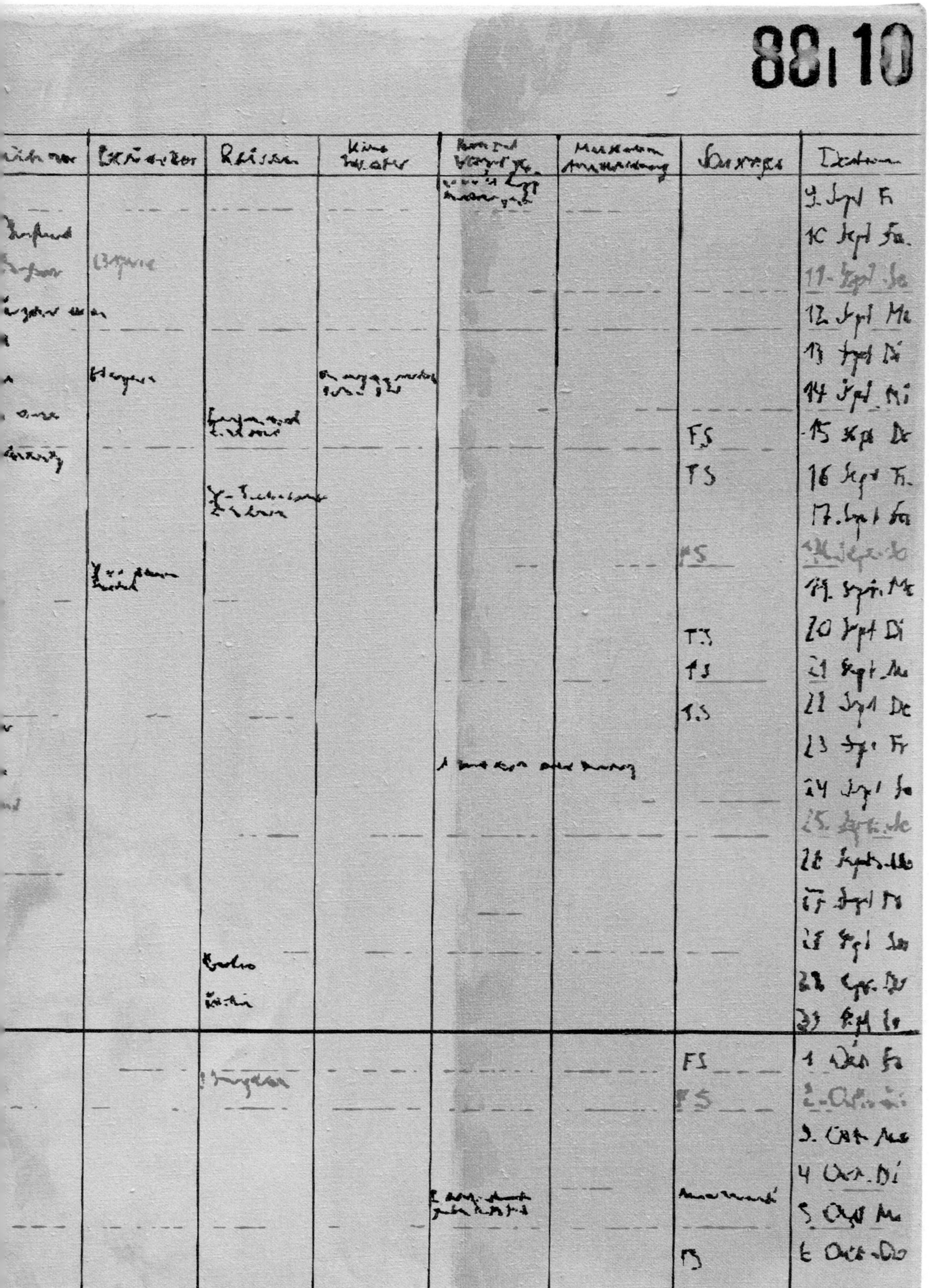

88–10, 2015, Öl auf Leinwand / Oil on canvas, 52 × 74 cm

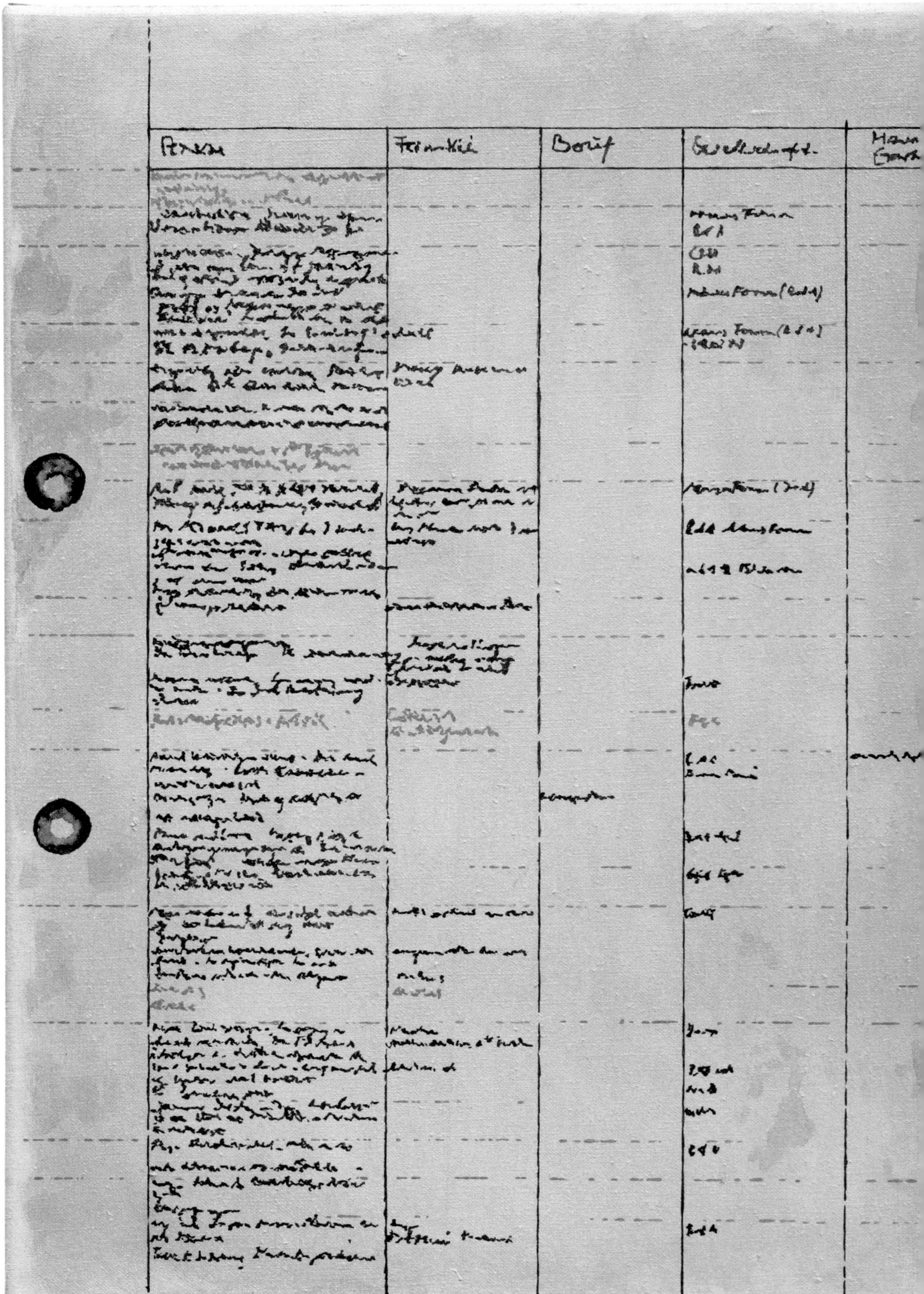
Beruf

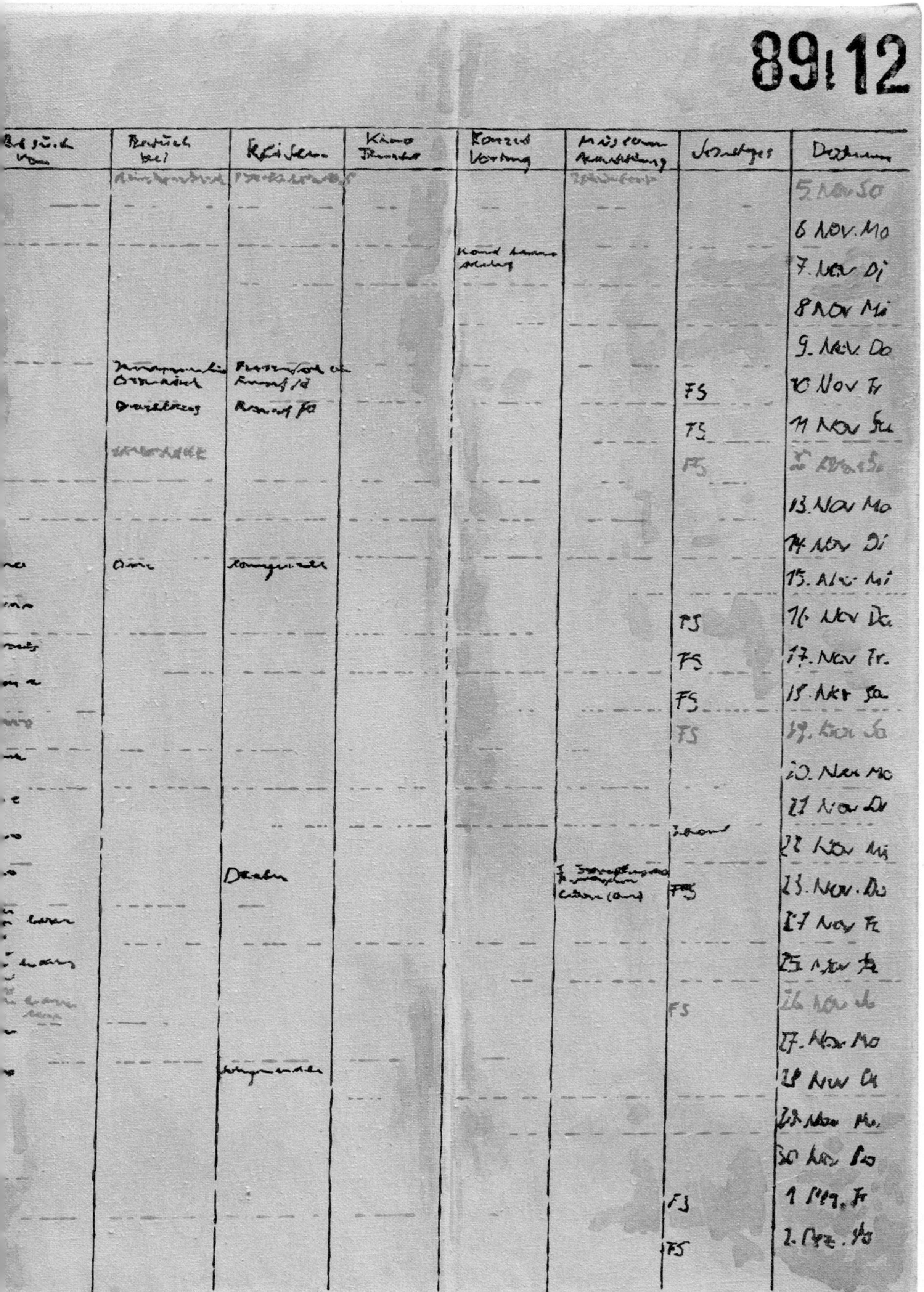

89–12, 2015, Öl auf Leinwand / Oil on canvas, 52 × 74 cm

Gemalte Tagebücher: Der Chronist

Clemens Klöckner

Ein monochrom grau gemaltes Raster prägt Markus Drapers jüngsten Malereizyklus *Der Chronist* (2015). Die zehn Gemälde identischer Größe sind in durchgehender Reihe angeordnet und von dem scheinbar immer gleichen, regelmäßigen Liniengefüge einer Tabelle überzogen. Die strenge, Objektivität suggerierende Form offenbart erst bei näherer Betrachtung einen irritierenden Kontrast zum Inhalt, der sich als höchst subjektives, emotional aufgeladenes Motiv erweist. Dargestellt sind auf das Doppelte des Originalmaßes vergrößerte Tagebuchseiten aus den 1980er Jahren, persönliche Zeitzeugnisse des letzten Jahrzehnts in der Geschichte der DDR, niedergeschrieben vom Vater des Künstlers. Die tabellarischen Aufzeichnungen, über Jahre formal weitgehend gleichbleibend, verkörpern das Endresultat eines lebenslangen Ringens um die Ordnung von etwas, das seinem innersten Wesen nach prinzipiell ungeordnet ist: menschliches Leben und Erleben. Sie bilden die Spitze eines nicht sichtbaren Eisbergs, der sich in Form überbordender Materialsammlungen aus Zeitungsausschnitten, Fernsehprogrammen und ähnlichem hinter den gleichsam als Index dienenden Blättern verbirgt. Die gemalte Auswahl der Tagebuchseiten, je eine aus jedem Jahr der Dekade, führt dem Betrachter stellvertretend die penibel geführte Privatchronik eines Lebens vor Augen, gleichermaßen faszinierend wie hermetisch. Der Prozess der Malerei macht die Schrift der Einträge für den Betrachter unlesbar und lenkt dadurch den Blick auf die übergeordnete Struktur, das Phänomen Tagebuch an sich.

Die Praxis des Tagebuchschreibens,[1] in Vorformen bereits seit der Antike bekannt und seit dem späten 17. Jahrhundert in bürgerlichen Schichten beliebt, erlebte ihre erste Blütezeit im 18. Jahrhundert, als Ergebnis allgemeiner Alphabetisierung und zunehmender Individualisierung.[2] Beispielhaft hervorzuheben sind in diesem Zusammenhang die Tagebücher des englischen Politikers und Staatssekretärs Samuel Pepys (1633–1703), der sich für ein Jahrzehnt gleichermaßen als Chronist seines eigenen wie des öffentlichen Lebens seiner Zeit betätigte.[3] Ausgehend von einer Übertragung vormals ausschließlich mündlich geführter Diskurse in Schrift, entwickelte sich zunächst ein semiöffentliches Medium, welches auf eine potentielle Leserschaft ausgerichtet war und aus dem im kleinen Kreis vorgetragen wurde. Durch Johann Caspar Lavaters nur dem Titel nach *Geheimes Tagebuch* (1771) etablierte es in aller Öffentlichkeit eine neue literarische Gattung, bevor sich erst im 19. Jahrhundert eine gegenläufige Entwicklung des Tagebuchs zum intimen Speichermedium privater Gefühle und Gedanken vollzog, als das es heute noch vielfach genutzt wird. Neben dem klassischen Tagebuch und in zahlreichen Mischformen mit diesem, entwickelte sich die (Privat-)Chronik (nach dem griech. *χρόνος*: Zeit), die den Fokus weniger auf die Person des Schreibenden, als vielmehr auf die ihn umgebenden Zeitereignisse lenkt. Letztere werden in der Regel ohne Wertung und Kontext wiedergegeben, sieht man von der

1 Die folgenden Ausführungen beschränken sich auf den europäischen Kulturraum.

2 Kirsten von Hagen: Tagebuch. In: Nicolas Pethes – Jens Ruchatz (Hg.): *Gedächtnis und Erinnerung. Ein interdisziplinäres Lexikon*, Hamburg 2001, S. 574–575.

3 Die stenografierten Aufzeichnungen wurden erst nach seinem Tod transkribiert und veröffentlicht. Vgl. Heiko Arntz (Hg.): *Samuel Pepys. Sämtliche Tagebücher 1660–1669*, Berlin 2010.

bereits durch deren Auswahl erfolgten Wertung ab. Tagebuchkalender und -chroniken im heutigen Sinne entstehen aus dem Bedürfnis, Zeitabläufe darstellbar zu machen und das eigene Ich darin zu verorten. Als Mittel der Selbstvergewisserung übertragen sie gesellschaftliche „Rahmenbedingungen" des Individuums in einen von diesem selbst geschaffenen Rahmen, in dem das eigene Leben arrangiert und aus der Fülle der Ereignisse das nach Meinung des Autors Bewahrenswerte herausgefiltert wird. Im Unterschied zur Autobiografie, die eine durchgängige Erzählung anstrebt, müssen Kontinuität und Identität aus stichwortartigen Einträgen allerdings erst im Nachhinein konstruiert werden,[4] wobei stets der jeweilige „unzuverlässige Erzähler"[5] zu berücksichtigen ist, der in seiner Auswahl das Wesentliche von Person und Ereignissen abzubilden vorgibt, ohne objektiv überprüfbar zu sein.

Aus den Niederschriften formt sich ein Weltbild des Autors; Tagebuch und Chronik sind immer auch Zeitkommentare und als solche besonders ab der zweiten Hälfte des 20. Jahrhunderts Bestandteil künstlerischer Arbeit geworden. Im Versuch der umfassenden Abbildung von Realität jenseits mimetischer Oberflächendarstellung, nutzten und nutzen konzeptuell arbeitende Künstler sowohl strukturell als auch inhaltlich die Möglichkeiten privater Geschichtsschreibung als Ausdrucksmittel. So begann etwa Ilya Kabakov in den 1970er Jahren damit, das makellose geometrische Raster seiner gegenstandslos arbeitenden Vorgänger mit Schrift aufzuladen. Die zuvor sublimierte und auratisierte Form der reinen Geometrie wurde bei ihm mit so banalen Bruchstücken der Realität wie einem Zeitplan für das Heraustragen des Mülleimers gefüllt.[6] Das profane Raster einer Zeittabelle ersetzte die wirklichkeitsentrückten Farbfeldanordnungen des Konstruktivismus oder Suprematismus durch den unmittelbaren Zugriff auf eine äußere, wenig sublime Lebensrealität. In der nüchtern brutalen Monumentalisierung der beschwerlichen Alltagsrealität eines Künstlers im Sowjet-Sozialismus thematisiert Kabakov das Scheitern des Versuchs seiner Vorgänger, eine bessere Welt durch reine Willenskraft zu erreichen. Das von äußerer Realität befreiende Raster wird zum Gefängnis, man muss sich beugen, will man nicht herausfallen. Aus westlicher Sicht, doch im geteilten Deutschland stets auch mit Blick Richtung Osten, protokollierte Hanne Darboven parallel dazu in ihrem seit 1975 bis zu ihrem Tod 2009 fortgeführten Projekt der *Schreibzeit* geradezu obsessiv erlebte Zeitgeschichte in endlosen seriellen Notationen.[7] In Kombination mit Worttexten, Diagrammen und Fotografien entstand über Jahrzehnte ein enigmatischer Komplex, in dem die Grenzen zwischen Tagebuch, Geschichtschronik und universellem Archiv verschwimmen. Sie beanspruchen ebenso überindividuelle Gültigkeit wie sie Selbstversicherung und zutiefst subjektives Zeugnis einer ichbezogenen Wirklichkeitswahrnehmung sind.

Selbst- und Zeitversicherung sind auch die Kalenderblätter und Dokumente, die Markus Drapers *Der Chronist* zugrunde liegen. In ihnen eröffnet sich eine Quelle zur Person des Autors und dessen Lebensumständen, die in höchstem Maße historische wie voyeuristische

4
Vgl. Anm. 2, S. 575.

5
Donald P. Spence: „Das Leben rekonstruieren. Geschichten eines unzuverlässigen Erzählers". In: Jürgen Straub (Hg.): *Erzählung, Identität und historisches Bewußtsein. Die psychologische Konstruktion von Zeit und Geschichte (Erinnerung, Geschichte, Identität 1)*, Frankfurt a. M. 1998, S. 203–225.

6
Vgl. Margarita Tupitsyn: „The Grid as a Checkpoint of Modernity". In: *Tate Papers*, Issue 12, October 1st 2009, online abrufbar unter: http://www.tate.org.uk/research/publications/tate-papers/grid-checkpoint-modernity (15.04.2015).

7
Vgl. Bernhard Jussen (Hg.): *Hanne Darboven - Schreibzeit* (Kunstwissenschaftliche Bibliothek 15), Köln 2000.

Neugierde erzeugt. Der Drang, einzelne Einträge zu lesen, zieht den Betrachter an die Gemälde heran und lässt ihn gleich wieder zurückprallen: Draper verweigert in seiner malerischen Umsetzung die Lesbarkeit der Dokumente, verschleiert Details zugunsten von Gesamtstruktur. Erst durch diese Umlenkung des Betrachterfokus ergibt sich eine Bedeutungsverschiebung, das alles beherrschende Raster tritt in den Vordergrund und öffnet das Feld für die Frage nach der Möglichkeit objektiver Abbildbarkeit subjektiv geführten Lebens. Damit stehen die Gemälde KP Brehmers von 1975 bis 1982 durchgeführten Projekt *Seele und Gefühl eines Arbeiters*[8] nahe, in dem dieser die Paradoxie des Versuchs abbildete, menschliche Emotionen anhand einer Skala messbar zu machen. Ausgehend von Rexford B. Herseys sozialpsychologischer Langzeitstudie an Eisenbahnarbeitern aus den frühen 1930er Jahren, die unter dem Titel *Seele und Gefühl des Arbeiters. Psychologie der Menschenführung* 1935 auch in Deutschland veröffentlicht wurde und die eine Produktionssteigerung durch geschickte Menschenführung zum Ziel hatte, stellte Brehmer die grafische Umsetzung von Gefühlsskalen in den Mittelpunkt einer Serie von Arbeiten. Brehmer, der die emotionalen Untersuchungen auch an sich selbst durchführte, war an einem politischen Kommentar und der bissigen Zurschaustellung pervertierter Arbeitsoptimierungsmaßnahmen im Kapitalismus gelegen, die Markus Draper fern liegen. Was beide jedoch verbindet, ist die Thematisierung einer Urfrage bildender Kunst: lässt sich ein Mensch, lassen sich Emotionen, lassen sich Leben und Geschichte mit künstlerischen Mitteln wiedergeben?

8
Vgl. Doreen Mende: „Aus einer diagrammatischen Praxis: KP Brehmer“. In: Berlinische Galerie (Hg.): *No Proof of Evidence. Kritische Aneignungen grafischer Visualisierungsstrategien in der Kunst. Dokumentation zum Symposium in der Berlinischen Galerie am 07.06.2013*, Berlin 2014, S. 19–26, hier S. 23–24, online abrufbar unter http://www.berlinischegalerie.de/fileadmin/content/bilder/ausstellungen/Ausstellungen_2013/KP-Brehmer/140625_BG_NoProofOfEvidence_Doku.pdf (04.08.2015).

Painted Diaries: Der Chronist

Clemens Klöckner

A monochrome grey grid predominates in Markus Draper's newest series of paintings, *Der Chronist* (2015). Arranged in a single, continuous row, the ten paintings are covered with seemingly interchangeable lattices of lines. As much as it suggests objectivity, a closer inspection of the austere pattern reveals an irritating incongruity: the subject matter of the work is highly subjective and emotionally charged. What Draper has reproduced, enlarged to twice the size of the originals, are pages of daybooks from the 1980s, personal testimonies of the last decade of the GDR, written by his father. The ledger-like records, which formally vary little from one year to the next, are the end product of a lifelong struggle to bring order to what, in principle, in its innermost essence, is chaotic: human life and experience. They form the tip of an invisible iceberg, an exuberant accumulation of material – newspaper clippings, television programs, and the like – which these pages obscure, even as they index them. The selected paintings of the daybook pages, one for each year of the decade, present the viewer with a representative, fastidiously kept account of a private life that is both fascinating and hermetic. The process of painting has made the writing in the individual entries illegible for the viewer and thus redirects his or her attention to the overarching structure, the phenomenon of the daybook itself.

Diary writing,[1] a practice that has antecedents dating back to antiquity and has been popular amongst the bourgeois classes since the late seventeenth century, had its first heyday in the eighteenth century, a consequence of both widespread alphabetization and increasing individualism.[2] Exemplary in this regard are the diaries of the English politician and secretary of state Samuel Pepys (1633 – 1703), who over the course of a decade chronicled not only his own life but that of the English public sphere of the day.[3] With the transfer to the medium of print of a discourse that previously had been exclusively oral, a semi-public medium began to develop, which was directed toward a potential readership and from which recitals would take place in small circles. Secret in name only, Johann Caspar Lavater's *Secret Diary of a Self-Observer* (1771 – 1773), for example, led to the establishment of a new and very public literary genre. This was followed by a reverse development in the nineteenth century, in which the diary became the intimate record of private thoughts and feelings that it is commonly used for today. The classic diary and its various hybrid forms saw a parallel development in the (personal) *chronicle* – from the Greek *χρόνος* (time) – which is concerned less with the person of the writer than with the historical events he or she has witnessed. These are generally recorded more or less without judgment or context – although the selection of events itself necessarily involves evaluation. Diaries and daybooks, as we understand them today, are kept both to represent the passage of time and to situate the subject in it. As a means of ascertaining and asserting the self, they translate the individual's social 'circumstances' into a circumstance constructed by the individual, one in which his or her own life is ordered and out of a multitude of experiences those worthy of being preserved are selected. By contrast with autobiography, which aims for a continuous narrative, the shorthand-like character of such chronicle entries means that continuity and identity can be constructed only in retrospect.[4] One must, however, always take into account the "unreliable narrator," who attempts to represent the essentials of personality and experience without him- or herself being objectively verifiable.[5]

These transcriptions yield a picture of the author's world. Diaries and chronicles are always commentaries on their time, and as such, since the mid-twentieth century, they have increasingly come to serve as artistic material. In their attempts to go beyond superficial mimeticism and to achieve a comprehensive representation of reality, conceptual artists make use of the potential of the form and content of such private history-writing as a medium of expression. This is how Ilya Kabakov began to freight the perfect geometric patterns of his predecessors with writing, covering what had been sublimated and auratised forms of pure geometry with banal fragments of reality – a schedule for taking out the garbage, for instance.[6] Using the profane grid of the time schedule, Kabakov replaced the color field arrangements of Constructivism or Suprematism, dislodged as they were from reality, with an immediate link to the external, far less sublime reality of life. In his sober and brutal monumentalization of the exhausting everyday life of an artist under Soviet socialism, he thematized the failure of his predecessors to achieve a better world through nothing but the force of will. The grid, which was meant to be a means of liberation from external reality, becomes a prison; one must conform to it if one does not wish to fall out of it. Contemporary with Kabakov, but from a Western perspective – which in divided Germany always also involved a view to the East – Hanne Darboven documented her obsessive experience of current events in the project *Schreibzeit* (Writing Time), an ongoing series of notes that she wrote from 1975 until her death in 2009.[7] Combining text, diagrams, and photographs, Darboven created over the course of several decades an enigmatic conglomeration in which the boundaries between diary, historical chronicle, and universal archive are blurred. At one and the same time they lay claim to supraindividual validity and offer profoundly subjective testimony of an individual perception of reality.

The daybook pages that form the basis of Markus Draper's *Der Chronist* provide a similar affirmation of self and time. They reveal a source of information about the author's personality and life circumstances, inspiring a high degree of both historical curiosity and voyeurism. The desire to read the individual entries draws the viewer to the paintings only to repel him or her immediately: in his paintings of these documents, Draper denies them their legibility, obscuring details in favor of overall structure. Distracting the viewer's focus leads to a slippage in meaning; the grid, which dominates everything, shifts into the foreground and begs the question as to whether it is possible to depict any life objectively, given that living always happens subjectively. In this the paintings bear an affinity to KP Brehmer's 1975–1982 project *Seele und Gefühl eines Arbeiters* (Soul and Feelings of a Worker),[8] in which the artist depicted the paradox of attempting to measure human emotions. With reference to Rexford B. Hersey's long-term social-psychological study of railway workers from the early 1930s, *Workers' Emotions in Shop and Home* – which was published in Germany in 1935 under the title *Seele und Gefühl des Arbeiters: Psychologie der Menschenführung* (Soul and Feelings of the Worker: The Psychology of Leading People), with the goal of increasing production through leadership – Brehmer created a series of works centered around the visual translation of mood scales. Brehmer, who had subjected himself to these emotion tests as well, was interested in making a political statement and in exposing the perversity of capitalist work optimization techniques, a project quite different from Markus Draper's. What the two artists have in common, however, is one of painting's fundamental questions: can a human being, can emotions, can life and history be represented in art?

1
The following remarks are limited to the cultural space of Europe.

2
Kirsten von Hagen: Tagebuch. In: Nicolas Pethes – Jens Ruchatz (ed.): *Gedächtnis und Erinnerung. Ein interdisziplinäres Lexikon*, Hamburg 2001, 574–575.

3
Written in shorthand, the entries were transcribed and published only after his death. See Robert Latham and William Matthews (ed.): *The Diary of Samuel Pepys*, Berkeley 1970–1983. Used here the German edition: Heiko Arntz (Hg.): *Samuel Pepys. Sämtliche Tagebücher 1660 - 1669*, Berlin 2010.

4
See note 2, p. 575.

5
See Donald P. Spence: "Narrative Truth and Identity Formation. Abduction and Abuse Stories as Metaphors. In: Jürgen Straub (ed.): *Narration, Identity, and Historical Consciousness*, New York – Oxford 2005, 120–132.

6
See Margarita Tupitsyn, "The Grid as a Checkpoint of Modernity," in *Tate Papers* 12 (1 October 2009), URL: http://www.tate.org.uk/research/publications/tate-papers/grid-checkpoint-modernity, retrieved 15 April 2015.

7
See Bernhard Jussen (ed.): *Hanne Darboven - Schreibzeit* (Kunstwissenschaftliche Bibliothek 15), Köln 2000.

8
See Doreen Mende: "Aus einer diagrammatischen Praxis. KP Brehmer". In: *No Proof of Evidence. Kritische Aneignungen grafischer Visualisierungsstrategien in der Kunst. Dokumentation zum Symposium in der Berlinischen Galerie am 07.06.2013* (Berlin: Berlinische Galerie, Landesmuseum für Moderne Kunst, Fotografie und Architektur, 2014), 19–26; here 23–24; URL: http://www.berlinischegalerie.de/fileadmin/content/bilder/ausstellungen/Ausstellungen_2013/KP-Brehmer/140625_BG_NoProofOfEvidence_Doku.pdf, retrieved 4 August 2015.